生物三万

著

中信出版集团 | 北京

图书在版编目（CIP）数据

三生万物 / 宁高宁著 . -- 北京：中信出版社，
2024.8（2025.9 重印）. -- ISBN 978-7-5217-6774-2

Ⅰ . F272.3

中国国家版本馆 CIP 数据核字第 2024C8X359 号

三生万物

著者： 宁高宁

出版发行：中信出版集团股份有限公司

（北京市朝阳区东三环北路 27 号嘉铭中心　邮编　100020）

承印者： 北京盛通印刷股份有限公司

开本：880mm×1230mm 1/32　　印张：11.25　　字数：217 千字

版次：2024 年 8 月第 1 版　　　　印次：2025 年 9 月第 13 次印刷

书号：ISBN 978–7–5217–6774–2

定价：88.00 元

目录

自序　三轮明月

记得去年春节前的一个下午，我出去理了个发。回来的路上，步履轻盈，吹起了口哨，像是回到了年轻的时候。好久没穿行过胡同了，狭窄拥挤的胡同里穿行的汽车、自行车和快递小哥的电动车堵在一间寺庙的门口。行人要侧身才能过去，大家好像并没有着急。旁边一家清真食品店把做好的食品摆在街上卖，生意还不错。空气中弥漫着熟悉的北京冬天的味道，是煤烟、油炸味和冷风的混合。这时，我不经意地抬眼望去，远处胡同口低矮的房顶上，不知啥时候升起一个大大的月亮，暮色中的月亮，比篮球还大，是那种很淡的土黄色，感觉还在晃动着，模糊、清冷，又软软地透着一些灵性。因为月亮的到来，胡同里零乱的房子和吵嚷的人群都变成了一幅画。它像是爬到房顶上的一个大圆脸庞，在偷看街上的人们。年味渐浓，我走在胡同里，感觉生活变得那么亲近、密切、踏实。人们在忙着置办年货，亲切地打着招呼，有母亲在亲吻孩子冻红了的脸蛋，也有老大爷正往挺破旧的门框上贴着鲜艳的春联。胡同里的生活可能是生活该有的样子吧。这时候如果你惯常地用好还是不好，贫穷还是富有，高贵还是低俗来评价生活都是苍白无力的，因为它与生活的本质无关。最有意义的生活有多种表现的形式，我们可能花一生也没找到，但今天暮色月下胡同里的人群，一定是生活在他们自己幸福的世界里。

每次看到月亮，总会给我带来不同的遐想，好像月亮每次出现都带着不同的寓意。因为月亮的遥远、圣洁和神秘，每当仰头看它时，你隐约意识到有个美好的地方你永不可及，对月亮的想象，使你得到净化和洗礼，也有虚无和无奈。人生也无非就是地球到月球之间的平衡。那天胡同口的月亮和沐浴在月色中的人群把我从遥远的憧憬带回到烟火深处，想起了这么多年来有三次记忆深刻的月亮下得到的感悟。

第一次是 1975 年插队的时候。初春二月，麦苗返青，我负责麦田浇水的换垄。通宵作业，下半夜我躺在麦田里睡着了，醒来时发现全身已被淹在了冰冷的水中。我慌忙站起身跑到田埂上，一身一鞋的泥水，寒夜冷风刺骨，空气中有青苗和泥水的味道，我冻得浑身发抖，使劲地蹦跳、大喊。我突然看到干硬发白的路面上有月光照出的我的影子，抬头看时，清澈透明的夜空，一轮明月光洒大地，正是月亮在白莲花般的云朵里穿行啊！我愣神地看着天空，心里想那个美丽的世界美丽如初，我要改变了，我也不能总是在这里忍受寒冷和痛苦。我虽然也表了决心要扎根农村，还栽了60棵扎根树，但一定要努力改变去过上更好的生活。那可能是比较早的有意识地想人这一辈子怎样过才好呢。那时想的是要过上富足的生活、愉悦的生活，不要太劳累和辛苦的生活，也可以说是本能的需求吧。虽然没有那么高尚，也算是自然生命体的初始诉求。那时候也意识不到，其实每个人对所向往的生活的追求就是社会的进步动力，追求的过程没有高贵和低贱，甚至不分成功和失败，都是人性的闪光点。现在我们经常问人生的意义是什么。那时候我的心智和生活状态还顾不上问这么高端的问题。

　　两年后，生活有了很大改变，因为参军了，可能我对生活期望太高，军队的生活也没有想象的那么丰富多彩，但在部队里的确看到了不同的或者更大些的世界。那时部队每天晚上都轮流值勤站岗，守卫的目标是弹药库。有一天我站完凌晨三点的岗走回营房，途中要经过一座小山。正值盛夏，小山中树木茂密，周围特别静，可以听到自己的脚步声甚至呼吸声。路上很亮，树都有很长的影子。抬头一看，万里无云，皓月当空。此时此景，又引得人浮想联翩。自然想到：未来我会是什么样呢？这样平淡也可以说有些单调的生活就过下去吗？我想我不应该每天重复做一件事情，我应该去探索更多的东西，应该去读书，应该去上大学。后来我的确从部队参加了高考，上了大学。回想起来，那天的月夜好像引亮了我有意识的追求，有了思考、认知和觉醒。它超出了一般物质生活的范围，有了精神的因素。精神境界的需求和扩展范围更大，所谓"无形无限，无体无边"。其实后来所有的经历也没有跑出这个范围。

　　人到了 60 多岁就会知道，人这一辈子不是一条直线，它是个圆圈。人与人的不同在于，当这个圆圈画回来的时候你提升了吗？少小离家老大回，青山依旧在，几度夕阳红。你眼前的风景更入心了吗？当我在前面讲到的胡同口看到那一轮近近的月亮大脸的时候，月亮像是变成了一个人，来到身边与我一起生活了。

这时候可以谈谈人生的意义了。

有人问："人生那么短，瞬间归于尘土，有意义吗？"

我说："意义来自短暂，不死不是生命。"

有人问："宇宙没有目的，人生何来意义？"

我说："意义在生命之内，也在生命之外，是人自己赋予的。"

有人问："人生如何才有意义？"

我说："健康、快乐、丰盛向上的人生，像是一棵茂密的大树，已是积极有意义的人生。"

有人又问："仅如此不够吧？还有呢？"

我说："还有智慧，还有探索，还有精神，还有信仰，因为人长了脑子和心灵，你要把它们发动起来，否则就不够，不完整。"

有人再问："人生意义是自己的事吗？"

我说："是，也不是。意义其实要超出自然生命之外，你的传承，你的贡献，你的影响，你的能量输出都会使生命爆发，意义扩大。人生意义也是社会的，孔夫子的生命意义有多大？爱因斯坦的生命意义有多大？只是我们一般人做不到罢了，但也无法强求啊！"

人生的意义虽然也可分开几个层次，但从生命的本质说，没有高低贵贱之分。探求人生意义不是想把人生过得虚无，而正是想把一生过得更实际、丰富、饱满。这是个生物学问题，也是个社会学问题，还是个哲学问题。

本来是想给这本《三生万物》写个序，可是一落笔就手不由己，写下了上面的文字。不知道能不能算个序？我想就这样了。起码要对得起我见过的三轮明月，也算给后面的故事做个引子了。

这本书写的是一些过去的片段故事，写的时候最怀念的还是一起战斗过的同事们，为了避免文字不准确，我基本没有提到他们个人的名字，但这并不代表他们不在我心中，我们是一体的，在此向他们问候感谢了！

宁高宁

2024 年 7 月 20 日

不管你觉得自己有多大能耐，
你基本上逃不出你是你生活的
那个年代的产物。你的所谓
独特的生活经历和个人特点
不过是那个年代的印记。

第 **1** 章

三兄弟

—

你是怎样长大的？

写这本书的初衷是想写一些在企业经历的片段，没想写我家里的几兄弟。但当我退休时写了一篇《老了的美好》①作为告别，弟弟宁光也是有感而发，就写了一篇《儿时的美好》②作为回应。别看宁光是个医生，他写的这篇小文章情真意切。有人看后给我说："你弟弟的小文章把我看哭了！"也有人说："很羡慕你们兄弟的感情和共同的成长。"还有领导打电话给我说："你们是个很好的家风家教的例子。"由此就又引起了所谓"宁氏三兄弟"的话题。

我第一次看到我们兄弟三人被放在一起的大照片是在我们毕业的中学——滨州市北镇中学的路旁灯箱里。大照片下面写着我哥哥宁守诚，职业是医学科学家，美国斯坦福大学医学院终身教授；还有宁光，写的是中国工程院院士，上海瑞金医院院长；写着我是世界500强企业董事长。今天看，如果说这三个人有多大成就，实话说也没有什么特别的。可如果把三兄弟都放在一起，再把他们都放到同一所中学，的确在概率上还是小的。如果一所中学把这件事拿出来作为例子，鼓励本校同学努力学习、好好考试好像也可以，但绝对称不上什么"宁氏三杰"，比我们仨成就大的一家兄弟太多了，哈哈！不过话题既然说到这儿，把兄弟三人

①　见本书附录。
②　同上。

的成长背景说一下也很有意思，能更好地理解那个年代，理解不同经历和性格的形成，理解后来发生的许多事情。

先说我们兄弟三人的名字，就很有那个年代的特点。宁守诚、宁高宁、宁光三个亲兄弟，可名字好像没有什么联系呀！我说这已经不错了，这还没叫"文革"就不错了。我姥爷是个文化人，是当地小有名气的中医，他给我们兄弟仨加上我大爷家的一位哥哥起的名字，最后一个字分别是忠、诚、恭、敬。因为辈分属"守"，所以四个人的名字本来应该是守忠、守诚、守恭、守敬。我应该叫宁守恭，宁光应该叫宁守敬。我上小学时好像还叫了几天宁守恭这个名字，但后来不行了，压力太大。因为当时是"文革"初期，"左"风盛行。毛主席说："革命不是请客吃饭，不是做文章，不是绘画绣花，不能那样雅致，那样从容不迫，文质彬彬，那样温良恭俭让。"[①]所以，如果还叫"守恭"就是政治态度有问题了，我就很潦草地被改成了现在的名字，是用父母的姓组合起来的。宁光的"守敬"好像也不太合时宜，就改成了现在的。这样大家都没有了包袱。我现在倒是觉得"忠诚恭敬"是很端正的寓意，要说有家风，应该是从这里来的吧。但没办法，名字改了，很可惜。其实回头看，所有的事情都是时代的产物，我们的

---

① 见《毛泽东选集（第一卷）》中《湖南农民运动考察报告》，人民出版社，1991年版。

能力是很小的。

　　童年的生活是快乐的，这种快乐主要是自由带来的。那时父母很忙，学校里好像也没什么作业，可以尽情地玩小孩子玩的东西，如弹弓、木翘、自制的火柴枪。这些东西都是不用花钱的，自己动手做的。我哥哥比我手巧得多，因为他比我大几岁，所以不屑于和我玩同样的东西。他好像总是在做各种大小的收音机。我记得家里经常有电焊的味道、油漆的味道和吱吱啦啦的无线电调音声。宁守诚后来在上海做了几年外科医生，别人说他手巧，手术做得好，我估计与他从小就喜欢鼓捣小东西有关系。

　　现在来看童年像是在很干涸的平原上，渴望一切外部的新东西，有养分的东西。如果碰巧见到一本连环画，那一定是几个孩子趴在地上挤着一起看，因为谁都不想晚一点看。我现在一走进那种很大的玩具商店就会想，如果当时我们那群孩子走进这个商店会有什么反应。我们会傻了吗？我们会疯了吗？还是我们会瘫倒在地？我们那时手里一根木棒可以是红缨枪，可以是步枪加刺刀，也可以是金箍棒，还可以是老头的拐棍呢，哈哈，任凭自由想象！人到底是见多了才没有想象力了，还是见少了没有想象力？哈哈，还是我们的认知只局限于我们经历过的事情？这真是一个很有意思的现象。范仲淹写《岳阳楼记》，可他从未到过岳阳楼。多年前我听到歌曲《青藏高原》，歌中唱道："我看见一座座山，一座座山川，一座座山川相连。"可词作者说，他没有去过西藏，有人问为什么没去过还说"我看见"，他答道"想象中的世界更壮丽"（大意）。

我们的少年时期自"文革"前开始，当时社会处于贫乏状态。我对贫乏的记忆不是买不起什么东西，最深的记忆是饥饿。虽然父母都有工资，但上有老人，下有三个大胃王儿子，吃饭总是件要不断算计的事儿。记得我妈说每次家里坐下吃饭，我哥哥总是坐着不动，别人说你怎么不吃呀？他要问吃多少啊？因为他要知道允许他吃多少他才开始吃。所以说宁守诚是个从小就很自律的人。虽然这样，可能实在太饿了，他也曾因为在住校的小食堂里多吃了小窝头而受到严厉责备。饥饿对我来讲，记忆没那么具体，但我知道我在大约两岁时得了婴儿瘫，就是本来会走路了，又不会走了，只能爬。原因其实只有一个，就是营养不够。在中化时，我把这个故事讲给同事听，没想到有位与我同年生的同事说他也在两岁左右得了婴儿瘫，而且他是东北人。我一直以为东北不缺吃的，山东人一直到"文革"还为了吃饱肚子往东北跑，可这位同事在东北也有营养问题，看来那几年的饥饿是大面积的。

最近我回了趟老家山东滨州，当地领导和朋友热情接待，点了一桌子山东菜。他们说请宁总吃家乡菜，回忆一下当年的味道。

我说我 16 岁离开滨州，桌上这些美味那时候还没有，要说什么是好的山东菜，我小时候还真不知道啊。当时如果有这么多好吃的，我起码要长一米八以上的大个子，哈哈。现在走出去没有山东大汉的威武，感觉给山东人丢面子。小时候营养不够，我也一直不太吃早餐，好在现在身体还没有大毛病。有人说我当过兵，身体底子好。其实我哪有什么底子，我这是长期坚持"轻断食"啊。虽然那时没有这个词，但效果可能是一样的吧。现在我们可以调侃一下当时的艰难，但当时的饥饿是真实和严酷的。我隐约记得，那时父母常坐下来用手按按自己的腿，看看有没有浮肿，那是长期营养不良导致的。宁守诚到处去挖野菜，还研究什么地方的野菜多，所以他总能比其他孩子挖回更多的野菜。别的孩子家长对我妈说："你看你儿子知道哪里野菜多，下次让他带我们孩子一起去吧！"宁守诚说："不行，他们都去了野菜就不够挖了。"

父母是最困难、最节省的，他们总是把吃的先让给孩子，最后用开水冲一碗菜汤。他们对食物的珍惜是在匮乏和饥饿中形成的，他们用最节俭的生活态度过了一辈子。记得有人说，当你吃不饱饭的时候，你只有一个问题，当你吃饱后问题就多了。今天饥饿已离我们远去，我们觉得它永远也不会再来。我们的确又面临许多新的问题，但饥饿的痛苦还是要记得。我到中粮集团后知道公司的第一责任就是国家的粮食安全和食品安全。粮食安全就是要保证供应，要够吃；食品安全就是要供应优质食品，要吃得好。中国人多，吃饭问题大，因为在历史上挨过饿，所以特别重视农业和粮食。老外经常调侃中国人见面的问候语是"吃了吗"，我说这可能是当时最关心人的话呀！我在插队时也曾经对小伙伴们说，如果谁能让中国人都吃饱了，不挨饿了，人民一定拥护他！我想一生中曾经有一段是吃不饱饭的人和从来就衣食无忧的人有什么不同呢？他们对世界的看法应该是不一样的。

那时家里虽然贫穷，吃饱饭是第一位的，但父母对孩子的教育学习从不吝啬。记得哥哥那时经常要钱去买收音机的元器件，我也需要买文具，家里虽然拮据，但总是尽量满足。有一天上学前，我吵着要买数学课用的对数尺，家里没钱，妈妈让我等一下，她去邻居家里借。我在等妈妈去借钱的几分钟里心里生出的不安和内疚至今还记得。但我们那时在学习上的需要，家里都满足了。那时家里没有人逼你学习，那时也没有高考，但家里的传统、父母的态度让你知道，如果学习不好是不行的。

要说传统，有件实物很有意思，可以说说。现在老家里还留着一件我们上学时的东西，是一个柳条箱。这种柳条箱现在已经没有了。以前山东人用柳条编成箱子，再在上面刷油漆，就制成了结实耐用的行李箱。这个柳条箱是我姥爷作为嫁妆送给我母亲的，应该算是我家当时最好的家当了。母亲年轻时工作很颠簸，换了几个地方，柳条箱一直跟着她。哥哥去上海读医学院，全家人很高兴，把柳条箱腾出来，让老大当行李箱。记得他高兴地往柳条箱里收拾要带的东西。后来哥哥考上了研究生，我也要去上大学，这个柳条箱于是从哥哥手里又传给了我。弟弟宁光考上大学时，生活条件已明显好转，家里完全能买一个新的行李箱，是让他继续用这个柳条箱，还是给他买个新皮箱，我们全家正儿八经地进行了讨论。最后弟弟提出来，还是用这个柳条箱！他一直用到了大学毕业。前几年，哥哥的孩子考上了美国的大学，哥哥来电话说："咱家那传家宝柳条箱还往下传吗？"我们说如果柳条箱运到美国怕是不太合适啦，时代不同了，哈哈。

　　就像一个村里的人做什么会互相影响，一个家里更是这样。因为我外祖父旧时行医，就影响了我母亲父亲、舅舅舅妈、哥哥弟弟等都学医做医生。如果我上学的时代不是赶上"文化大革命"把事情都搞乱了，我想我一定也会从医。想想这样也好，家里的共同话题多，互相理解、帮助多。同时，职业的特点往往也会形成家庭的氛围和传统。就像我哥宁守诚，不到20岁去参军，在部队里做医务兵，操作一台X光机。我猜部队的首长可能是看他家里人从医的多，耳濡目染，好赖能知道点儿医生的事儿。后来他考上了上海医学院，大学期间是班里学习成绩最好的学生。他特别勤奋刻苦。我记得他读研究生那会儿，有一次我去他的宿舍找他。当时是严冬，宿舍没有暖气，推开门，我看到他坐在床上，把自己裹在被子里，只露出个脑袋看书。他后来成为中国改革开放后第一批博士生，也是他们学校培养出的第一位博士。毕业后，他在上海的第九人民医院工作，有专门的口腔和整容科室（颌面外科）。整容整形的医疗工作会经常遇到鼻咽癌、舌癌的病例，患上此类癌症的病人，需要在口腔和整容科做手术进行面容恢复。我哥哥于是开始了此领域的研究工作，他当时发明了一种热疗方法（他发现口腔癌细胞在某个温度之下对某些药物特别敏感），现在这个方法在国际上还同化疗和放疗一起应用。

哥哥在此领域不断钻研，取得了很多成绩，并获得了"中国青年科学家奖"。适逢全国科学大会的召开，邓小平同志在会中提出，科学技术是生产力[1]。科学的春天到了，那也是哥哥人生的高光时刻。哥哥那时候也就30来岁，他的研究成果持续产出，在国内外都有了影响力。1985年，哥哥受斯坦福大学邀请前去进行研究，之后成为斯坦福大学的终身教授和高级研究员，并被《世界百科全书》列为值得关注的世界肿瘤生物学家。他现在已经70多岁了，依然在科研工作中孜孜以求。听说他目前在研究一种免疫介质治疗方法，已经到临床二期阶段了。

---

[1] 见《邓小平文选（第二卷）》中《在全国科学大会开幕式上的讲话》，人民出版社，1994年版。

"文化大革命"期间，爸爸妈妈经常参加下乡医疗队。那时我年龄小，不懂什么是中央文件，但知道有个"六二六指示"，有个"六二六"医疗队，一说"六二六"就是要下乡了，就是要把医疗服务送到乡下去，所以那时很奔波，经常要换地方，常去坐长途汽车。木心的诗里说"清早上火车站，长街黑暗无行人，卖豆浆的小店冒着热气"，我看了很有感觉。那时我哥哥经常去爷爷家，我经常去姥姥家，只有弟弟宁光经常跟着父母。我们三人都在家的时间是断断续续的。记得我去参军了，哥哥也去了上海上大学。我刚到部队感到很单调，对未来也不清楚，内心有些沮丧，就写信告诉哥哥我的苦闷。他的回信给我印象很深，大意我现在仍记得，他说人与人不同，你未来适合做什么，要自己想好，人之间各有所长，不要和别人比较，自己努力，自然发展。信的落款处是他和我嫂子两个人的签名。

青少年的时光很有意思，大部分时间是无目的随性玩耍，对周边的世界虽然好奇但并不理解。记忆是有选择的，如果有些事情你老了后还记得，还会回味，说明这些事当时刺激了大脑。我上小学的时候，有位教语文的班主任老师，她的名字叫孙尔灵。那时候冬天很冷，我被冻得总是流鼻涕，她就拿自己的手绢给我擦鼻涕。后来有一天，她写了张纸条给我，让我交给我妈，纸条上说："我现在感冒了，不能用手绢给你擦鼻涕了，你明天自己带手绢吧。"就是这么一位我觉得很亲的老师，不知为什么，突然被周围的人说是特务，说她的名字孙尔灵中的"尔灵"，意思是特务暗号"20"。我觉得很吃惊、害怕，更是困惑：为什么一个很好的老师突然成了特务，她与电影里的女特务可太不一样了。这事我一直困惑了很多年，后来才明白了那个年代的愚昧和疯狂。再后来我才知道"尔灵"是来自《易经》的颐卦，是敏捷灵气的意思，听说全国好像有近一万人用此名字。这事今天说起来像笑话，但当时这样的笑话可能有很多。如果一个社会有很多令人哭笑不得又无可奈何的笑话，这个社会可能要从根本上变革了。也有人说一个民族要有幽默感，用幽默感去看历史会更深刻，有幽默感的民族也更能经得起苦难，也更有变革进步的能力。

那时候的贫乏不仅是物质贫乏，能看的书也贫乏。滨州市的书店里经常有人排队买的东西一是《毛主席语录》，虽然内容一样但不断有新的越来越精致的版本，二是毛主席像章，有各种大小和用不同材料做的，还有一些书，如《欧阳海之歌》《钢铁是怎样炼成的》。我偶然买到过一本《汉语成语小词典》，曾爱不释手，看了挺长时间。后来父母太忙，把我送到姥姥家，小学有几年我是在姥姥农村的家度过的。虽然姥爷是当地小有名气的中医，那时也去世了。姥姥是二房，本来在家地位并不高，也不识字，穿着对襟的大袄，裹着很小的小脚，手上戴的不是戒指，是磨得挺亮的顶针儿，每天早晨都认真地把头梳整齐。我姥爷的头房有两个儿子，是我大舅和二舅，一位是医生，另一位是县里的干部。本来这样的家庭构成没有多少我姥姥说话的份儿，可是姥姥在家地位很高，很受尊重。她并没受过很多教育，她的品性好像是与生俱来的。她很正直，懂事理，有原则而且很倔强。邻里的纠纷也让她评理，她很公平。几个儿子不论是否她亲生，她都很公平地对待，也没把自己当成后妈。她很受尊重，大舅二舅虽不是她亲生的，但他们每次从外面回到村里，总是先来姥姥家问候，把带的一点好吃的东西给姥姥留下，再回他们自己家。我印象很深的一次是二舅从县城回来，用荷叶包着一块肥肥的酱肉挂在自行车的车把上，他一进到姥姥家门就说："娘，我给你买了块肉吃啊！""哎呀，买肉干啥，挺贵的！"姥姥抬头看了一眼说。二舅把荷叶包解开，把肉送到姥姥手里说："娘，你现在就把它吃了吧！"姥姥赶忙推开说："现在吃它干啥，不吃，不吃！"可是姥姥拗不过二舅，二舅几乎是把那块并不大的酱肉撕成几块硬塞到了姥姥嘴里。看到姥姥已把肉吃了一大半，他这才心满意足地走了。

姥姥在家地位很高，她一发火，大家都怕她。那时"文化大革命"，二舅的孩子在县里上中学，参加红卫兵战斗队，到处去游行串联。姥姥知道后非常生气，她坐在家里一张红漆长条桌的中间，使劲地拍桌子，大声呵斥："赶快去人找他，叫他立即回来！

哪里也不能乱跑！"她又说："上学不念书，到处跑能跑出个什么来？"后来她真把她上高中的孙子抓了回来锁在伙房里，好几天不让出来。

后来我想，如果让我姥姥去读书，她一定读得很好，因为她天生喜欢而且很有悟性。她那种天生的对读书的热爱和对读书人的尊重不知哪里来的。她不识字，可她喜欢别人读书给她听。农闲时的晚上，她经常请村里识字的人来读书。通常，读书的加上听书的要有十来个客人。为了招待，她经常去集市上买些烟叶，揉碎装在一个小篮子里，再把报纸撕成条放在一边，这样吸烟者就可以自己卷烟来吸。读的书大都是姥爷留下来的，也有外面找来的。记得除了听几大名著外，还有《聊斋志异》《封神演义》《杨家将》《岳飞传》《孟姜女》等。那时没有电灯，姥姥把煤油灯的灯芯挑大一点，可第二天鼻子里就会有许多黑烟，哈哈！现在想想，那就是读书会呀！50多年后，我还兼任了总裁读书会的领读主席，没想到读书会在那时早已经开始了哈！

姥姥不识字，可她检查我的家庭作业。她可以看出我写的字对不对，她把我写的字与书上的字逐一对照比较，找出不一样的地方。她在煤油灯下戴着老花镜，一点点给我看作业的镜头，我今天仍可在脑海中浮现出来。那时用铅笔，削铅笔是个技术活儿，姥姥用菜刀很仔细很轻巧地把几支铅笔都给我削好，又做了个纸帽戴上，小心翼翼地放进书包。她没有问过我成绩，也没有逼我学习，可从她的眼神里我就知道，学习不好是没法交代的，对吗？

后来我插队了两年，准备去参军，就跑到姥姥家去给她说。她开始很不同意，说："咱们不当兵，咱们要干大学啊！"她说的"干大学"就是要上大学。我说现在没有大学上，只能去当兵，当兵后也可能再上大学。她又说："那也行，但当了兵也别学开汽车，当了司机就干不了大学了。"

姥姥心目中可能对她的三儿子，也就是我的三舅最满意，因为他是山东大学齐鲁医学院的教授。他不光当教授，还主编了组织胚胎学的全国教材，主译了著名的《格氏解剖学》。姥姥在三舅家里看起来特别舒坦踏实，她看到有许多人来家里向三舅请教或讨论问题，显得既尊重又高兴。这可能就是她想要的后代的样子吧。

我那时暑假也常去三舅家里，虽然是"文革"期间，医学院的教授好像还有人在研究国外的医学资料。我当时感觉英语对他们很重要，他们大部分说的事情都是从英语来的。虽然我听不懂，但知道了有学问的人要懂英语。后来我的中学开始有英语课，但课本不是正规的，是油印装订的。我就从舅舅家里找了本很漂亮的英语课本，是俄国人学英语的课本。虽然上面没有汉语，但有很漂亮的照片，对照图片查查字典也基本上可以用。而且英文后面的美丽照片总是能让你想到在一个遥远的地方有个你不知道的神秘世界，那里的人说英语，所以我学得很用功。

再后来就有了无线电收音机里的英语广播教学，我偶尔在同学家听到过，可我家里的收音机因为波长不对，听不到英语教学节目。在滨州听英语教学节目最少要能听到天津电台的广播，再买一台收音机也不实际，我爸爸就拿着收音机去找滨州的无线电厂的技术员专门调到可以听到这个台，我每天下午 5 点可以听到广播英语了，这真的让我多了只耳朵。后来参军就没了收音机听，连队战士经常野营拉练，带着收音机也不方便。可我当了班长后好像余地大了些，也有了考大学的愿望。当时家里经济状况也好了些，就又向家里要钱买了台短波收音机，这样可以听美国之音的英语 900 句。这件事后来全连都知道了，之所以没有人提出这台收音机的问题，我还可以保留它，是因为连指导员经常晚上把收音机借去自己听，哈哈！上大学后生活水平提高了，哥哥给买了一台三洋卡带式录音机，那是大学里顶级的装备了。那就不仅是学英语了，我们宿舍的 8 个人，晚上熄灯后每人躺在自己床上，偷偷地听邓丽君。什么《小城故事》《何日君再来》《美酒加咖啡》都是那时听的，一盘小小的录音带听了好长时间。再后来去了美国，买的第一件东西是索尼的随身听，上学路上听，上课的时候录，晚上睡前也听。收音录音听的东西陪伴了我好多年，从中也可以看出这么多年生活的变化，现在回想还是觉得这些场景在眼前晃动。

　　弟弟宁光小时候非常顽皮，经常和小朋友打架，邻居不时就要来我家找爸妈告状，说你儿子把人家孩子的头打破了。他的班主任也来我家哭诉，说宁光带头闹得班里不能正常上课。爸爸妈妈都要给人家道歉赔不是。就是这么顽皮闹腾的弟弟突然有一天沉默了，因为我和大哥都上了大学，他第一次高考却失利了。知道落榜后，他都没好意思从医院大门走进来回家，而是绕了很远的路，从医院后边翻墙进来。回家后他就不愿意出门了，他不想人家问他考了多少分。他一个调皮的孩子突然有了忧愁，要再考。滨州的学校不收复读生，他只好去滨州市下边邹平县的高中复读。我那时候在山大读书，抽空跑去学校看望弟弟。我买了一包熟肉和三瓶啤酒，带着他和他一位同样来自滨州市的同学爬到山顶，鼓励他们好好读书、安心复习。宁光写的《儿时的美好》一文中提到的正是此事。从那时起我觉得弟弟是顿悟了，由于某一种刺激，他一下子被唤醒了。他的学习基础很不好，但他突然不仅变得异常勤奋刻苦，而且变得很聪明，学习能力很强。不知你是否留意过其他的少年学生，初中甚至到高一学习不好，很顽皮，高二突然顿悟了，开窍了，甚至爆发了，甚至很快超过了以前一直学习好的同学。这可能是青少年心理和生理上同时开花的结果，也属于"晚熟的人"吧！宁光属于后劲足、持续学习进步的人，就是我说的那种长跑型选手。后来他在自己的领域不断深入，成了院士，当了院长，做了国家代谢性疾病临床医学研究中心的主任、中国医师协会内分泌代谢科医师分会会长，还是国际内分泌学会执委会委员。在这个领域他可以说是权威人物了，不可想象这是当年调皮捣蛋的宁光，哈哈！

宁光工作繁忙，比我忙，而且精神高度集中。他说："做医生，说是下班回家了，可你真下班了吗？没有。你一定还在想今天查房时病人的表现。"可能他做医生的时间长了，经验多了，看到什么病好像总能很快给出一个诊断。他几次有些骄傲地给我讲，今天医院里有位病人的情况很难判断，但是我一看就知道他可能得了什么病，后来再深入检查确认我的判断是对的。还有次一位亲戚病了，晚上打电话给他，他问这个亲戚这儿疼吗？那儿疼吗？亲戚说这儿疼，那儿也疼。他说那不对，不可能，没有这样的病，你一定是精神紧张了。后来检查的确证明他是对的。他敢说"没有这样的病"这样的话，好像这个世界上有多少病他都知道，我在旁边听着觉得挺酷的。宁光也算是大医生了，可他最得意的是用小药、简单便宜的药治大病。他骄傲地给我说他用黄连素治好了一位本来怀疑是癌症的病人，用二甲双胍解决了复杂的代谢疾病。他说能用小药治大病才算是好医生。我说这与企业管理有相同的道理，事情本来有简单的方法，是我们自己搞复杂了。我们在自己创造的复杂中绕不出来而浑然不觉。

　　我们几兄弟虽然见面不多，但逢年过节都会尽量去探望陪伴父母。我很喜欢我们在一起海阔天空聊天的时间。因为见面少，又各自在不同的行业，住在不同的地方，话题很多。因为他们两位都是医生，我和他们聊天不断受到的启发是，医学和人体原来与企业和管理有这么多相似之处。这也是我后来在公司里提出"企业是浑然一体的生命"观点的由来。可能因为宁光是代谢科的医生，他经常强调大肠菌群对人脑的作用。他说你以为你喜欢吃肉，其实是菌群要吃肉，大肠菌群不仅指挥你的饮食，还指挥你的思想和情绪。这真与企业里也不断讲的精神和物质的作用有异曲同工之妙。同时，当他们谈到各种疾病之间的联系，谈到父母的身体健康，谈到治疗和药物副作用，我也更了解人体的系统，这与我们经营企业也很可比。后来我把人体的不同器官与企业的不同职能做了对比，把企业的战略、执行、信息、产品、现金流等与不同人体功能相对应，特别是强调它们之间的协调配合，感觉到是很有启发的角度。从这里也想到，有多少学科是相通的。人的知识结构，特别是经营企业的人应该有什么样的知识和经验构成才算完整？这可能还要继续研究啊！虽然他们俩都是医学博士，对我们搞企业但没有"专业"的人常存偏见，但是我在谈话中悄悄地去理解他们的医学，的确受益很多。

我 1975 年去农村插队然后参军，现在看那些日子好像很艰苦，但当时没觉得，当时那几乎是所有年轻人共同的经历。相反地，现在觉得那些日子很珍贵了。人从年轻到年老，最珍贵的是什么呢，财富和地位吗？财富和地位当然也重要，但它是个结果。人生是由时间组成的，人生最珍贵的是时间带来的经历，是经历的丰富、广阔及深刻的体验和认知。人生下来，造物主好像给了你一摞钞票，这摞钞票就是你一生的时间，钞票用完了，你的生命也就结束了。这样你应该不会用这摞钞票只买糖吃，只买甜的。你可能也会买点辣的，买点酸的，甚至买点苦的。这样才有多样的变化和转折的喜悦。像大部分的中国年轻人一样，去参加高考上大学对我是很大的转变。我到现在一直觉得恢复高考是中国最好的政策之一。高考几乎改变和重塑了整个社会。因为它公平、向上，充满了高尚的理想，是社会可移动性的最好的通道。现在的高考像节日一样，不要说考生和家长，穿旗袍，举向日葵，甚至路人、警察等全社会都希望孩子们考好。这一天全社会特别有期盼，特别友善温暖，也特别积极乐观。

我是 1979 年参加高考，那年政策允许部队战士参加高考，我虽然兴奋地报了名，但如何准备考试是个问题。实话说，我上中学时正值"文化大革命"，也没学多少东西。这时两件事帮了我：

一是家里给寄了一套五本的复习考试的资料，二是连指导员知道我要考大学后说，下月的部队野营打靶你别去了，好好复习准备考试吧。这样，大部队开走了，营房里就剩我和几个哨兵。因为连队营房关了，我只好一个人住在一个可以几百人一起开会的礼堂里。五本复习资料，一个月时间，一个大礼堂，我开始准备。那五本资料被我翻透了，礼堂的水泥地上也写满了题目。考试结束后别人问我考得怎么样，我说感觉题目不太难，那几本复习资料上有的我都答上啦，哈哈！

　　因为那时候军人参加高考的很少，考试结束也没人管了。考试后我听别人说已经进入录取阶段了，我这里却啥消息也没有。我们团长知道后说："管招生的肯定在青岛，你要去青岛找。你就拿着我们团的大印，再带着公文信纸，到哪里需要介绍信你就自己开，一直到找到为止。"我这就像执行任务一样，背着背包出发去青岛。到了青岛找谁，我也不知道。我还真是运气好，在路上遇到一位斯斯文文戴着眼镜的人，看着像是老师，我就问他考完大学后该怎么问分数和报志愿，他说你要去找招生办，招生办设在青岛二中。我找到了青岛二中，找到了招生办，人家一看穿军装的，非常客气。我查到了自己的分数，考得挺好，在当地是很不错的成绩。尤其是语文作文，40分满分我得了38分，是当地作文考分第二高的。我知道后很好奇，也有点不服气，就问谁是第一高，我能看看他的作文吗？招生办老师说："作文不能给你看，但人家书写好，卷面好，比你多写了大半页呢！"招生办的老师接着说："你还没报志愿呢。"当时招生办墙上贴着好多学校的名字，我一眼看到了山东大学，就这个吧！

我从招生办走出来，青岛二中在海边上，我走到海边，感到大海的宽广和明亮，心里一阵轻松，有种要飞翔的感觉。

谁是你的老师?
这个问题你想明白了,
其他事你也就想明白了。

第 **2** 章

三老师

—

谁在无意之中点醒了你?

年轻时气盛，觉得自己懂的事很多，没有意识到自己的思维甚至性格是如何形成的。年龄大了，回过头来看，不禁一笑，原来你不过是一个被经历塑造和被人影响的产物。我们常说某个国家、某个地区、某种教育，甚至某种职业的人有很大不同。这一点等你年纪大了，对人群的这种不同感受会更深。树种子是一样的，长出来的树却不同，何况有时种子也不同呢！在对你影响大的人中，老师可能是排在前面的，因为老师与你度过的时光正是你成长的时光。老师的影响不仅在学校，不仅在学习，不仅在短期，它是潜入很深，慢慢释放出来的。当你再意识到你受到老师思想影响的时候，你才意识到你自己的来历，你才意识到哲学中的认识论是有道理的哈！我上的中学是山东省滨州市（当时叫惠民专区）的北镇中学，是一所很好的中学，我们兄弟三人都是从这个学校毕业的。

我上中学是 1971 年到 1975 年，正值"文化大革命"。学校整体上课比较少，主要是学工、学农、学医，比如去纺织厂做帮手、学针灸、学习维修柴油机等，为将来去农村插队做准备。现在看那时一定很艰难郁闷，其实不然。那时青春年少，眼前一切都是新鲜的，一切未来都是美好的，虽然饭都不能吃饱，也还是充满了热情。这过程中遇到的事情不管是持续的辛劳还是短暂的快乐，都会在你生命里留下不知觉的永久的痕迹，给你带来感悟和收获，并形成你世界观里顽固的一部分，这在当时并无意识。现在我们说认知形成、世界观形成的时期，原来这是个无意识的时期，是个空白期，是一个禾苗出土，吸收外部所有营养包括空气的时期。

当时还在"文化大革命"的"白卷英雄"时代，除了学习工农医这些实用性的技能，其他课学得不太多，老师也不大教书。整体上，中学是没有系统上过课的，因此很多课，我的印象也不是很深。但有一门课，可以说对我后来的思维和学习的角度有很深的影响。这门课就是生物课。生物课老师姓邱。邱老师不仅按时上课，还让我们抓青蛙和蚂蚱来做标本。他给我们讲为什么青蛙的颜色与池塘里草的颜色一样是绿的，为什么蚂蚱与土的颜色一样是黄的。他说这叫达尔文主义。他讲了达尔文的进化论，讲了动物变异对环境的适应，接着讲了达尔文的《物种起源》，讲了自然界中的物竞天择、适者生存。这些内容，在当时给一个十几岁少年的心打开了一扇窗户，透进了一束光，给了他从进化论的角度看世界万物的一种思维，很有冲击力。我突然了解了世界原来是这样形成的，世界的规律和秩序是在变化和进化中不断进步，不断适应自然形成的。这在今天看起来与老子的"道法自然，自然而然"也很近。为什么一棵树朝南的树枝长得会比朝北的粗壮一点？因为有阳光，有光合作用，是植物对自然的一种反应。后来在大学里读到了社会达尔文主义，就是用达尔文主义来分析社会、分析人群、分析人群化分和斗争、分析人对自然的适应。社会达尔文主义对我来讲并不陌生，因为在我的感觉里，它是中学生物课的一个应用和继续。那时让我觉得困惑或者失望的是，人类与动物世界的差别之小，用达尔文主义理解人类社会，从历史到现实几乎无坚不摧，真让人觉得人类不仅是自然世界的一小部分，甚至在生物世界里人类的优越感也大多是自我感觉良好，哈哈！

再后来去剑桥学习的时候，我在剑桥图书馆里看到了达尔文《物种起源》的笔记手稿，它记录了达尔文在环球旅行中构思《物种起源》生物进化理论的过程。他天才的观察、探究和寻找规律，仍然让我受到心灵上和智力上的震撼。当时离我初中在邱老师带领下接触到达尔文进化论已经过去 30 多年了，但仍然新鲜！后来慢慢读书多了才知道，无论是生物学还是哲学，或者经济学、社会学的很多著作，都会把《物种起源》作为一个基础。可以说，邱老师和这门课陪伴了我一辈子，帮助了我一辈子。少年时候经历的事情，接受的教育就像一颗种子，住到了心里边。但是它以后会不会发芽，什么时候发芽，这个就看个人的醒悟和造化了。但种下这颗种子是非常重要的。

后来我越来越发现，进化论不仅适用于生物学，适用于人类社会，它也适用于做企业，或者说更适用于企业。现在"竞争"这个词用得很多，竞争看起来是很表面化的生存形式，竞争中的胜负是汰弱留强的过程，"物竞天择，适者生存"嘛！但其实竞争只是表面的形式，而竞争促成的进化才是更有意义的。有人说市场经济的表面是交易，交易后面是供需，调节供需的是价格，价格的形成靠竞争，竞争带来效率提升、技术进步、成本降低、物产丰富，这就是人类的物质文明在市场经济里进步进化的过程。当时教生物的邱老师可能没想到他的学生会把进化论思维联系到市场竞争上，如果他知道了一定会很高兴。

过去我们可能较多地注意竞争中的技巧，对整个进化的全过程理解不够，特别是有意识地进化更是件不易的事。市场的竞争手段如价格、营销等是战术，想要搞战略就要有进化。物种进化是生物革命的过程，公司也是一样。同样的环境，有人进化，有人不进化。我以前试图问过，为什么看起来那么聪明的猴子不进化，而看起来愚笨得多的猿人进化了，基因肯定是不同的吧。

华润以前因为贸易业务的萎缩，就搞了些投机性的商品和外汇的交易，后来吃了亏，学乖了，知道了最好要做实业。可又发现投资太分散，什么行业都有也不行，就又提出要专注主业，不能过于多元化。可后来我们又发现，即使在同一行业，你的业务也很容易搞成无联系的小块，是同一行业中的多元化，也有问题。这时我们又说在同一行业的发展要有协同效应，要有联系。可我们搞了一阵又发现我们的竞争对手很强大，我们在竞争上没有优势。我们又提出重组整合，提出做行业的领导者，否则我们就不做。行业的领导者不易做，可这是长远生存的条件，也是我们商业思路不断进化的结果。这其中的进化是多方面的，有商业模式的，有组织形式的，有产品的，有技术的，根本是思维的。我不知道其他生物的进化是否是有意识的，因为我们不清楚它们是否有意识。但人的组织的进化一定是有意识的，有意识进化是人与生物界进化的不同，也是企业生存发展所要求的。

印象深刻的第二位老师叫周之美，是山东大学经济系①的老师。1979 年我去山东大学上学，当时经济系还叫政治经济学系，因为这个学科被认为古板传统，被其他系的同学戏称为"正经"系。课程内容可以说偏政治，偏制度，偏对西方制度的比较批判，对资本家、剥削、革命有更多的论述，对具体的经济运行研究不够。虽然中国 1979 年时已经开始改革开放，已经提出把经济建设放在首位，也有了深圳特区，但那个时期邓小平领导的改革开放实践大都走在传统理论前面，是摸着石头过河，边试边走，可见勇气和决心，我想主要还是智慧吧。后来也有人说，干吗要摸着石头过河呀？河上明明有桥嘛！可他不知走那个桥走得太快，人多了受不了。又要过河又不能太急，这个平衡使中国改革开放的路平稳走到了今天。

① 即如今的山东大学经济学院。该校 1977 年成立政治经济学系，1980 年改为经济系，1988 年成立经济学院。——编者注

　　正因如此，这时候政治经济学系讲的一些理论不断受到了经济发展实践的挑战。我们当时开学的第一门课叫政治经济学概论。用的是老的课本，是马列基本理论加上苏联的一些实践和当时我们国家计划经济的一些做法，综合到一起来学。它着重强调国家所有制、计划经济、资本主义的经济危机等，相对于当时正在兴起的民营企业，对外国资本开放的经济特区等鲜活生动、令人兴奋的实践，理论显得很灰色了，也给大家带来很多困惑，不单是怀疑现行的政治经济学的理论，也会怀疑马克思的理论基础在中国尤其是新环境下的适用性。

　　在这种敏感和困惑的情况下，周之美老师来上课了。他讲的政治经济学概论实际上可以看成马克思《资本论》的导论，是为学习马克思的原著做准备的。100多年前的《资本论》是经济学著作，也是政治宣言，它能解释今天的问题吗？出乎大家的预料，周老师没有把政治经济学概论当成一门关于政治观点的课来讲，来强压给同学。他把《资本论》看成对资本主义发展的某个历史阶段的科学研究，是哲学方法论。他不用道德的、是非的观点来判断马克思的政治经济学，而是用辩证和历史的观点来分析马克思政治经济学理论的形成过程和逻辑方法的应用。这样他就跳出了当时的争论，脱开了直接简单的答案，而认识到了马克思理论的核心实质。这个实质就是资本主义在某个历史阶段对生产力发展的促进及它的不断演变。

比如马克思会怎么看待资本主义国家的公司到中国来投资。周老师说马克思主义是不断进步、不断发展的开放的科学，没有固守任何的经济形态。马克思主义的基本理论是生产力与生产关系的相互作用，如果马克思知道了今天资本主义的演变和中国的发展，他一定会同意的，这不是简单推测，这是他的哲学方法所决定的。所以后来我们同学之间经常问一句半开玩笑的话："如果马克思今天还活着，他会怎么想啊？"哈哈。

周老师上课时不会照本宣科，把政治经济学当成教条灌输给大家。他首先明确，科学是变化的、是进步的，任何社会科学理论都要受到新的、变化的经济现实的考验，我们应该像守护珍宝一样守护马克思的科学理论。为什么？不是因为结论，而是因为它提供了辩证的、发展的、不断优化自己的方法。他甚至认为没有马克思主义哲学，也就没有今天现代资本主义的蓬勃发展。

周老师讲课通常没有很大厚本的讲义，他就端一杯水，拿几支粉笔，讲课时声音非常平稳。当时我们的教室是在教学楼旁的一座临时建筑里，外面堆了很多砖头瓦块。周老师就拿这些建材举例子，说马克思的社会主义讲的是效率、减库存、高周转，建筑工地堆这么多库存不是社会主义。在谈到劳动力价值、劳动力作为商品来交换的时候，周老师举例说："你看办公室里很多闲散的人，每天喝茶看报，为什么？按《资本论》的说法，这也是他们自己在给自己增加工资，因为减少了劳动就等于提升了劳动的成本，等于给自己增加了工资，这是不平等交换，不符合马克思的劳动价值理论。"

当时改革开放，社会上已经出现了很多个体户、私人资本、外国资本、民营企业，那社会主义是不是走回头路了？是不是工人又受剥削了？周老师再一次拿《资本论》原著来给大家做解释，说不需要用隐晦或者赞美的色彩来看资本家和他们所代表的资本，他们在社会发展的这个阶段起到了积极地推动生产力进步的作用。因为《资本论》德文版和法文版中对资本家的剥削与工人的贫困程度一个说成正比，一个说成反比，周老师反复分析两种说法的不同角度的含义，告诉大家产业工人和资本不是对立的关系，是相互依存的关系。

周老师的课让大家更进一步理解马克思是一位科学家、一位哲学家，是站在历史的发展角度分析历史发展的动力，指出历史发展的方向和不同人在不同阶段扮演着不同的角色。马克思主义提出了历史发展的规律，这是自然科学，不是伦理学，不是道德学。

周老师从一开始就把同学们的学习带入了一个科学的、探索的、开放的境地，我们不是学了一个政治的观点和立场，而是学了一个客观的分析方法。周老师还一直强调应该学好这门课，因为它综合了哲学、政治学、经济学、历史学，包括统计学甚至美学在内。以这门课作为一个出发点，在思维逻辑的基础上不断扩展思维方法，有利于学习其他任何学科，能够受益一生。我在后来的工作学习中也的确从马克思主义哲学方法论中得益颇多。社会科学中的结论和判断总是有时限性的，但方法和逻辑是持久的。

再后来我也接触了其他如黑格尔、费尔巴哈等哲学家的思想，但只有马克思、恩格斯把辩证法和唯物主义结合起来并创立了历史唯物主义，指出了人类社会发展的方向。他们不仅是理论上的哲学家、经济学家，实际上也是伟大的政治家和启蒙者。他们改变了世界，使世界在某个历史发展阶段和某些方面变得更好，其他任何哲学家都没做到这一点。

马克思的方法论在我看来可以分成两种：一是基于立场和观点的方法论，二是关于事物规律的分析逻辑方法论。如马克思主义是唯物主义的，是辩证变化的，是运动和进化的，是矛盾斗争相统一的，是政治经济相统一的，等等。在对事物规律和本质的分析上，马克思的由小到大、由核到表，从事物表面看到内在本质，由原子开始看到大宇宙，一层层、一步步的逻辑方法在《资本论》中的应用的确让人叹为观止。表面看是社会上工人阶级与资本家的矛盾，但马克思却从根本的商品出发，一路逐层扩展分析范围，分析劳动创造价值、剩余价值、价值的分配、商品的交换流通、土地及地租、货币作为特殊商品的形成及利息和金融市场等，直到社会制度，最终构建起他的理论大厦。这个方法可以有效地应用到几乎所有事物本质规律的分析。真的很期待天才的马克思活在今天，让他解开我们心中的谜团呀！

100多年前马克思讲价值和剩余价值理论，由此而来的对社会分配关系的分析，事实上在后来改变了世界。但马克思科学研究的价值理论对企业运作的指导意义往往被忽视了。今天"创造价值"这个词又被广泛引用，虽然它已完全不是马克思的原意，也比这位老人家讲的要肤浅得多、小气得多，可它对企业中经营理念的建立还是很有价值的。社会进步到今天，万物都与100多年前不可同日而语，不过我理解下来，企业中价值的创造仍可作为一条管理精神的核心来运用。它听起来老，实际上很新，因为哲学的思考基础是一样的。后来我做企业，用五种价值，即工作价值、交易价值、资产价值、企业价值和股东价值，对现代企业中的经营活动进行了分类。有了这五种价值创造，企业中不同职务、不同层次的工作都可以统一到一个目标上，小事和大事、局部和全局、个人和众人可以协调起来。我当然不可能像马克思的价值理论一样来科学地定义这里所说的价值，但可以让企业的每个人都明白自己在价值创造的链条中的位置，而整体上我们也可以较好地管理这个过程。我觉得这五种价值代表了企业经营活动中不同层次的参与，而企业的兴盛要求每个环节都协同行动，依次服务于更高层次的价值创造，这样企业才是一个有机的生命整体。

第三位让我时常记起的老师是 1984 年我去美国匹兹堡大学读 MBA（工商管理硕士）时遇到的会计学老师罗素教授。美国人发明了 MBA 教育，当时很盛行。也有人把美国经济好、企业好的功劳加到 MBA 教育身上。所以班里有很多来自不同国家的同学，那时欧洲 MBA 课程不多，许多欧洲国家的同学也来美国读 MBA。当时整个匹兹堡大学商学院就我一个中国学生，可见那时读这个学科还真有点探索性。其实 MBA 课程就是把商业或者公司管理的众多方面集合起来，形成了一个比较完整的商业管理框架，包括战略、投资、生产、销售、人力资源、财务、金融、统计、管理等等，让人对商业的运营有一个比较完整的学习和理解。MBA 课程中非常基础的一门课就是会计学。会计学的历史比 MBA 课程早得多，会计学的产生和发展是从人类有商业活动开始的，而其他的 MBA 课程如市场营销、人力资源管理、金融分析方法等则是后来出现的。会计学也是 MBA 里比较成熟的基础概念性的课，几乎经营的所有环节都可以在会计学上表达出来。会计学在 MBA 课程里当然是重头的必修课，所以匹兹堡大学的商学院有很多讲财务会计的教授。同学跟哪位教授学呢？谁教得好呢？学院的安排也很市场化，就是让教授竞争，抢学生注册自己的课，所以每一个教授在开这门课之前，都会在某天中午找一个咖啡厅，用一种类似于竞选的方式向学生推荐自己的课，比如他有多少研究成绩、多少教学经验，学生通过他的课可以学到多少东西等，争取吸引更多学生报他的课。因为报名的人数、学生对老师的评价和打分，会对老师的收入甚至晋升都带来影响。这是一种非常有意思的制衡教授的制度，每位教授都非常在意。

我第一次见到罗素教授，就是在一个咖啡厅他自己推广课程的演讲中。他和别人不一样，上台以后没有更多地去讨好或者引导同学们去报课，先是强调了这门课的重要性和在整个企业管理中的基础作用，然后话锋一转，说："你们不仅仅是来登记或者注册上我这门课，对你们来讲，上我的课是一种承诺，是一种付出。这门课会要求你有很大的付出，如果没有这个决心，就不要来上我的课。"他没有寻求学生的短期支持，反而让同学做好接受挑战的准备。这种态度反而使得学生肃然起敬，觉得他的要求很高，如果自己想接受挑战，瞄向高质量的学习，就应该跟他学。受到他这种对学生的挑战式要求的吸引，我也报了他的课。果不其然，他的要求很高，而且讲课的方式也是那种掌握全局之后再展开讲局部，明了规律后再讲特殊问题的引导启发的方法。

罗素教授本人是一家做装修材料的公司阿姆斯壮的董事，上课时给每个同学发了一份阿姆斯壮的年报。一边是会计学的课本，另一边是阿姆斯壮的年报，他一下就把同学带入了实际的公司运营之中。上会计课，如果能把一个很规范或者业务相对成熟、完善和复杂的公司年报，从董事长写给股东的信，一直到审计师的意见，包括每一项注释代表了什么意思，从头到尾全看透的话，那么你就差不多了解了这个公司，同时也基本上了解了整个会计和财务记账的方法及规则。罗素教授这一点做得非常成功，每个学生不光学了课本，也学了看年报，两者结合起来，就能让学生在一个非常实际的环境中看懂财务数据所表达的企业运营状况，分析企业存在的问题和未来要努力的方向。我当时当然也很用功，但因为是 MBA 的第一个学期，从语言到思维习惯，到对课程理解，挑战都很大，对于会计学是否有那么大的作用也有一些想法。第一学期过了一半，我收到罗素教授的信，说我的学习有些问题和不少的错误，建议我去办公室和他谈谈。在办公室，他指出我在计算生产成本包括固定资产折旧时，几次都做得不准确，由此影响了对整个产品成本的计算。他认为我应该把这个概念理解得更清楚。我解释说，我在国内学了很多《资本论》的内容，在折旧这个问题上，也就是说资本如何创造价值、如何进入成本，《资本论》和现代会计理论是不太一样的，因为马克思总体上认为成本、价值是来自工人的劳动。罗素教授听后说，马克思理论的用意很好，但实行不了，因为计划经济要求的做法把全世界所有的计算机加起来也不够用。（如果罗素教授知道今天的计算机的大算力和 AI 的应用，会不会改变他的观点呢？）你怎么能保证你楼下的小商店里每天都有恰好数量的可口可乐卖呢？他又说会计学的折旧问题也是现金流的问题，关系到企业健康运营，这个数字不能错。这件事给我印象很深，直到后来我在公司听到任何经营分析时都会先问清楚折旧政策和现金流的问题。

罗素教授讲课时吸烟，几乎不停。那时美国课堂中老师可以吸烟，学生不行。罗素教授进课堂时就把两包烟放在讲台上，是一种绿盒的薄荷烟，我记得牌子好像是"Salem"。他并不把每支吸完，讲到激动时，"啪"一声把烟点上，用的是火柴；抽没几口再一激动，顺手把烟灭了。他还不停地喝咖啡，同学也喝咖啡，也是浓浓的。那个年代好像没有像今天这样的健康意识，教室不大，烟草味、咖啡味，加上同学们很投入的讨论和被反复翻来翻去的公司年报，这门课让我觉得离美国商业社会实际很近了。

罗素教授当时估计 60 岁左右，这个年龄的老师讲课容易讲框架、讲概要，不讲具体，但他不是，他把会计科目每个关键点都讲得很清楚。我记忆中印象深刻的会计概念如损益表与资产负债表如何连接、经营性现金流与应收账款的关系、计算存货成本的时候是用先进先出法（FIFO）还是用后进先出法（LIFO）等都是罗素教授反复讲到的。特别是当时美国的企业已开始国际化，许多美国公司在美国市场上的产品已不再是美国生产的，这在今天看起来很平常，但当时还是很新鲜的。罗素教授没有拘泥于当时美国的传统会计做法，而是把汇率、税率、不同国家的会计准则和企业内部转移成本的好处和风险都从经营者角度说明白了。罗素教授的课让我觉得Financial Accounting（财务会计）这门课几乎涵盖了管理学所有内容，以至于后来在其他课上遇到疑惑也会回到这里来找参考和方法。

财务会计的管理思想也在不断发展，后来因应企业的发展有了战略会计的思想，就是用战略发展的过程思维来分析会计数据，并用体现在会计报表以外的如资本市场价值来评估企业以支持公司战略的发展，当然这要很小心，很有原则。我后来在公司里经常挑战企业财务人员的数字解读方法大都因此而来。

企业在提供产品和服务的同时，也制造了数字。企业的数字是社会数字系统中很重要的一部分，它与企业的产品和服务的质量同等重要。一位哲人说过，世界是由数字组成的，我今天才体会到这句话的深刻内涵。企业对数字的要求要高过一般的数字统计，数字不仅要求是真实的，而且产生数字的方法是合乎规则的，数字的分类系统是科学的，数字的分析解释是符合市场原则的，数字系统是完整的。数字在企业里是起点，也是终点。现在人工智能可以在管理企业有形资产的同时，制造出一个"镜像"的数字企业并通过它来管理运营企业的所有环节，可见数字的有形的力量。

一家企业，能否在全体成员中，无论是管理层还是普通员工，无论是财务人员还是销售人员，建立起一种对数字的神圣感、严肃感、法律感、尊重感、科学感、专业感，可能是企业整体管理水平的很重要的表现。企业其实生活在数字中间，有了好的数字系统，或者叫信息系统，企业的效率会提高，决策会准确，评价会公正。道理说起来很简单，但做好并不容易，无论是中国的企业还是外国的企业，都在不同程度上向着这个方向努力，可企业中的数字还时常出问题。中国的企业界有个词叫"爆雷"，西方好像没这个词，"爆雷"的意思一是事儿不小，二是很突然。为什么突然呢？因为数字系统不严谨，因为数字是人做出来的，这里不仅有技术问题，还有态度问题。

我最早在华润提出并应用的6S管理基础就是数字体系，它特别应用了管理会计的概念，不仅是数字准确，同时把战略与财务结果融合考虑，在分析企业长短期经营结果、预算与实际的差别、不良资产处置、前任后任交接、企业发展的不同阶段、不同行业特点等情况时，用更符合实际的逻辑构建管理方法。应该说，罗素教授的思维对我影响很大，几年前我又回去过匹兹堡大学商学院，罗素教授已去世了。希望他还记得那个上课坐在前排但举手提问不多的中国学生。他曾问过我为什么课堂发言不多，我说还没有想好说什么。他说，我知道中国人有句话是"要有耐心"（Be patient!）。

你的书是你，
你是你的书。

第 **3** 章

三本书

—

你啃过的最大部头、

最难懂的书是什么？

我以前说过，爱读书的人坏不到哪里去，也说过读书的人眼神也祥和些、可爱些，虽然说法可能不准确，但读书对人的影响很大是肯定的。除了读书的一般好处，现在甚至有科学家统计说有读书思考习惯的人，寿命比平均寿命要长百分之十五呢。[1]也不知道为什么，深度读书的状态好像是另一种生存模式，可能血液循环和肠胃代谢也不同了哈。

中国人说开卷有益，好像抓起一本什么书读，都比不读书好，可能那是古时候书少、书的水平高，现在不行，现在读什么书还是要选一选。但无论如何，读书是一种可以上瘾的习惯。抓起一本书，好像接通了一根天线，没有这根天线你就没有着落，哪怕你手里抓着一本医学书，你也能在里边读出哲学和美学来。

我每捧起一本书，就觉得自己很渺小，觉得这个世界在不断向各种不同的方向扩展延伸，觉得这个世界有这么多的事情你都不知道，这么多发生的事情和你毫无关系，你真像一个坐在沙滩空地上看星星的孩子，无力、无助、好奇。有时候拿起一本书又觉得自己很浅薄，因为那么多复杂的问题别人都想过了，那么多深刻有道理的话别人都说过了，到今天你还在为古今中外哲人说的话折服感叹，无论在智力上还是感情上，都觉得很无奈和沮丧。

---

[1] 美国《社会科学与医学》期刊登载的一份耶鲁大学研究报告指出，读书的人寿命比不读书者长。研究人员追踪了3635人，研究为期12年，受研究者均50岁以上。实验结果表明：读书者比不读书者多活将近两年。

可以说，书的世界是一个更大的世界，它把时空扩展了，把思想和精神也加深了，如果你在其中给自己定位，除了敬畏、谦虚、学习，没有别的。

第一本让我迎面撞上的书是马克思的《资本论》，在此之前所有读的书可以说都是散书、闲书。

读《资本论》是 40 多年前上大学的时候，现在读它的人可能少了。前几年我还在书店的一个冷清的角落里偶然看到《资本论》，当我从书架上把它拿下来翻开后，依然感觉到亲切、熟悉、流畅，好像久违的老朋友。说实话我仔细看了几页，觉得它没有以前那么难懂了。《资本论》是大学的最主要课程，多次考试，读了几遍，每次都觉得上一次没看懂，近 40 年后再看到，感觉没有那么难懂了。想想看，可能 40 年的生活都在不知不觉地理解领会《资本论》，人生的经历、社会的发展变化，能让你积累能量和见解来理解马克思的思想或者其他系统的思想。有人说马克思是哲学经济学界的爱因斯坦，可能是因为他们的著作都要用时间和积累去理解。

有人问《资本论》那么晦涩难懂，又那么久远，今天读还有什么用吗？我说如果年轻时没碰上这本书，今天读可能也没有那么多热情和精力了。不过也没什么，因为《资本论》不是一本操作手册，但读《资本论》这种大部头的著作有莫大好处。人这一辈子一定要读几本大部头的成体系的著作，这种书要在读书时觉得难懂，觉得难以把握它的整体，要啃，要领悟，要反复阅读，要觉得苦闷，可能也会有阶段性的顿悟，这样你自己才会跟着它建立一个系统，进入另外一个思想逻辑的修炼世界。而奇妙的是，这时你并没有意识到，这种思想逻辑会跟随你多年。大部头的著作不一定是《资本论》，可能是一部物理学、历史学或者医学、生物学的著作。从这里出发，你可以在这个根据地上理解世界其他众多的部分。

　　《资本论》讲的是经济学，从商品生产交换到货币利息、到矿山土地都讲了，是完整的经济学。但一百多年前的资本主义没有今天发达，马克思的理论也不可能涵盖今天，正如马克思自己说的，"已经发育的身体比身体的细胞容易研究些"①。所以，虽然说《资本论》是经典，它的理论基础和架构的生命力是长久的，但也不能期望它完全契合和解释今日之世界。这是看待《资本论》的前提，否则细节争论不休就无法前进。

　　我读《资本论》的时候，认为马克思主要是革命家，从商品的价值、剩余价值，到工人的劳动、货币转化为资本，再到剥削、贫困，到社会形态的变化，这是一条主线。这个理论今天大家都

---

① 见《马克思恩格斯选集（第二卷）》，人民出版社，1995 年版。——编者注

比较熟悉，但当时《资本论》对一个大学生的影响超出了这些，可以说超出了结论。我猜其他有宏大理论框架和研究内容的书都会有类似的作用。如一位医科大学的学生读完了医学概论后，可能得到的教育不仅是疾病诊断治疗方面的，他得到的还会有因果关系的、现象原因的、外部内部的思维方法等的教育。我曾见到香港有家做纺织的公司，老板专门喜欢招医科大学的学生去公司工作，说是学医的人最适合企业经营哈。

《资本论》从分析麻布开始，也就是从分析商品开始，按照马克思的说法，是从分析细胞开始，再把细胞也就是把商品打开，分析价值和实用价值，再分析价值的形成，分析劳动和资本，分析分配，分析不平等，一直到资本主义的社会形态。这种层层剥开、层层加上去的方法，实在让人眼前一亮、恍然大悟。我们眼前的多少事不是如此呢？这种剥洋葱的方法可以帮助我们搞清很多问题。比如为什么企业股价不好了，实际是销售不好，利润也不好了，这实际又是产品不好了；产品不好，实际是团队不好，究其原因又是机制不好，领导力不好了，企业的理念文化不好了。这些都是互相关联在一起的，找到了关联关系，也就找到了解决方案。我提出的五步组合论其实也是相近的分析方法，当时提出时没有特别感觉，其实在逻辑上受到《资本论》的影响，今天这样说好像有些高攀了哈，但很有可能，谁知道呢？

马克思从细微处具体着眼的方法，也是寻求根本原因的方法。这也好像今天马斯克说的第一性原理。一个纷繁复杂的社会，其进步变化的根本原因是什么？马克思在众多表面因素如宫廷、战争、人口等原因中找到了根本的原因，这就是经济的、生产力的、物质的及由此追求产生的能量，推动社会形态的变化和进步。恩格斯说，"正像达尔文发现有机界的发展规律一样，马克思发现了人类历史的发展规律，即历来为繁芜丛杂的意识形态所掩盖着的一个简单事实"。①

从《资本论》至今，150多年过去了，马克思的理论不断得到验证，经济因素几乎是所有问题的根源，所以发展经济是硬道理，如果没有这个认识，就没有中国发展的今天。同样，如果用第一性原理来看，企业发展好的根本是什么？企业所有的努力，包括人的努力、战略的定位、所有的组织和资源投入凝聚到一点，最终是要形成好的战略性产品。产品是企业的根本。好产品自己会走路，好产品自己会说话，产品是企业与世界联系的根本通道。产品也是马克思从一开始就抓住的"商品"。谁能想到，把这个"商品"掰开后，形成了价值和使用价值，在一般经济学家眼里是供求关系和价格平衡，在企业管理者眼里是劳动生产率和企业竞

---

① 见《马克思恩格斯选集（第三卷）》，人民出版社，1995年版。——编者注

争力，在马克思眼里，除去前面两者，他还发现了剩余价值，并由此重新解释而且改变了世界。如果说这商品就是《资本论》中讲的麻布和衬衣，也就是企业家眼里的"产品"，那么，企业家抓住企业发展的关键"产品"，作为企业生命力的根本来发展企业；而马克思则也抓住社会经济发展中的关键"商品"来形成剩余价值理论并改变了社会，这也太奇妙了吧，哈哈！

记得我以前说过，企业的利润不是生产出来的，是分配出来的。这句话听起来与马克思的生产决定论和劳动价值理论是相悖的，但我当时在企业中说这句话，是想强调体制机制改革及分配环节在整个经营管理中的重要性，要调动大家的积极性，因为我觉得分配机制决定好了，生产效率会高，利润也就会增加了。但其实在《资本论》和马克思的其他论述中，他对分配对生产的决定作用也是十分重视的，他也提到过，分配似乎先于生产并且决定生产，生产要素的分配决定生产的结构等观点。所以说马克思这位伟大的思想家是位实事求是的人，他说的共产主义不是平分主义，也不是随便拿主义啊！相反，他强调了生产要素的分配对生产的产品分配之决定作用及反过来的相互作用。我直觉认为，如果马克思活在今天，他一定是个分配体制的改革派！

马克思是思想家、革命家，也是一个热爱生活的人。他一生对雪茄和红酒都很喜好，他跟女婿说过，写《资本论》的稿费不够买写作中抽的雪茄。他在给友人的信中也说过不喜欢葡萄酒的人不会有出息（他又说有例外）。反正他是一位有小嗜好、小毛病的人，我每看到他的照片就觉得能闻到雪茄的味道。这与我们一般认为的伟大人物的完美形象有差别。但他是真实的人，真实是最美的，也是很难的。

马克思说未来社会要使人有全面的、自由的发展。这是他思想的根基，是对未来的理想，其他都是过程和手段。所以马克思也多次讲人作为目的的存在还是作为手段的存在，不要搞错了，搞错了就是"异化"了。这与我们今天不断谈论的人生意义和生活态度太相关了。马克思想找到或建立一个制度来适应人生意义的需要，也就是人的全面自由的发展。

这种思想也会影响今天所有社会组织中对人的态度和给人的空间。一家公司对自己的员工的行为，在有效服务公司的前提下，可以放到多宽？多年前华润投资了万科地产，当时王石作为万科的董事长，用不少时间登山，有人问公司高管的个人爱好可以占用多少时间，我说这的确很难界定，但公司做得好，个人全面发展得也好，是我们的目标。我希望看到公司多几个王石，因为别人一辈子好像只能做一件事，要么搞好公司，要么专业登山，王石能做好两件事，他等于活了两辈子。其实那时候我脑子里就不断浮现马克思讲的人的全面自由的发展。当然，这也得有个平衡啊！

马克思毕其一生研究资本主义如何向共产主义迈进，但他并没有看到他的理想的实现。也有人说以后的资本主义也不会像马克思说的那样发展了，特别是在冷战结束后，社会主义阵营巨变，又有了日本裔历史学家福山的历史终结论，对马克思理论的现实性提出怀疑。也有当代的哲学家说因为马克思的分析预测，资本主义社会改变了，改革了，换了形式，超出了马克思研究的范围，是马克思让历史的轨道变了，但马克思的分析逻辑仍然是正确的。马克思有一句话，"哲学家们只是用不同的方式解释世界，问题在于改变世界"。[①]这句话虽然不是在《资本论》中说的，但我读《资本论》时一直记得，记得联系实际，记得有理论有行动。

其实不仅是哲学家，什么学问家、什么专家都可以用各种方式解释世界，但能促成并带来改变的少。在企业里也是一样，所有的理论，战略、决议、规划，甚至预算，能坚定落实吗？企业改变了吗？进步了吗？我以前也说过，我们那么多部门、那么多会议、那么长时间工作，市场感受到了吗？产品升级了吗？客户满意了吗？今天在这里拿马克思这句话来说企业可能远了点，但理论认识与实际行动的关系在哪里都一样啊！马克思的这句话后来成为马克思墓前石碑上的墓志铭，它可能不仅刻在石头上了，

---

① 见《马克思恩格斯选集（第一卷）》，人民出版社，1995 年版。——编者注

今天再想起来仍然记忆犹新，影响很大。

人这一生可能只有几本书你能记得，你在不同年龄和不同的生活境遇中，会记住不同的书。如果有一本书，你会不断想起它，而且读这位作者的其他书你也受启发，那么你自己的思维偏好就开始形成了。

我想说的第二本书，是冯友兰先生的《中国哲学简史》，因为这本书是在我觉得中国哲学很难懂的时候看到的，40 年前了，它让我感受到了中国哲学的简单明了、平易近人，好像成了朋友。其实冯友兰老先生写过大部头的《中国哲学史》，后来又写过更大部头的《中国哲学史新编》，可偏偏这本只有 300 页左右的简史让人受益良多。

这本简史原来是冯友兰先生在美国讲授中国哲学史时的讲义，原稿是英文，是给外国人看的，对外国人可能有意简单些，但其内容并无缺漏，只是用更简洁易懂的方式讲述出来了。我想这也有意思，其实好多事情都是这样，不需要复杂，简洁明了，事情就好了。可把复杂事情搞简单，比把简单事情搞复杂要难得多，冯友兰先生的《中国哲学简史》就是删繁就简，简洁后还有了更深理解的新意，这是它的珍贵之处。后来我发现一个很有意思的现象，许多在中国畅销、受欢迎的书，是作者先在美国用英文写后译成中文的，像林语堂先生的《生活的艺术》《吾国与吾民》，黄仁宇先生的《万历十五年》等，还有张爱玲女士、许倬云先生的一些书也是这样。可能用另一种语言写作思考时，心里想着不同的读者，表达出来更优雅耐心、通俗易懂，对吗？

中国的哲学不是哲学家圈子里的抽象概念，它就是人们的行为规范。"人之初，性本善"，这种句子就是哲学，是深刻的哲学，可它是儿童初学时的背诵文章，是通过哲学表达出来的伦理规范。我们生活在中国先贤哲人们创造的思维和行为模式中，自己并没有意识，冯友兰先生的《中国哲学简史》让我有了这个意识，并沿着这个方向思考。

《中国哲学简史》因为浓缩了大量知识，你特别能感到诸子百家的多样性和丰富。这段时间百家争鸣，大都发生在两千年前，各有千秋、共存共荣，对后世产生了巨大影响。这也是中国在历史上与世界其他文明如古希腊、古罗马并驾齐驱的时代，可以说在物质和思想上不亚于其他文明。后来罢黜百家，中国的思想就没有那么丰富和多彩多姿了。这种多样性和争鸣，在我看来，就不仅是哲学的观点，而是一个大场面，是认识世界不同思想本来该有的格局。后来我再接触西方哲学，再比较它们的差异，你才知道所谓哲学不是一套理论，它是一座山，从山脚到山顶都是阶梯，从探索宇宙奥秘到回答人类基本问题，从人性论到认识论，听起来复杂，其实道理就在我们身边。这种架构要随着时间推移慢慢建立起来，对自如地面对你面前的问题很有帮助。我记得我在中粮时讲过"企业管理中的十大哲学问题"，可能里面也有从《中国哲学简史》中受到的启发。

　　因为工作和职务的原因，我经常要讲话。我不习惯念稿子讲话，因为那样我觉得对听众不尊重，如果秘书写了稿我来念，大家听了会问这到底是我的意见还是秘书的意见。但自己讲话讲什么、讲多长，能不能通过讲话提升公司的认知水平是个挑战，也是对领导力的考验。单说在讲话长短上，有人说如果讲话时间是两小时，不用准备，因为时间长可以随意讲；如果时间仅有15分钟，要讲完整了，要准备两天；如果时间只有5分钟，那么讲话就难了，要想讲好，要让人记得，要准备好几天。可见，复杂的事要能简单明了不易。要直奔主题，抓住根本，清晰表达，这件事是很难的。

　　冯友兰先生也说，在达到单纯之前要先经过复杂的思辨丛林。在相对多元业务的公司里，所有问题都蒙着一层纱，所有沟通都有阻滞，所有方案都有落实折扣，这如同哲学的分析一样，烦琐的程序只是不成熟、把握不准的表现。公司里程序、流程是要有的，可这些设计的流程在执行过程中有多少真正起到作用，提升了决策的水平呢？这要对公司经营理念和目标有深刻的认识，否则表面运转正常的公司也会失去效率，更会不得要领。

我一直认为用中国哲学或国学来管企业是行不通的，所谓商业目的性的企业本来就是西方的，它有它的市场的、法律的、财务的等规则。中国的国学则与企业管理的重合点少。在《中国哲学简史》里，冯友兰先生也说："中国哲学的功能不是为了增进正面的知识（指对客观事物的信息），而是为了提高人的心灵，超越现实世界，体验高于道德的价值。"可是当我年龄大一些，对人和组织在企业中的作用理解深一些后，再回来看冯友兰先生之中国哲学提高人的心灵的话，觉得中国哲学里关于心灵、伦理、境界的论述，应该是企业建立的思想根基。冯友兰先生还说了人的四个境界，自然境界、功利境界、道德境界、天地境界，更是把人的不同精神状态做了分类，这与我们在企业中划分的几个经理人层次很吻合。

现在我们企业都在讲使命、愿景、价值观，虽然大部分企业讲得牵强，也只是形式，但其重要性及对企业整体的影响已得到认识。在企业中导入精神理念和信仰，最适合、最有力的是借用《大学》里的"修""齐""治"平"（修身，齐家，治国，平天下），冯友兰先生认为它也可说明中国哲学的世界性质。"致知在格物。物格而后知至，知至而后意诚，意诚而后心正，心正而后身修，身修而后家齐，家齐而后国治，国治而后天下平。"《大学》

里的这段话常看到，总认为是自我修养之理，今天再看，领会到它也是组织建设之精神原则。对比两千多年前古人的认识，我们只能汗颜如雨、惭愧不已啊！

　　前面谈的两本书都是在有意的学习中去读的，可以说读到了思想和知识，可以说是我注六经，是追随和理解的性质。当我年龄慢慢大了，经历多了一些，书也读了一些后，脑子里就产生一些疑问。不同的书有不同的观点、角度，我也想理出一些头绪，找出一个归纳点。这时候，我读到了现代哲学家约翰·罗尔斯（John Rawls）的《正义论》（*A Theory of Justice*）。

　　这本书我读起来有点六经注我的感觉，因为书中论述的有些事情我想过，可以对照。有段时间我觉得，公平、公正、正义的原则应该是任何社会制度、任何组织团体都推崇的第一原则，可能也是不同宗教、不同信仰共同追求的目标，是理想国的首要条件。正义是什么呢？公平公正是什么呢？正义及公平公正，就是通过制度结构、法律的设计，让尽量多的理性的人认为社会的规则和规则下的行为是合理的，是应该的，是符合他的道德和利益预期的，是符合人性本质和社会信奉的准则的。

　　《正义论》是哲学著作，说起来很复杂，其实很简单。公平公正要求信仰的和推行的一致，说的和做的一致，对某个人和对所有人一致，而这个一致的行为是符合全体大目标的。老外的小孩受到老师和家长的批评责罚不高兴时，经常说一句话——"It's unfair!"（"这不公平！"），虽然是小孩说的话，但包含了很多判断，是意思很丰富的话。意思是说大人这样做，不是他被经常教育的道理，不是他的预期，或者说其他小朋友不是被这样对待的。在企业更是如此，企业领导可以做很多好的决策，但公平公正地对待所有问题是最基本、最关键的。如果你在用人上、在评价奖罚团队上，没有按共同目标的要求，没有按共同认可的原则来行事，这先是不公平的，再是不公正的，也是不正义的，这种做法会破坏甚至摧毁你的组织。中粮当时提出来处以公心、与人为善也是基于这个原则。一个国家和一家企业可以暂时贫穷，暂时经营困难，但不可以缺失正义，不可以缺失公平公正。

虽然我不信某种宗教，对不同哲学流派也没有深刻理解，但是从所有宗教及哲学的意念和理论倡导人们向善进步来讲，我觉得《正义论》在相当程度上综合了它们的共同点并应用到社会实践。所以《正义论》不是抽象的精神理念哲学，它是政治哲学、社会哲学。它实际上也可以成为信仰，只要社会或者一个组织是正义的、公平公正的，就会是充满活力的、蓬勃发展的、美好的。

对是否正义、是否公平公正判断的困难，主要来自每个人所处的位置角度不同，利益不同，观点就不同，所以罗尔斯就导入了"原初状态"的概念。如果你在初始期，你是空白，你不知道自己的背景，你处在"无知之幕"后面的时候，你怎么来衡量公平公正呢？这时让你设计公平公正的制度，你怎么设计呢？他还讲了个分蛋糕的故事。说是几个人分蛋糕，都想多吃，如何才能分得公平呢？这就是让负责切蛋糕的人最后一个拿蛋糕。这样最后的结果是蛋糕分得很均匀。但是否这就是公平呢？平均不是公平，公平不等于同等，公平正义的事比这要复杂。可惜人性的特点是没有差别就没有进步，平均了也就贫穷了。这个规律用在市场经济的企业中很是灵验。但这也正是我们不断纠结、不断犯错的地方。

罗尔斯的"原初状态"假设一下让我脑子里出现了人的一生。人的一生其实从出生开始，就与环境是否公平正义及自身的能力地位在抗争。一个婴儿出生，一切刚刚开始，不一样或者不公平就伴随而来了。新生儿的智力、体力、肤色、性别、出生地、家庭等已经不同了。

起点的不公平是难以改变也难以跨越的。有人出生在罗马，有人一辈子的梦想是去罗马啊！好在上帝也有其公平之处，生在罗马并不代表一生的快乐幸福。

我在中粮时做粮食贸易，去了多次阿根廷，赞叹潘帕斯平原的肥沃富饶，也羡慕阿根廷的自然资源、山川河流、风调雨顺，其粮食生产成本大大低于全球，农产品出口竟然是其重要税源。

与当地人谈及此事，他们告诉我一个笑话："有人问上帝，为什么对阿根廷这么好，给了它这么好的自然条件？上帝说，你别着急，我再给他们一些阿根廷人，这样就公平了。"意思是虽然自然环境好，但这些年来因为社会动荡大，阿根廷也没真正享受到资源丰富的好处。由此可见，公平与否也不是绝对的。

自婴儿开始，先天的不公平跟随你走过一生。教育是公平的吗？平等教育的机会是消除许多固有的不公平的最好方法，但教育机会也不是公平的。就业是公平的吗？如果前面的条件都不公平，再加上就业过程中各种外界因素，就业也是不公平的。就业以后呢？你无论做什么工作，都会遇到不公平，都会感到不公平，因为不公平的确是存在的，你的薪酬、你的级别、你的环境都不可能是绝对公平的。不公平是绝对的、长期的，公平是相对的、波动的。如果理解了这句话，公平公正就是一个过程。

正义过程论也是罗尔斯的理论，他让我们豁然开朗了。这里有几点要理解。一是一个社会是可以测定出它的正义和公平公正的程度的，是要不断改革进步的。二是不公平公正，则共同目标不被认可，社会或企业合力减弱、矛盾多。三是差别社会是永远存在的，正义和公平公正的原则应该是最弱群体在变动中相对得益最大。公平公正的正义论可以用在分配上，也可用在社会地位上；可以用在物质上，也可以用在心理上。公平公正在一家企业里力量很大，它可以是信仰，可以是文化，也可以是品牌。我在华润和中粮都说过，虽然我们某单业务或某个投资没做好，但我们最大的得益和资产是我们没骗过人，我们是公平的，我们遵守了原则。

在企业里，公平公正是标准，是过程，是公平机会，但又不是平均，不是结果的无差别。有差别的公平，才是对大多数人的公平。"有差别才是公平"是个很容易误导的概念，记得美国通用电气的韦尔奇在自传里曾说过，他进了通用电气三年后就想辞职，不是因为自己对奖金不满意，而是因为他听说有另外一个人的奖金和他一样多，他觉得那人工作成绩不如他，他认为这样就是不公平。他由此也深刻理解了什么是公平和差别。中国人经常讲"不患寡而患不均"，这里的"均"不应是平均，而应是有差别后的公平公正。但如果承认差别，差别是如何形成的则成了公平公正的关键。机会是平等的吗？标准是平等的吗？过程是平等的吗？对这些问题的回答，就可以区分好企业和坏企业。

我到中化工作后，有位中化的副总对我说："宁总，你什么也不用干，你就坐在房间里，有什么事你公平公正地做个判定就行了。"这可以看出大家对所谓董事长作用的期望和公平公正的重要。的确也是，企业的董事长一般都很忙，这个忙的过程有多少是把企业做好了，有多少是把企业做坏了呢？除了能力，出以公心的公平公正可能是基础。企业管理者的领导风格可以不同，有人像老虎，有人像老佛爷，有人像带兵的将军，都可能成功，但是公平公正的品质不能少。

美国有家万事达卡公司，前两年退休的CEO是位印度裔。因为在他任上万事达卡公司多项创新发展很成功，公司市场份额上升了很多，有人问他：如果让你用一个单词来说明一个公司管理者最重要的特质是什么？他说是"decency"。这个词不太容易翻译准确，其实说的是公正的人、正派的人、体面的人。由此，大家评价一个人时常用的IQ（智商）、EQ（情商）后面又多了DQ，也就是公正的或者正派的能力。我觉得这很重要、很根本。可以说，一家企业的员工认为你是有多公平公正，他们就有多热爱你；他们有多热爱你，你的企业就会有多大发展。

《正义论》虽然着重对社会公平正义的研究，但社会的公平正义是个目标，是个结果，在它前面有许多环境的假设和达成目标的不同路径。在我们面前的影响每个人的是社会可移动性（social mobility）。一个社会和一个企业的现状是已经按现有的规则形成的，对人的不同来说，就是人都被放在一张大图的不同方格里，每个方格可能代表着财富、地位、出身、教育、职业等等的不同。现状的公平与否是过往形成的，所谓的正义和公平公正，就是要看未来这个社会的人们是否可以在方格之间通过自身的努力自由移动。移动的标准是否清晰公平？移动的路径是否敞开？移动是否被社会认同和支持？中国的高考、公务招考可以说是很显而易见的社会移动，有人说教育是最好的扶贫，很有深意。一个社会，穷人可以变成富人吗？平民可以成为重要的官员吗？文盲可以变成知识分子吗？社会可以畅顺地在公平规则下让民众自由地向更好的、向往的方格移动吗？当然也有人在竞争中从高的方格降到低的方格。只要移动的标准公平公正，这种移动的动力是本源的，社会阶层移动的动力就是社会进步的动力。

将罗尔斯的理论应用到任何人群如企业中，逻辑也是一样的。企业组织更像一张挂在墙上的大方格地图。听说以前老派的西方公司董事长真这样干过，把所有企业中高层管理人员的名牌挂满一墙，手里拿个长杆子，每天站在墙边上，琢磨着怎么给墙上的人换地方。企业里公平公正的可移动性，更是企业组织的动力。企业里评价标准很多，在不放弃综合素质的情况下，业绩指标应该是企业里职务升降可移动性的核心指标。只有这个指标好了，企业才充满活力。但这个指标也有复杂性。是什么样的业绩？符合战略要求吗？可持续吗？与竞争对手相比呢？标准也不是那么容易就很准确呀！又要可移动，又要标准准确，又要公平公正，又要有差别，企业的工作就是要在多变量中找到最佳解。

记得几年前中粮收购荷兰的粮食贸易企业尼德拉（Nidera），

公司的股东是犹太人，请了位德国人当董事长。收购过程中这位董事长也很配合，我们觉得他不错，作为过渡，就同意他收购后作为外聘董事长再任两年。但很快我们觉得这位董事长不行。一是他有了退休赋闲心态，对公司的事不上心；二是他与老外团队关系很近，为了取得团队对他的支持，经常无原则地帮着解释甚至掩盖公司的问题。我们觉得应该尽快把他换掉，因为开会来不及，我就打电话给他，告诉他下次董事会我们就不让他继续任董事长了。没想到他十分恼火，说他还有多长合同任期，公司怎么需要他，其他股东的代表董事怎么支持他，还把他夫人搬出来与我讲道理。我说我们作为大股东，认为你不适合再干了，至于合同问题有法律，其他股东董事的意见有董事会讨论，而我们今天说的是因为你作为董事长没能促进公司的发展进步，我们认为你的工作不好，这也是公司的评价标准，你再继续干，对公司的股东也不公平。虽然争吵了半天，但最后董事会上其他董事也都支持了我们的意见，把他免掉了。会后大家去酒吧喝酒，我以为会有人陪陪他，劝解安慰他一下，结果是所有人都去了我去的酒吧，都表示支持中粮的决定。可以说公平公正又一次取得了胜利啊！我当时心想，这老头，德国人，马克思的老乡，咋还不明白这点道理呢？

你在哪里生活过，
你就带上了那里的味道。
如果你生活过几个地方，
你身上就有了混合的味道。

第 **4** 章

三城市

———

城市的性格是哪里来的?

我1983年从山东大学毕业时的论文是《论资本主义国家的经济滞胀》。虽然过了40多年，这个题目今天看起来好像也很有现实意义哈，但背后的道理已大不相同了。那时改革开放已开始，对西方资本主义虽已不是对抗漫骂，但还是坚持强烈的批判态度，这从我论文的题目就可以看得出来：这是篇论文，但也是批判文章。"滞胀"是个新词，是个新的经济现象，就是经济主体动力减弱，货币政策失灵。滞胀的英文也是个组合词，把 stagnation（停滞）和 inflation（通货膨胀）合在一起，叫 stagflation，就是通货膨胀与经济停滞同时存在。

1983年，美国是里根时期，英国是撒切尔夫人时期。当时西方经济理论认为，资本主义在经过二战后快速发展了，可因为政府干预多，市场作用受限而进入经济滞胀。也是由此有了英美国家的所谓"供给侧改革"，主要是国有资产私有化、减税及"小政府"政策。这些政策在西方国家还是起了作用的。几十年后，中国在经济放缓时也推行了供给侧结构性改革，但与西方国家的供给侧改革内容不同，这是后话了。那时出国是件天大的事儿。在去美国之前我从来没到过国外，所以跨出国门后那种强烈的对比很震撼。那时出国上学也学了些书上的知识，但看到的，在大街上走走，生活中感受到的，西方资本主义多年积累的物质文明给一个刚由中国出来的年轻人带来的是迷茫、怀疑和否定的巨大冲

击。没有比较就提不出问题，没有问题也就没有思考，的确是
"读万卷书不如行万里路"啊！

当时从中国去美国没有直航的飞机，要在东京转机。我之前
也没坐过飞机，也不知道怎样买飞机票。可能是机票买晚了，当
时资助我的基金会就给了我一张空白支票，让我自己去买票，结
果就买了一张日本航空由北京到东京的头等舱机票，所以一上飞
机就有点目不暇接的感觉，日航的头等舱空姐穿和服，跪着服务，
酒和饮料丰富，而且有从来没见过的日本美食。从机舱空气的味
道到广播的语言，都会让你感受到现在与窗外是两个不同的世界，
可这才登机几分钟啊！飞机上邻座有个老外，我凑过去和他说句
话表示友好，他看出来我的惊奇和惶惶不安，问我是不是第一次
出国，我说是的，我告诉他，感觉到中国和外国差别很大。这老
外回了句话，让我到今天还记得很清楚："Everything takes time."
（"任何事情都需要时间。"）我当时英文一般，但这句话听得很明白。

后来想想，这句话里有很多含义。这老外随口一句话，表达
了他认为中国只要有时间就会发展得很好，很有信心，而且好像
知道中国会往哪里走。"Everything takes time"这句话也可以扩
展到其他事情，假以时日什么都有可能啊！这句话用在企业上也
很有力量，增加了前景视野和耐心。后来我读到爱因斯坦的时空
转换，说时间是运动，也是能量，更觉得老外这句话很有意思哈。

当时也没问这位老外是干什么的，估计是来中国投资做生意的，他有这种认识，估计他一定很成功。

到了东京成田机场，我发现因为我有美国签证，可以入境72小时。我当时看世界的欲望很强，想也没想就从机场出来了。可以想象1984年的一个年轻人在北京起飞几小时后到达东京当时的震撼感。我感觉东京是一间大的工厂，什么都在动：车在动，灯在动，人在动。城市是立体的，空气里弥漫着汽油、食物和香水的味道。我不知道在东京应该去哪儿，只记得银座是个热闹的地方。日语不会说，我就在手上写了"银座"二字展示给出租车司机。车开了很久才到银座。灯红酒绿、眼花缭乱、花花世界、纸醉金迷，过去批判资本主义的词在这里都看到了。

在一家小酒店住了一晚才发现，我身上带的钱已花了一大半，可这还没到纽约呢。第二天，我拉着个大行李箱要再回机场去美国，打出租车恐怕钱不够了，就去搭地铁。我问人地铁站怎么走，遇上一起走路的四位身着整齐西装的男人，就问其中一位怎么去地铁站和飞机场。他发现跟我一句话也说不清楚，就让其他几个人先走，他带着我走了差不多10分钟，直到把我送到能接驳去机场的地铁站才放心地离去。这件事我一直记着，很感谢这位日本人。后来我才知道，日本人有传统，遇到别人问路不仅是指一下，还会专门带你去。多年后我和家人去日本旅游，问路时也有同样的经历。

到纽约是晚上 10 点左右，纽约在东京之上更加了一些宏大和混乱。出租车司机是个黑人，我告诉他去中国驻纽约总领事馆，他就把我送到了当时台湾在纽约的一个机构，好像叫文化代表处。开门的人说这是台湾的机构，你是大陆学生，许多人会走错，如果愿意也可在这暂住一晚。我一听很害怕，赶紧告辞。后来好不容易找到了当时在曼哈顿 42 街上的中国驻纽约总领事馆。

一路走来，东京和纽约的浮光掠影已让我惊奇万分。因为当时差别太大，对比感太强。主要还不是感官上的，是思想上的。因为装了一脑子马克思主义政治经济学，已有了框架和预期，看到现实的五光十色，就更感矛盾和困惑。我后来多年无论到什么国家，都想在社会制度上比较一下，想找出制度与社会发展的关系，可能就是那时种下的种子。世界上国家制度形态之多，信仰理念之多，发展之不同，历史长河之不同的变化，太奇妙了，太无规律可寻了。真是公说婆说都有理，远近高低各不同。直到今天，我对国家间制度的比较都可能还在进行中吧！不过这都是后话了，哈哈。

到了匹兹堡，我才真正开始进入美国。现代资本主义扑面而来。1984 年，在我印象中，中国的人均 GDP 不到 500 美元，而美国已是 1.7 万美元，差 30 多倍。这个水平中国到今天还没有达到。过去我们上大学时，经济学衡量经济发展用 GNP，指的是国民生产总值。GNP 是个国民概念，也是个拥有的概念。那时也没多少外资企业，也没多少海外投资。而现在用的 GDP 的概念是个国土概念，着重在国土范围内，着重吸引外资，不求"所有"但求"所在"，不是拥有的概念。GDP 这个概念很有利于当时资本国际化、经济全球一体化的形势，对资本输出国更有利，联合国 1991 年在美国的推动下用 GDP 代替了 GNP。所以对今天有大量海外资产和投资的西方发达国家来说，如果用 GNP 来衡量，它们占有的财富一定更多。这也是过去 40 年经济全球化、企业国际化所造成的。但我不是想探讨这些概念，只是想说从人均 GDP 的差别之大，你就可以想象两国生活的差别之大。后来我发现到了一个国家或者一座城市，你看看道路、车辆、建筑、商店和人们的穿着，大约就知道这里的 GDP 是多少，还挺准的。

到美国说是来读书，实际上这本书是从生活中开始读的。为什么美国的大桶牛奶比水便宜？为什么美国人可以随便吃肯德基里的炸鸡腿？为什么美国学校餐厅里的自助餐要吃什么、吃多少都随便，而我们大学里打饭的窗口排长队，打饭的阿姨总是少给？有人说美国人太有钱了，我想来想去才明白，不是美国人有钱了，是他们有东西了；不是因为钱多了，是东西多了；不是因为钱多了，是鸡腿多了！为什么鸡腿多了？因为养鸡场多了，鸡长得快了，技术水平提高了，生产效率高了！哈哈，这 MBA 是干吗的？
MBA 是提高生产效率的呀！这的确是个不一样的别人的世界。

我当时给哥哥写了封信，说看来中国赶上美国还有很长的路
要走。当时北京正是秋天，众人排队观赏香山红叶，走近了还没
找到多少红叶。可是匹兹堡的山上，秋天漫山遍野的红黄绿，层
林尽染，好像没有人注意。当时我觉得美国人运气好，自然资源
好，国土肥沃，要风得风，要雨得雨，国土又年轻，没有被几千
年的文明消耗过。所以后来想到像加拿大、澳大利亚、巴西，甚
至包括美国、俄罗斯这样的国家，国土面积大、人口少、资源得
天独厚，社会发展自然条件好。而中国呢？虽然面积也大，但人
口多，又经过古老文明的消耗，可利用资源不够多。中国人又上
进，所以生存竞争就激烈，人们也都比较勤劳节俭。当然还有的
国家如以色列自然资源就差，这可能成就了犹太人在以色列这个
独特的创业国度里的这种发展模式。我后来去过以色列几次，每
次都想，如果把加拿大、澳大利亚这样的国家交给犹太人管，他
们会发展成什么样，还是也会变懒了？

匹兹堡曾是美国的"钢铁之都"，到 20 世纪 80 年代钢铁工
业没落了，其实就是被日本、韩国替代了。因为成本高、污染大，
还有就是日本汽车业的兴起冲击了底特律的汽车业，匹兹堡的钢
铁业作为汽车业供应链的一环也受到冲击。记得当时美国的汽车

工人、钢铁工人很仇视日本人，底特律曾发生过工人枪击日本人的事件，可见当时的产业转移还是很猛烈的。我 1984 年到匹兹堡，几乎很少看到老钢铁工业的痕迹了，但城市还有曾经的工业辉煌的样子，最高的美国钢铁公司黑黑的钢结构大楼，匹兹堡玻璃公司闪亮的童话般的大楼，美国铝业公司二战后建的全铝合金材料总部……这都说明它曾经是一个重工业的城市，特别是匹兹堡是几条河环绕的城市，很有名的是它的钢铁桥梁，匹兹堡也被称为"桥梁之城"（City of Bridges），据说全城有近 500 座桥，都是钢铁建的，看来当时这里的确不缺钢哈。还记得刚到匹兹堡时，正赶上美国民众支持埃塞俄比亚抗击饥饿，众人牵手横跨东西海岸，与著名歌星迈克尔·杰克逊、麦当娜、莱昂纳尔·里奇共唱 *We are the World*（《天下一家》）。我也参与牵手，刚好站在一座桥上，当时觉得冲击感很大，觉得这个国家了不起，世界上的事它都管哈，歌也好听，"我们就是世界，我们就是孩子！"直入人心！

如果说一个中国的年轻人刚到匹兹堡感到的是西方现代物质文明的震撼，如水车流，五光十色的街道，琳琅满目的商品，可等你静下心回头再来看它，它还是一座活的、有生命的、不断蜕变转型的城市。这是我 20 年后再回到匹兹堡的感觉。本来是以钢铁工业为主的城市，过去匹兹堡的橄榄球队叫钢人队（Steelers），匹兹堡的啤酒叫铁城（Iron City）啤酒，可见钢铁工业已与城市融为一体了。钢铁业本来是高耗能高污染的行业，"钢铁城"在后工业化年代也不是赞誉。可匹兹堡很快被评为了全球最宜居城市（world's most livable city），而且转型成了生物科技城、医学科学城，人工智能技术全美领先，有人称它为"机器人堡"（Roboburgh）。这个城市的转变可谓让人惊奇。我上次回到匹兹堡，我的老师开车带着我在街上转，他说："你知道现在匹兹堡最高的楼是什么楼吗？""什么楼？"他指着原来的美国钢铁公司大楼说："匹兹堡大学医学中心！"我看到外面，原来美国钢铁公司大楼上的硕大霓虹灯招牌也换成了"匹兹堡大学医学中心"（UPMC，University of Pittsburgh Medical Center）了。原来曾经是美国最大企业的美国钢铁公司早就重组转型了，名字由著名的 USS 改为 USX，公司业务大部分转到了能源和材料，还存在的钢铁业务规模很小了，只专注特种钢了。而匹兹堡大学医学中心则成了城市最大的企业，有六万名员工，也是当地最大的雇主。不仅是钢铁公司，匹兹堡玻璃公司本来是做平板玻璃的，也转型成了国际领先的涂料和特种材料公司。原来的美国铝业公司，产品升级了，公司国际化了，在中国也有很多投资了。公司转型了，城市也转型了；城市转型了，国家产业才能转型升级。美国的产业进步可不仅是在硅谷，可能是在每一座城市、每一家企业。

你在一个地方生活过，这个地方对你的影响可能当时感觉不到，但会慢慢起作用。后来我到了华润，投资做了啤酒，做了华润万家超市，又在华润、中粮和中化分别做了万象城、大悦城和览秀城。想一想，我在匹兹堡时做过的关于匹兹堡铁城啤酒的案例分析，经常光顾的 Giant Eagle 超市和匹兹堡郊区的 Century III Mall 应该是对我产生了早期影响的，是吧？

香港呢，我住了 18 年。对香港这座城市，它的每条街、每座楼、每家主要的公司我都很熟悉。刚到中粮时去香港开会，会后去餐厅有人问我知不知道路，我说我不光知道路，这路上的每块砖的颜色我都记得呀，哈哈，我在这一带逛荡了 18 年，是我生活过时间最长的地方，不仅对地方熟，人也熟悉，事也熟悉。我这 18 年是从 28 岁到 46 岁，精力充沛，充满好奇。香港也正处于巨大的发展和变化时期，华润集团也经历了一场脱胎换骨的转变，所以这是很丰盛的岁月。现在回头看，从 MBA 毕业后直接到香港，进入一个浓缩、激烈的商业世界是一种幸运。因为那时美国毕业的 MBA 回到中国的少，所以机会多。我到华润的第一年就可以陪总经理出差开会，就可以直接向董事会汇报我计算出来的投资项目的内部收益率（IRR）和净现值（NPV），而且还得到赞赏。这的确是幸运的，当然也是华润领导的开放大度。后来有人问我为什么在华润很快就受到重用，我说我当时学的正好是华润需要的呀！

　　这18年，与其说我为华润工作，不如说华润培育了我。在华润经历的每一件事都是后来多年的经验和财富。特别是在香港的市场规则环境下，这种经历更宝贵。当时有人认为香港是自由资本主义，肯定尔虞我诈十分混乱，现在大家已经都知道，香港当时已经是个很成熟的经济体，它的市场环境的自由开放和国际化、清晰严格的法律规则和专业化的人才是相互配合的。

　　当时华润集团投资了一家公司叫永达利（Winland），也就是后来华润创业的前身。永达利本来的业务是纺织印染，因为污染环境在香港不能做了，只剩下一座破旧的工业厂房，公司的全部价值是把工业厂房拆掉重建。这时处理这家公司的责任交给了我，我完全在无感之中，为了解决难题而成了华润唯一一家上市公司的总经理。要是现在，担任华润一家上市公司的总经理是件大事，是个重要的提拔，我那时候不是，因为那时对是否上市没有感觉，国内也有规定，驻外公司不准炒股票，买上市公司为了开展印染业务叫不叫炒股票大家心里都还拿不准呢。另外，永达利公司很小，只有2000万港币市值，而且官司债务缠身。公司困难，所以也没有人愿意做这个职务。让我去处理这事，我没躲，没推辞，最后也成了一个机会。后来公司成了"中国概念股"（China Concept Stocks），又成了最早的"红筹股"（Red Chips），再后来又改名为华润创业。再后来，公司又重组资产让其专注啤酒，公司又改名为华润啤酒，啤酒业务也得到了很好的发展，现在公司市值已是2000亿港币了。从2000万港币到2000亿港币，30年换了几茬儿人，可谓有韧性和执着，应该说这与香港创造长远价值的商业理念有很大关系。

当时永达利因为搬迁重组过程中有很多诉讼，董事长要经常出庭，没有人愿意当董事长，就让公司代管在会计师行，由会计师行的人代为行使董事长职责。公司没有员工，没有办公室，我记得除去工业厂房唯一的一件资产是花了近两万港币给我买了个大哥大手提电话，因为要接各方的来电。公司要想重新发展，这幢工业厂房先要增加资本金解决现有债务，再向银行融资发展新的物业。增加资本金是向银行融资的前提，因为资本金不够、负债太高，银行不会再提供融资。这是我到香港一年多以后，永达利也算个复杂的项目，因为要解决环保条例变更带来的诉讼，要还债，要发行股票集资，要向银行贷款，要拆楼，要建楼，要卖楼，等等，这一圈走下来可以体验到香港金融市场、房地产行业的规则是非常畅顺有序的。

华润是永达利的控股股东，但不是百分之百控股的股东。同时永达利之前做了一个"供股"（rights issue），也就是现有股东按比例增加资本金，使永达利即时的债务压力大大降低了。当贷款银行日本三和银行牵头的小银团再次提出要由华润集团担保时，我坚决反对，虽然那样做简单方便很多，但风险给到了华润集团，华润超比例给它的小股东担保是不合理的。这样这个贷款就要用完全项目融资（project financing）的形式，就是要这个项目单独承担风险，要看这个项目自身是否可行，不能指望华润集团。这样银行风险大了，贷款安排就有了个非常复杂的结构。土地抵押、流动资产抵押，提款是滴水（drip-drop）式的，用一笔提一笔，上一笔没有按要求完成，下一笔就不能提款，项目进度必须按要求由项目经理公司认证，甚至银行如果认为项目管理不好时可以提出来更换管理者，如果楼花①销售出去，销售款必须回到三和银行的共管账户上，楼没建完、贷款没有还完前，公司不能动用卖楼预售款。还有在分层卖楼时，所有买家要签署一份"公契"，很厚一大本，列明所有小业主在这座楼的"份额"，包括物业管理公司的责任、公共区域、共摊费用、外墙广告收入，甚至有如果因自然灾害大楼塌了，所有业主如何分配卖地盘的收入的条款，等等。

为什么香港公司突然爆雷的少？为什么香港很少有烂尾楼？为什么香港物业管理公司与业主纠纷很少？香港看起来像别人一样也盖楼卖楼，但后面的商业逻辑和秩序是从老牌资本主义国家英国那里学的，又经过了多年实践和完善，已经成熟严密。这应该是香港的软实力，内在的软实力，外表看不见。

---

① 即购房优先权。以往房屋是先建后售。1953年底，霍英东在香港油麻地公众四方街（今众坊街）新楼建案时，首创动工兴建前先交订金、分期付款方式售屋，有如开花（付钱）结果（建成），称作"卖楼花"。——编者注

　　1997 年，华润在香港开发了一个住宅项目叫灏景湾，楼盘在新机场快线上，有海景，大家争相购买，成为城中热门话题，每平方米大约 9 万港币。但不到一年，东南亚金融危机爆发，还没有交楼，价格就跌了 60%，所有的买家在这个项目上的投资都变成了负资产。承担巨大损失的买家没有游行请愿要求退款。但香港人也有自己的办法，有一位买家是工程师，他提出来说灏景湾项目的建筑质量有问题，因为打桩没有打到岩石，未来楼会倾斜。虽然这位工程师也没有证据，但那时的市场环境如果能有个理由让买家可以退货实在是大解脱。这种情况下，香港特区政府的屋宇署、法律机构、建筑师学会起到重大的、专业的稳定作用，并让人信服地、公开透明地处理事件。他们在 1 公里以外用钻探镜头深入到打桩的岩石层探明钢桩的位置，发现钢桩合格地打到了岩石，并取出了岩石样本。这个过程被持续报道，晚上几乎是电视直播。屋宇署再次出了质量合格信函。打桩的承包商是法国公司，大大松了口气。而华润更是很激动兴奋，因为当时正值金融危机，如果要退回已经卖出的楼，要有几十亿港币的损失。华润当然也不想看到买楼的客户有损失，但这就是香港，有契约精神、法律精神，不会因为损失大了，众人有情绪了就不严格执行法律。香港经济 40 年蓬勃发展，地产市场亦是。有人说地产商赚钱太多了，其实真正积累了财富的是买楼的人，是置业者。地产商卖一个楼盘可能赚了 50%，已经很多了，但买楼的众人持有的物业可能增值了很多倍。这个过程是因为有透明的土地政策和严明的法律，才得以实现。

香港的资本市场中，香港联合交易所是香港经济中的亮点，因为它连接国际资本市场，交易透明便捷、进出自由。大部分中国内地的企业对香港的认识从在港发行股票开始。华润、中粮、中化在发展中都得益于香港资本市场提供的融资环境。那时在香港用较高的市盈率发股票，到内地就可以买到估值很合理的资产，当时华润提出来在内地的并购交易不摊薄每股盈利，不摊薄每股净资产，这在今天不可能做到了，但在当时可以。所以华润快速发展，连接国际投资者和内地市场。华润自誉为桥梁，有一年华润的年报主题就是"桥梁"，找了全世界有名的桥梁做插图。

香港的资本市场很国际化，全世界的投资者都来香港，香港连续多年被评为全球最自由的市场，也是很创新的市场。早期的公司 IPO（首次公开募股），做法相对简单，投资银行把公司研究透了，与发行人谈好价格，签好了包销协议后去向市场投资者销售，投行有很大的包销风险，所以才收 2%~3% 的包销费，那时叫硬包销（hard underwriting）。现在不同了，投行分成了很多角色，有保荐人（sponsor），有协调人（coordinator），有包销人（underwriter），还有账簿管理人（bookrunner），等等。在名字变化的背后是公司上市的逻辑变了，没有了硬包销，虽然投行队伍很大，但上市不保证成功，更不保证价格。这一切都用一个新的方式代替了，这就是路演（roadshow）。路演就是投行带着你满世界去推销，让别人买你的股票。我开玩笑地说有点像马戏团，你就是那只猴儿，有人带着你耍，最后有没有人买票要看你自己的造化啦。这样的结果就是投行的风险小了，上市要靠路演了。投行的确很聪明，自己不用包销了但包销费照收，包销协议都是公司股票都卖完了后才签订的。投行也会说这样做可以让公司得到更合理的市场估值，但责任小了，对公司的审核判断也难以从长期投资者的眼光去看，上市公司的质量也参差不齐啦，这是后话。

　　1995 年华润置地上市时路演虽然是个新鲜事，但香港的投行很国际化，我们到了无论是纽约还是伦敦都没有陌生感。香港的资本市场法律环境给投资者足够信心，而中国的业务又有强劲的成长。我们那次路演很成功，超额认购 100 多倍，在香港引起轰动。香港的资本市场不都是顺利，也有很多波折。股价上下波动风险大，资本市场的监管也很严格，特别是对内幕交易不容忍，内幕交易属于刑事犯罪，一不小心就撞到监管的红线被调查。

　　记得华润在收购香港的华人银行时可能信息泄露了，有人在过程中交易股票赚了钱，被联交所和证监会关注了，后来就开始调查。因为我是交易中主要参与谈判和决策的人，这个调查非常突然，商业罪案调查科的人一下子就把我的办公室给搜了，拿走了大量的文件，包括电脑、会议记录等，他们搜查得很仔细。因为当时我有个小存折，我自己找了几年都找不到，报失了，但是他们竟然把这个存折找了出来，给我好好地摆放在桌子上。这个调查就是想知道你在这段时间开了什么会，见了什么客人，有没有向谁透露过信息，你自己和亲属有没有买卖股票。我听说不光是我，其他公司的许多相关人员也都被搜了。那天开庭法官是个老外，他就一路来问，哪天哪天的什么事你知道吗？我说不知道。他又说哪天哪天有个什么会你参加了吗？我说没有。他又问某某某你认识吗？我说不认识。当时的回答都是诚实的，因为我确实不知道。但法官可能认为我是被我的律师培训过了，就是不管问什么就说不知道。他就突然问某天你把收购华人银行的信息告诉其他人了吗？我说当然告诉了，因为那天已经是交易完成信息全部公开以后了，这法官想唬我一下，但没唬住。后来法官说："宁先生，你是最诚实的人！"

香港是一个很好的催生好公司的城市。香港的经济发展史也是公司发展史。由于历史原因，香港的公司史是从英国公司开始的。早期的怡和啊，太古啊，汇丰银行、渣打银行啊，还有一些欧美的国际性的公司，是当时香港经济的骨干。后来华人的企业开始冒起来，像长江呀、新鸿基呀、恒基呀，当然也有一些华人的当时由上海搬到香港的企业做船运，做工业和贸易的公司在香港地位越来越高。后来改革开放以后，中国内地投资的企业在香港经济中发挥越来越大的作用，当然老的中资企业，如华润、招商、中旅和中国银行等早就在香港扎根了，后来得到了更快的发展。新一代的中资企业像光大、粤海投资等，虽然经过了起伏变化，也在香港发展起来，并通过香港支持了内地业务的发展。

华润集团的大部分业务也是在香港催生出来的。除了华润集团，华润创业、华润置地、华润电力、华润水泥、华润励致、华润啤酒、华润医药等企业都是在香港催生出来的。现在其中有几家已成了恒生指数的成分股了。中粮也是，中国食品、中国粮油、中粮包装，还有蒙牛乳业都是在香港上市并得到发展。特别记得的是中粮集团在坚定地走向国际化进程中，香港支撑了这些交易，中粮在香港并购了业务主要在南美的来宝农业（Noble），也在香港融资。虽然近年来香港的资本市场活跃度有所降低，但中国中化在香港上市的中国金茂、远东宏信、中化化肥等公司也在香港资本市场规则下健康发展。我一直相信好的公司一定是在好的市场环境和好的资本市场条件下催生出来的。香港其实应该起到更多更大的作用。为什么硅谷总是诞生好的公司，为什么深圳也可以，为什么浙江也行、合肥也可以，为什么很多地方多少年一家独角兽企业也没有？这件事越仔细想越觉得很深呢！

香港是我成长的地方，香港的故事太多，说不完，怀念香港！

北京是座大家太熟悉的城市，本来不想写了，可是中粮和中化的总部都在北京，我从工作到退休也在北京住了17年多了，所以北京绕不过去。

北京是国家的政治中心、文化中心，但不是商业中心，所以北京的企业特别是央企有一种天然的政治意识，也有天然的胸怀天下的姿态，也的确有一种北京宏观思维指导下的发展模式。总部在北京的企业，战略很容易做得大，企业战略也容易贴近国家的产业布局。但在北京的企业也经常需要同时满足多个目标，使得企业架构复杂，决策意图传递缓慢，真正下沉落地时力度不够。如果说大企业有"总部病"，在北京的企业容易产生。

中粮集团的战略转型可以说依托也得益于它在北京的优势。中粮集团本来是一家传统的有些垄断性质的贸易公司，负责国家的粮食进出口，后来随着外贸体制的改革，粮食进出口经营权逐步放开，中粮集团的政策重要性降低了，单靠贸易就很难维持下去，集团的北京总部也和全国的几十家省市的分公司脱了钩。中粮集团下面的路怎么走，能否从独家代理走向市场竞争，从一般贸易走向全产业链，从国内企业走向一家国际企业，特别是在公司战略方向上能否与国家粮食安全、食品安全做到契合，这的确需要宏观的思维、微观的执行，也需要政策的引导和支持。

　　北京的确是中心，是个可以让你收放自如的地方。记得当时从香港华润到北京工作我有些不情愿，考察干部的领导就跟我说："香港这么小的地方，你在这能干什么，北京看全国的空间多大！"我当时还真不理解，现在看北京的氛围的确是一个可以酝酿企业大战略的地方。

　　总部在北京的中粮集团的确也像不断变形的八爪鱼，经过了业务的扩展—收缩—再扩展的过程，整个过程都因应了政策的变化。中粮集团最开始作为全中国粮食对外贸易的总公司几乎是垄断的，在各大口岸，上海、天津、广州、武汉、青岛、大连这些城市和主要的粮食食品进出口省有几十家分公司，是一个庞大的集团，后来因为政策的变化就同这些分公司脱钩了，下放给各个省市，其实这些粮油公司后来发展得都不是很好。中粮集团收缩到只剩下总部，当时规模已经很小了，好像资产只有八九千万元了，这是20世纪80年代。在此基础上，中粮集团又实现一个市场化的自然的有机的扩展，这次新资产不是贸易公司了，可能是生产加工，可能是产品分销，可能是物流设施，也可能是粮食以外的投资，中粮集团又成了一家全国性的公司。与以往不同的是，现在内部的商业逻辑联系很强，是主动战略布局。后来中粮集团总部提出来创造协同价值，大中粮无边界，加上了很多的并购整合。中粮集团实际上被重塑了。这个过程是在市场竞争环境下发展的，所以有持久性和继续发展的基础。中粮集团在北京，在领导眼皮底下，又有许多老大哥企业比着不太会得过且过。所以北京这个城市会给企业提供一些另一方面的发展动力。在北京容易看全国，甚至容易看全球，看到大的远的事情，是商业模式也是战略方向，也意识到公司对国家粮食安全的责任了。当时中粮集团有个基本逻辑，就是根据中国的耕地规模、粮食产量和消费需求、全球的粮食产量、全球人口和食物需求，无论是中国、亚洲还是东半球，人均粮食占有量不及西半球的一半。长远来看，如果人们消费高蛋白食物的趋势不变，从西半球运粮食到东半球是不可避免的。在这种认识的驱动下，中粮几乎同时并购了两家世界性的综合性粮食企业——来宝和尼德拉。它们的贸易物流网络遍布世界各地，主要资产在南美洲、北美洲、欧洲等地区，业务涵盖除粮食外还有糖、咖啡、棉花甚至种子。

　　这样中粮从北京再一次走向全球，现在它已具有一个很成熟的网络了，是全球化的全产业链，全球化的"从田间到餐桌"。过去全球的粮食贸易被所谓的 ABCD 公司①控制，它们是三家美国公司（ADM、Bunge、Cargill）和一家法国公司（Louis Dreyfus）。

---

① ABCD 指的是当时掌握全球粮食运销的 4 家跨国公司，即美国艾地盟（Archer Daniels，简称 ADM）、美国邦吉（Bunge）、美国嘉吉（Cargill）、法国路易达孚（Louis Dreyfus）。——编者注

这几年中粮在国际化经营上越走越好，经营规模已赶上ABCD了，有同行开玩笑说ABCD的C已经是Cofco（中粮）了！我说不一定把别人替掉，但可把中粮加上，可以称为ABCCD啦，哈哈！

　　企业不仅形成了城市的经济总量，也形成了城市的面貌，中粮集团还有一块不太大的地产业务，也对北京的城市产生了正面的，也可以说是提升的作用。最早的中粮广场在建国门内长安街上，曾经是北京最好的高级写字楼，当时刚进内地的汇丰银行在中粮广场开了第一家分行。当时麦当劳也是刚进中国不久，也选择在中粮广场开店。麦当劳那时可不像现在很多只能在角落里开店了，那时候麦当劳可是最洋气的。北京市提出来要做世界城市，中粮首先建了几家新的国际品牌酒店，如华尔道夫、W酒店，都是第一次进北京。后来中粮又建了北京比较先进的购物中心大悦城，成了北京年轻人消费的潮流之地。我有一次在街上走听到别人打电话，说在过节的时候聚会去大悦城，不见不散，我听了很高兴，大悦城的确成了地标，也融入到了北京人的生活之中。中粮还建了个很好的生活小区，就是中粮祥云小镇，是一个很国际化的社区。除去一般的居住，有消费娱乐教育设施，成了北京的一个热点，叫网红打卡地。北京市的领导在一个会上说，中粮对北京贡献很大，中粮祥云带动了北京的消费经济的发展，提升了北京作为国际大都会的地位。我心想多亏当时把中粮祥云建得够大，否则设施不完善，不会有这样的吸引力。因为当时买地时是举牌拍卖，谁价高谁得。本来中粮只想买几块相连地中的一块，可那时美国刚发生次贷危机，拍卖现场很不活跃，负责地产的同事打电话给我，建议把整个地块都买了，我正在纽约出差的睡梦中，迷迷糊糊就同意了。没想到当时的拍卖价在两年不到的时间内就升了5倍啊！

中化集团和中国化工的合并发生在北京，两家世界500强企业合并，又加上先正达的并购交易正在进行中，事情可谓复杂。这件事涉及大几千亿元的再融资，几十个国家的反垄断审批，国内多个领导部门和监管机构的审批，几十万员工的重组，内部几十个公司和部门的调整，所有成员公司的战略和产品再定位，形成16000多亿元资产全球规模第一的化工企业，当时只觉得很重要，也很劳累。现在回头看这种复杂重组，社会环境的支持很关键，北京恰恰是这种地方。北京可以说是个做大交易的地方。重组后有银行的领导问我说没重组前觉得两家合并肯定挺困难的，怎么现在看来还挺平稳顺利的？我说一是领导水平高，推动促使了合并，而合并后两家虽有困难但真的有协同价值；二是员工水平高，员工们从公司发展长远角度看重组，可以说是积极热情地拥抱了重组。新的中国中化控股千挑万选决定用牡丹花作为公司的标志，代表了对公司未来发展的期许。新公司正式成立那天，有人引用了刘禹锡的一句诗"唯有牡丹真国色，花开时节动京城"。

你什么都没变，
可在别人眼里，
你不一样了。

第 **5** 章

三上任

——

第一天到大办公室

你该做什么？

2005 年 1 月，我赴中粮集团任董事长。记得在香港到北京的飞机上，我拿着一本世界粮食市场的研究报告，头也没抬地看了一路。可惜我对粮食这个行业一头雾水，虽然我急迫地想了解，但短期内不可能形成清晰的概念。

到了北京，与中粮的高层团队开第一次会，我就给大家出了个题目，也算布置了份作业，叫"假如你是董事长"。既然我没有清晰的概念，就让大家戴上我的帽子，站在我这个刚上任董事长的角度，对中粮发展提看法。后来有人说你这个办法好，一下就把大家调动起来了。我说当时我真的没想那么多，我当时就真的不知道从哪里下手。我相信高层团队的每个人或多或少都会想过这个题目，都有个"如果我说了算，我就怎么怎么样"的心气。

接到这个题目后，团队里的人反应不一。大部分人认真地写了看法，虽然有深有浅，有宽有窄。有人在两周时间里就找了咨询公司写了几百页的大报告给我。也有人表现出为难，写了两页纸的简单回复，主要是表态会努力工作、听从领导，让干啥就干啥。因为我出的题目是宽泛的，大家也不可能有很系统的回答，何况是刚见面。但这个做法还是有很好的效果，大家觉得我愿意听别人建议。我也一下没经过更多的层级，就直接进入了发现问题并给出解决方案的阶段，实在太好了！同时，我也加深了对高层团队每个人的了解。也可以说，通过这次问答，每位团队成员表现出来的个人特质，在后来的许多年都得到多次重复印证。我后来给每个人都单独手写了回信，简要感谢和评论了他的建议。我好像和大家占有的信息量突然接近了，观点也接近了，成为团队一员了。

再后来过了几个月，当我真正意识到从外面突然派一位董事长来到公司可能会带来多少"打扰"、多少"尴尬"的时候，我写了一个小文章发表在公司的杂志上，题目是《空降兵》。虽然当时我也不能把握空降兵来到公司应该怎么做，但已经意识到空降到一家新公司，从情感上、从能力上、从与团队的合作上，都有新的考验。我说这空降兵有点像闯入别人热热闹闹的家庭聚会的不速之客，也像一场足球赛正进行时换了队长，是件令人感到唐突和手足无措的事。这件事必须公开讲出来与大家讨论，公司共同来面对。我在公司里讲话时说，以前我们见到外国公司的高管，如果说起他们公司的变化，无论是好是坏，他们都习惯性地说"We got a new Chairman！"（"因为有了个新董事长"），现在看来我们也遇到这个情况了！

回头看，现在可以很肯定地说，企业中的职务不管大小，新上任的开头是很重要的。有管理学家说，如果你在上任一个新职务的头一年没有取得好成绩，没有建立起令人信服的领导力，以后你的工作会很困难。第一年的工作效能是有乘数效应的。我想这说的不是新官上任应有三把火,而是说你以什么样的姿态和方法融入到新的组织中,对未来影响是很大的。

我到中粮几天后,接待了来访的渣打银行董事长,因为与他在香港时就认识,所以说话也直接。他说你来到新公司最大的优势是你带来了经验,但没带来包袱,你最好在四个月之内做许多决策,因为这时你是客观的,时间长了,你就会对自己前面的决策产生偏爱,就不客观了,而且现在你的行为给团队方向性的信息也是有力量的。

企业中天天面对新的变化,如果你哪天悟到新的思路,都可以有个新的开始,但时间一长,面对每日繁杂,想停下来跳出去比较难。新的职务则是天赐良机。因为这时你没有自我否定的包袱,又面对万众期待,再加上过去的经验和反思,你脑子里可能已经有了理想公司的雏形。这犹如你画了一幅画,无论多用心,总有不满意的地方,现在可以给你另外一个机会再画一遍,这一定是个令人兴奋的机会。

我换了几家公司,每次都怀着对老公司的深深眷恋,也充满了对探索新领域、新公司的期待和憧憬。也有人跟我说,你去的几家公司好像都有些困难,还有媒体称我为"救火队长",这是很有误解的。这几家公司发展有高峰有低谷,没有绝对的困难,更不是救火,如果真着了大火,我去也没用。但是它们的确给我提供了多看行业、看公司的机会，而这个机会对探索企业管理的人来讲是多么珍贵难得呀！这像爱书的人多看了书，爱打胜仗的军人多了上战场的机会一样。

从一个人理解领会提炼企业管理的规律来讲，多经历不同的公司和业务可能是最宝贵也最昂贵的方法。企业实践日新月异，管理理论大部分时间跟不上现实生活的步伐，这也是为什么商学院倡导案例教学。我在三十多年的企业生涯中有幸参与过许多不同的行业、不同的经营模式，这些对比给我带来更多的体会领悟。

记得在华润公司大转型时，投资的基本是过去从未进入过的新行业，什么行业如何经营在中国才有发展潜力？当时把《财富》500强的、恒生指数的、道琼斯指数的公司分类和行业发展特点反复比较，想在中国寻找到接近的发展方式，现在看这些比较分析是很有意义的。当时选择的都是市场规模大、增长潜力大的，行业分散有整合机会的、人口驱动型的，同时在《财富》500强、在股票指数成分股中有地位的行业，我们才下决心去投入。当时我们真的有长期主义（当时还没有这个词），决心要做到行业领先者。当然行业选择还有很多其他限制条件，如资金、准入、管理能力等。但多行业比较的思维提升了对投资的认识，最终提升了成功率。我曾给公司同事半开玩笑地说，企业多元化对企业专业化管理可能是不好的，但对它的员工是好的，因为员工有机会涉入不同行业，体验不同世界，也挖掘发挥更大的人生潜力。我想了想，如果分分类，我这些年真是经历了杂七杂八的许多行业，这是难得的经历，可以慢慢回味，也是宝贵的经验，可以分析提炼。

华润早期是贸易公司，贸易品类可以说无所不包。华润长时期是国内对外贸易的窗口，是经香港的总代理，所有内地省市公司、国家的外贸总公司的业务在香港都通过华润进行，高峰期曾占到全国外贸进出口的四分之一还多。当时华润是全国对外贸易最重要窗口——广交会的主办方之一，现在中联办（中央人民政府驻香港特别行政区联络办公室）的前身香港新华社（新华通讯社香港分社）早期都在华润公司里。也有人称华润为"小经贸部"，因为它有贸易管理的功能，其部门也是按外经贸部的架构设置的，大家开玩笑说华润不仅有外经贸部的办公部门，连医务室、理发室也是按外经贸部的架构设的，哈哈。虽然后来华润贸易业务萎缩，但那是国家外贸体制改革开放的原因。华润历史上可以说是"大户人家"，是见过大世面、见过大钱的公司，这与它后来做什么都想得大、想全国，甚至想世界是有关系的。

华润的贸易业务，从大的说，有五金矿产、机械设备、大型电力装机、汽车家电、医疗仪器，从小的说有纺织成衣、土产特产、铅笔文具、手纸手套，无所不包。这些代理性质的贸易业务在 20

世纪 90 年代快速萎缩近 70%，华润的转型也由此开始。这个转型的重要基础不仅是华润的资产，更重要的是华润长期在香港形成的对市场经济的理解、对产业趋势的理解和领导团队的发展愿望。

华润最初的转型投资由香港开始。那时候香港也在建设期，华润积极参与香港的基础设施投资，我也推动了如大老山隧道、西区隧道、三号干线、香港货柜码头、葵涌和长沙湾的货仓重建，华润石化油轮码头的建设。华润早期的定位是香港公司，香港的经济也在增长期，我们在香港也进入了地产、金融、百货、超市、建筑材料、食品饮料、服装零售等不同的行业。可以说我本人和华润的团队在香港相对成熟的市场环境中受到了锻炼。后来华润进入内地，香港的业务基础和受过市场规则训练的团队是其基础和优势。如果仔细看，今天华润在内地发展得很好的业务中，都有老香港华润业务的影子。香港提供给华润的优势还有一个，就是香港当时有很国际化的资本市场，提供了融资、评价、激励的重要平台。

在华润走向内地、再造华润的发展中，我经历了更多不同的行业，啤酒、电力、钢铁、房地产，包括酒店和商业物业、水泥、燃气、零售、纺织、食品、医药、微电子等。

到中粮后涉入的行业不同了，有农业、粮食、全球供求链、贸易、加工、零售的不同环节。上游原料来自农产品几乎所有品种，产地是世界上不同的国家，产品是米面油肉奶糖茶酒饮料等快消品，还有生物乙醇、酒精、乳酸等工业品，还有地产、金融等。中粮的上游是国际性大宗商品，交易金额大，价格起伏大。为了控制风险，就要做期货套期保值。期货的诱惑和风险一直伴随着中粮，世界上的其他大粮商也是一样。

中化集团是石油行业，也是能源行业、化工行业、材料行业、生物化学行业、农业投入品行业，也投资了地产金融等行业。因为化学工业包含的内容太细分了，特别是中化参与并购先正达并与中国化工合并后，它一是几乎涵盖了化工业所有分支，二是变得很国际化，资产和盈利，海外占比超过了一半。化工行业是研发驱动的行业，它的特点就是要创造"新物质"，所以我在中化提出了"科学至上"。

到中化后，我去了舟山岛上中化的石油储备库，看到在万顷碧波、蔚蓝云天之间，船舶踏浪前行，星罗棋布在山上的原油储罐很是壮观。眺望遥远城市的模糊轮廓，你仿佛能看到车水马龙的街道和欢声笑语的人群。你会感觉到世界很立体，你能看到人们在华润的商场里购物，吃着中粮供应的食品，又有中化供应的能源。世界是联系在一起的。在经历了不同行业后，再联想到中化的业务，这个世界之大、之复杂，行业之多、之繁盛，都让我觉得自己力量之小。可它又激发了我强烈的愿望，要去理解它，

的做法。我曾说过："人选对了，空气都变了。"所以新上任这件事从哪里入手太重要了。我在了解一些中粮的情况后，也凭着在华润的经历和认识判断，觉得任何企业，也可以说在任何时候任何发展阶段的企业，从组织、从人开始，从与战略发展相联系的切入点来提升一家企业，几乎是不会错的，只是程度和急缓不一样。

刚好公司要开年会，我说把过去开的中粮干部大会改为经理人会吧，会议也不设主席台了，谁讲话谁就站上去，鼓励多点人上去发表意见。没想到就这么一点小小的变化，竟然在团队中引起了热烈的支持甚至兴奋。大家把它当成一个信号，由此想象了公司未来可能发生的变化。这件事真让我觉得有时形式决定了内容，有时改变是有个引信的。

开会的形式改变这件事后来被许多媒体多次报道，会议名字和形式的改变被认为是中粮转型发展的起点。我在会上做了《战略引领，使命之旅》的报告。我当时很想一口气就把我看到的问题和未来的工作说清楚，把建立信仰使命与战略规划结合起来，又可以动员团队一起行动，但很快意识到这是不可能的。虽然大家觉得会开得很热闹，我的报告也被认为视野广、分析透、目标大，但是大家期盼的是更具体的行动计划。我记得当时有人说这个新董事长看来是玩虚的。我当然不是想玩虚的，但是从"虚"开始，从精神的、信仰的、价值观的、使命感的建立开始，则是我坚定不移的信念。因为我不相信也会感觉很不舒服，如果大家在一起完成一项任命而并不清楚共同的目的意义是什么。

中国近代社会变迁快，从宗教和哲学意义上理解人生少，对金钱的理解直接简单，市场经济一来，金钱第一，财富第一。这有没有错？当然没有错，不仅没有错，而且是革命式的进步，也形成了社会进步的动力。在这个基础之上，在完全尊重私有欲望的前提下，要想一个组织有力量，想这个组织的人有持久的热情，人还要有在金钱以上的精神世界，有高于纯物质的、崇高且共同的追求。这个问题从我是谁、我要做什么开始，一直问到公司战略、公司竞争力、公司业绩与个人目标的联系，这条线就逐步理清了。

那天我们把反复讨论的中粮使命写在黑板上，大家站立，举起右手朗读宣誓。过后有位已接近退休年龄的领导团队成员对我说："宁总，我刚才举起拳头宣誓的时候，感到血往头上涌，心里很激动。"中粮的使命定义了我们这些人要为国计民生，要为粮食安全、食品安全工作；同时也要建成一流企业，要让投资者、客户和员工的利益最大化得到满足。后来我说，企业战略是从企业人的价值观开始的。如果只是一般的追求财富，企业战略和企业专业化经营可能不稳定、不长期，如果由价值观和使命中产生企业的战略方向，则会形成战略上的长期主义、专业主义、产品主义。

我十几年后到了中化，偶然看到荷兰化学公司帝斯曼（DSM）

的年报，封面主题就是" Purpose Leads, Performances Driven "
（"目的引领，业绩驱动"），我会心一笑，有一种所见略同的亲切。

也是因为有这样的使命定位，中粮的战略逐步形成了全产业链
构想。因为只有国际化的全产业链，才有可能完成粮食安全、食
品安全的任务。这样产业链、好产品就成了中粮对内对外的承诺。

到中化上任时我已经 57 岁了，领导谈话时我也明确表示了，
因为年龄原因石油化工行业我也完全不懂，希望留任中粮到退休，
但领导已决定了，不能改了。

虽然对其行业不熟悉，但中化集团我并不陌生，听说过许多
它的故事。中化是新中国最早的对外贸易企业，曾经是"中国进
出口公司"。记得我刚到中化第一年春节请离退休老干部聚会，我
问一位九十多岁的老大姐什么时候进的公司，她骄傲地说："我是
中进出的！""中进出"就是中国进出口贸易公司的意思，那时
中国对外的公司就一家，多牛！那时也不能说是垄断，只能说是
开创，因为还没别人呢，哈哈。当然我也听说过中化巅峰时期的
贸易规模，听说过它的转型发展、它的改革探索、它的海外投资
（比今天的出海早了 40 年），当然也听说过它遇到的困难。虽然对
中粮有百般不舍，但在退休之前来到中化，无论如何还是很有吸
引力，让我产生好奇心的。

　　来到一家新公司，如何评判它的现状对业务发展和与团队沟通合作来说都是很重要的。我到中化时，有好心的朋友告诉我，中化近年经营波动较大，你去了要先谨慎地找问题，别出大风险；同时要有意识地划分责任，不要引火上身。我想这朋友说的有道理。但过了没几天我就发现，原来所谓存在的风险，团队都找过了。无论是亏损的业务，还是投资的失误，还是组织和团队的矛盾，或者整体战略上的瑕疵，其实上一任领导者和团队都分析过，大家都清楚。你并不比别人更聪明，能发现更多问题，面临的只是下一步怎么办的问题。因为没有包袱，是不是可以处理得更客观专业一点呢？这是公司大部分人的期望。

　　还有一个就是责任。公司是一个连贯的整体，新上任的领导者继承了公司好的业务，也继承了坏的业务。责任是分阶段不停变化的。如果前面的好业务，你只是维持了而没有做得更好，是不是有责任呢？如果前面不好的业务，你没有有效地改善，它是不是责任呢？好像把公司做好是个整体责任。所以，评判一家公司的业务基础时既要有现实观也要有历史观，用战略眼光，在动态发展中既解决问题也发现资产的潜在价值，并努力发挥出来，这才是公司的公允价值。

　　我记得到中化的第一天，要开紧急会议，湖南郴州中化有家合资的萤石矿厂因为春节发不了工资，工人已把总经理堵在房间里了，有人身危险。解决的办法之前已经商量好了，就是把股权低价卖给当地合资方，由他们去处理。我本来同意了就行，其实会议是个程序，而且我刚来。但我觉得道理不太对，就问为什么我们不买回来处理。答复是"我们管不了"。我说如果股权转让了，这家公司欠我们的贷款怎么还？答复是"的确有风险"。我说，那我们在现场的团队，有人愿意站出来担当责任，经营这家公司吗？会议室后排有个微弱的声音，说如果集团同意，我们也可以试试。我抬头一看是个憨憨的胖子，说话时脸已憋红了。我说就这样吧，如果以此价钱卖出去，我们损失大，还有后续风险。我们按同样价格买回来，交给这个团队去经营，我们设计个好的激励机制，他们也交上风险抵押金，希望能闯出来，因为做制冷剂的原料萤石我们是很需要的。后来的结果皆大欢喜，这家公司经营很快好转，扭亏为盈，盈利不断提升，企业通过研发创新又开发了新产品，公司发展了，员工收入也大幅度提高了。

上任一家新的企业，从团队使命、愿景、价值观开始也好，从组织架构调整、团队调整开始也好，从运营效率改善出发也好，这些都是在增强企业的基本能力，是企业发展的必要条件。但作为企业的一把手，你必须提出企业发展的方向，做出重大战略性投资，促成重大交易。这临门一脚你就要自己踢，别人无法代替你做。当然这也是很考验人的，因为风险责任是很大的。

我到了中化就开始想，用什么主线可以把中化的业务串起来呢？石油化工、新型材料、农业化学肯定是它的主业。化工行业宽，主业也很广，但它的核心是什么？本质的能力是什么？特别是社会发展到今天，企业依靠什么进步？这与当年的华润、后来的中粮都不相同了。今天真正驱动行业进步的是科学技术。仅从中化的业务看，它可持续的有竞争能力的几项业务都是因为这项业务有科技含量，在历史上有过研发和创新。

我在中化很快提出了"科学至上"的战略理念，期望把公司全面转向以科学技术驱动的世界领先的综合性的化工集团，把研发变成战略、变成主业，没有研发创新不投资、不扩产、不并购。中化在"科学至上"的理念下做了战略规划、投资方向、团队要求的布署。这个转型可算剧烈，方向也明确，立即在团队中引起强烈反响。我以为会有畏难情绪，结果没有，大家拥抱了这个战略理念。

与华润的 6S 和五步组合论、中粮的全产业链相比，我觉得中化的"科学至上"升级了。因为它不仅仅是业务管理的方法，它开始探索未知世界，开始创造了。现在看来，所有任命和上任都是形式，因为企业的领导人如果不是有机地与企业融合一体，他就难以发挥作用，而这个一体并非任命可以解决的。企业不是军队，企业有纪律，但不是军队的绝对纪律；企业也不是政府，政府有责任，但政府不是至少每个季度都要有盈亏的责任。企业经理人的任命，首先当然是有了职务或者权力，可保持企业有序运营。但接下来，他必须能带动经营理念和战略方向的优化升级，如果他不这样做，他和团队就不"拥有"这家公司的战略，带动力、投入感、创造力就不够。

让我吃惊的是，组织行为是有它自己的运动规律的，当一个新的美好的目标被提出并认可后，这个组织自己就产生自下而上的各层的动能去发展，完善和不断达成阶段性目标，并持续进步。在中化提出"科学至上"的理念和与之相对应的战略方向后，中化所有成员，无论是否与科技研发有直接的关系，都对技术、研发、创新、新产品产生很大兴趣和关注。中化后来的投资、并购、开创的新业务，特别是对国内20多个研究院（所）的整合、定位、扩展，以及与业务公司的联系，都把科学技术研发创新当成轴心和先决条件。这个理念的建立，也为后来的中化集团与中国化工战略重组打下了基础。

要说上任，除了前面讲的三家公司外，还有几家公司我也经历过上任的过程，也很有意思。其中之一是中粮并购的荷兰尼德拉公司。这是一家犹太人建立的、有200多亿美元销售额的粮食公司。并购后我任了董事长，这家公司有几十个不同国籍的员工，老板把公司卖了，但管理团队和员工很迷茫。我去到阿姆斯特丹，入境时还因为当时有中国人偷渡，连累我也被叫到一边盘查了半天。到了公司，当时的 CEO 告诉我会安排一个大会（Town Hall），这个 Town Hall 原来的意思是市政厅会，或者是市民会，现在也用来指公司的大会。但它其实没有专门的会议厅，不过是在公司比较大的空间里开全体大会。尼德拉因为有整层的粮食期货交易厅，会议就安排在这里。我进门一看，大厅里不仅椅子上坐满人，地上、桌子上也坐满了人，后排还有许多人站在椅子上、桌子上。看来秩序一般，但参与热情很高。我为了表示友好，还把中粮 50 多年前与尼德拉做贸易的合同原件镶在镜框里带了来，准备送给公司留下好印象。可会议一开始，问题就劈头盖脸地来了，一点客气都没有：

"你为什么要买我们？"

"你为什么要控股？"

"你计划接下来怎么干？"

"你未来会用中国管国有企业的办法来管我们吗？"

"我们这些人未来前途怎样？"

……

我当时心想，这些问题太好了，虽然听着不友好，有怀疑和挑战，可这刚好是我想要告诉他们的。

我说："投资尼德拉当然是中粮的国际化战略，而且中国也需要粮食。但这不是唯一原因，如果中粮不收购，尼德拉未来会有更大困难，因为世界粮食的版图变了，尼德拉老的布局不适应市场了，只有与中粮合作才能保持生存能力。""如果中粮不控股，完成不了战略意图，我们还会并购另外一家在瑞士的公司，名字是来宝，我们要一起建立领先的国际化粮食企业。"

我接着回答问题说："接下来我们要融为一体，建成上下游贯通的产业链。过去国际上的粮商只掌握产地和消费地的一端，今天我们会掌握两端，我们会信息更畅、效率更高、竞争力更强，会有更多公司想与我们合作。"

我又接着说："中粮是中国的国有企业，但它也是国际化的企业，是改革的国有企业，是市场化的企业。中粮在海外是按国际市场规则经营，你们听到的但也不一定对的关于国有企业的传说，不用担心，不会发生在你们身上。"

关于员工的未来，我说："中粮并购了尼德拉公司，但公司最重要的资产是它的人。人上班来，下班就走了。你们的未来就是公司的未来，国际化战略下，大中粮无边界。你的平台更大、工作更重要，肯定在职务和薪酬上有更好的发展，即使你不在中粮干了，你也会更具市场价值。"

我最后说，我在机场入境时差点被当成非法入境，直到我说我是尼德拉公司董事长，他们才让我走。所以你们的担心、疑虑我很理解，从今天的会开始，我们充分沟通，加强理解，建立信任。

　　还有并购的瑞士农化企业先正达，也有类似 Town Hall 式的会议，不过人更多，在巴塞罗那。我作为董事长第一次与大家见面也有类似的问答。但又让我吃惊的是，会议结束两个月以后，我出差到菲律宾，见到先正达的人，他见了我就很亲切，像老朋友一样。他告诉我，他知道我是因为巴塞罗那的会议。我说，我们在会上见过吗？他说没有，先正达几万人，能去开会的只有几百人，他自己级别不够。但他知道会议的内容，不仅是内容，他知道会议的气氛，知道会议的问答，知道我在会上开的玩笑，知道我照相时故意站高些是因为 CEO 身高两米。这种信息的穿透我没想到，你的行为从开始就对所有人带来影响和预期。特别是刚上任是这样，慢慢信任建立了，可能就放松了。

　　还有一次上任也很特别，这就是去中国化工上任。这次上任比较勉强，因为是兼职，但中国化工规模很大。另外我去的目的，就是想合并中化集团和中国化工，大家有抵触，不太欢迎。我记得第一次开会，我讲话时大家都不抬头，我怎么说些光明未来的话，大家也没反应。明明我的任务就是要创造条件，让两家公司合并，但我不能强压，得引导大家统一认识，支持整合。后来这个扣不是我自己解开的，是靠了大家的努力。我发现大家的担忧是对未来的不确定。未来什么样？未来可以提前呀。因为我两边公司都是董事长，这样就启动了合并前的两家公司的业务协同合作。相同行业、不同行业都开始了尝试性的合作，有的顺利、有的曲折，但沟通了解大大增加了。再后来，许多工作会甚至年会，两家公司都在一起开。虽然资产负债表没合并，但许多事都以合并为前提了，大家很自然就认识到了中化集团可以带来的资本和管理体系优势，中国化工可以带来的产业和技术优势。虽然困难仍多，但一家综合性国际化的化工企业集团已呼之欲出了。

三张表是伟大的语言发明，
它们不仅代表了企业，
也代表了社会。

第 **6** 章

三张表

——

万物皆数吗?

我观察职业是有惯性的，也就是说做什么职业的人会形成什么思维模式和性格，这是很有意思的现象。研究化学的人、研究物理的人、搞文学创作的人，会形成不同的思维方式、性格特点。这里的物和心有什么联系呢？我觉得这与格物致知的道理有点接近。格物致知就是在对身外的物的研究中找到规律，同时形成自己的心法。专门研究任何学问都可以是格物，格物入心则是对外物的研究思考影响了自己的内在，这种现象还挺普遍，所以不同职业会产生不同的思维模式和性格。所谓心学理学的"心即理"也是由格物而来呀！从这点看你不能说王阳明是完全的唯心主义者。

职业对思维方式和性格的影响在企业里表现在财务会计人员身上比较典型。财务会计人员一般都比较谨慎小心，经常提出问题，也可以说比较保守，往往与业务人员发生争执，对宏大战略有疑问。当然后来也有战略财务理念的兴起，强调财务角度对发展的支持，但总体倾向上财务管理人员是风险厌恶型的。由此甚至延伸到他们一些个人性格和生活习惯上也是这样，他们对事情一般不轻易表态、话少、心细、成本回报意识强。为什么会这样？因为财务会计这门学科的完整性、逻辑性、结构性和对变动的风险提示，使人的思考容易按它的思路进行。

我虽然不是专门学习财务的，但上过不少财务课，其实工商管理硕士课里除去成本会计、财务会计课之外，金融课、投资课、企业价值分析的课，甚至运营管理中的库存管理、应收账款等，都是以财务课为基础的。我因为上了那么多财务课也形成了带有许多财务特点的思维。有人说不是啊，你每天吵着要发展，好像什么风险都敢冒。其实不是，我看项目和发展计划都是会经过我脑子里的基本的财务公式评估的，是计算过风险的。所以从这点上我也十分感谢我接受过的财务训练。所以我也倡导过在企业里无论做什么工作的都应该学点财务。

说到财务的核心体系，就是我们常说的"三张表"：资产负债表、损益表、现金流量表。三张表的确是智慧的天才的发明，而且它们每天还在不断修正、完善、进步。三张表用数字把一家企业从一个点上静态的（资产负债表）、一个区间动态的（损益表）、一个经营质量和风险的（现金流量表）全貌，表达得一清二楚了。实际上财务报表多年前只有前面两张表，后来根据企业发展过程中的问题才又引入了现金流量表作为必须报告的第三张表。

数字在人类社会中有多重要？数字在企业中有多重要？对三张表发自本心视为法则地遵守，又充分发挥其支撑发展的作用有多重要？这只有在不断的实践中逐步加强认识。我们在开始学管理专业的时候，一般老师都会说管理不是科学是艺术。意思就是说企业经营管理的很多事情没有确定答案，要靠判断。但在企业管理的不同方面，财务会计是最早的，也是最成体系的，也是最成熟的，可以说是最严谨的有明确的规则的，可以说是管理中最接近科学的部分。我时常想能否从企业管理的所有理论中提炼出一部分有共识的、有定论的，可以应用到不同场景的。想来想去，这些规则主要来自财务方面。当然财务原则也能被人操纵，虽然前几年流行过所谓创造性会计（creative accounting），但财务会计的专业原则和法律特性是严格的。企业财务每年都要经过审计师的审计，当时我就想为什么没有战略审计师、市场营销审计师呢？哈哈！因为它们确实没有明确的规则，有些艺术的成分，不好审计。

财务会计是企业的数字表现，是反映企业的数字镜像。你在一组数字中可以看到企业的全部，甚至可以更全面、更清楚。这就是数字的力量。所以企业管理中应该充分地尊重数字，敬畏数字，应用数字管理。有些企业高管在讨论问题时常说"我提点我的看法呵，我不懂财务啊……"，实际上他不仅是不懂财务，他是不能把握企业的全部，不能把握企业数字镜像。

其实世界上任何事情都可以用数字来表达，或者必须用数字来表达。对数字的分析、数字技术、数字经济，我们常以为是近几年才发生的，以为古人对数字的理解远远不及我们，其实不然。两千多年前，古希腊的毕达哥拉斯就提出过世界是数字组成的概念。古希腊的哲人对天体宇宙，对日夜更替、四季轮回，对时空变幻抱着极大的好奇，虽然我们今天也没有完全搞清楚天体运动，但不知为什么我们没有那么大好奇心了。当古希腊人问为什么日月星辰有规律地、精准地按照美丽的几何轨道运行而不会相撞的时候，他们觉得一定有个什么样的神秘力量在后面完美地指挥着。在把这个超力量归为造物主之前，他们认为这个伟大的力量是数字，就好像我们今天所说的巨大算力。

毕达哥拉斯认为万物皆数字，世界上的一切都是数字的表现形式。如果你认为毕达哥拉斯的世界数字说有点空洞，可他还提出了其他几样学说如勾股定理、黄金分割，甚至日心说，可以看出这位老毕先生是个极其靠谱的人。可惜他的世界数字说提出后两千多年也没什么人重视研究，直到两千多年后才又引起人们的兴趣。如果我们说人类社会经历了农业时代、工业时代，才进入到数字化时代，如果听这位老毕先生的，我们早就是数字化时代了，哈哈！因为毕达哥拉斯认为，数字就是本质，数字就是规则，数字是万物之本。

华人历史学家黄仁宇，他半路出家研究历史，写了著名的《中国大历史》和《万历十五年》。在他研究了中国朝代更替、西方历史的变迁后，他有一个广为流传也有些争议的观点，那就是看一个社会不要看什么主义，主要要看它能不能够用数目字来管理。黄老先生看历史的观点独具风格，他晚年在国外也从历史学的角度写了对中国开放改革充满信心的文章。

他曾说过："哪有什么主义啊？就看这个社会是不是用数目字来管理了！"他一个研究历史朝代更迭之原因的学者怎么对数目字看得比政治制度还要重呢？他的这个"数目字管理"告诉人们，看一个社会的根本，要看这个社会运行的各个环节能否精细地、定量化地、有效率地管理。这里包含了产权的界定、交易的市场化、价格形成的科学化，当然更包括国家治理的有效性、科学的制度和法律的有效性、税收制度、货币政策、一个国家所有统计数据的基础设施建设和公开可使用性等的科学的和数目字化的管理。数目字的准确性和开放性支撑了各层决策，不是凭感觉拍脑袋。

数目字本来是个很技术性的事情，但这里与不同制度和治理的有效性直接关联了。一个社会，它的企业也包括政府，能不能在技术上通过恰当的组织、分工、授权、评价来进行数目字化的运营管理，并通过这种数目字化的科学管理来提高效率，是这个社会能否健康发展的关键。

黄仁宇先生提出这个数目字化管理观点是 60 多年前，那时没有互联网，没有数字技术，没有人工智能大模型，没有这么多能量巨大的技术可以对数目字化管理提供革命性的创新工具，他竟然可以看到这一点，可算洞见深刻深远。虽然黄仁宇先生是历史学家，可他写过明代的财政政策研究，也是财务大专家了，哈哈。

财务三张表中的第一张表是资产负债表。资产负债表第一概念是平衡，是增减平衡、进出平衡、结构平衡。企业的财务会计概念是西方传入的，我们说的资产负债表如果照字面意思翻译过来应该叫平衡表（balance sheet）。"资产负债"说的是内容，"平衡"说的是关系，这有很大不同。"平衡"的概念意义很深，它几乎可以代表正确和完美。如果西方人说某人是个很平衡的人（balanced person）或者说某个人的观点是个很平衡的观点（balanced view），那就是很高的评价了。这里的"平衡"代表了完整、公正、妥当等意思，或者说就是不偏不倚、正确客观。平衡表展示的是企业一个时点上的状态，它就像人体的一张 X 光片或者是 CT 片，仔细看，你的确可以看出许多的道理。

除去平衡外，你可以看出结构，资产负债结构、股权结构、负债组成、现金比例、应收及库存比例、流动及固定资产结构等。这些结构都在变化，你的工作，几乎每天都在扩大这张表，并不断优化这些结构。而正如其他变化的哲学概念一样，这些扩大和结构变化不是绝对的，都有个度。比如资产不是越多越好，要看资产质量和盈利能力；负债不是越少越好，负债少，杠杆作用不够，股东资金不能发挥充分效用；现金不是越多越好，现金太多，资产收益会降低；应收账款不能多，否则占用资金，降低周转率，也带来坏账风险，但也不能太少，否则可能影响销售规模；库存当然不能大，但是如果没有适当的库存，可能不给客户及时供货，客户不满意；大家都喜欢股东资金，但太多股东资金，净资产收益率会下降；折旧摊销虽然降低了利润，但也降低了税收，提升了现金流。所有这些都是个度，你要在其中把握到最好的度、最好的平衡。

其实平衡和度的概念，应该是面对问题时关键的思维方法。它们也可推而广之，世界上所有事物的矛盾都是如此。经济发展慢了怕失业，经济发展快了怕通胀，充分就业了又怕劳动力成本太高，没有通胀了又怕通缩不消费。反正这个平衡和度的概念要好好理解。

我遇到的对资产负债表冲击大的例子，莫过于收购先正达及中化集团与中国化工的合并。收购先正达花了 430 亿美元，全部由债务融资，"两化"合并后有 1.6 万亿元总资产。突然之间资产负债表扩张了两倍，所有结构都变了，如果从数字镜像看，前后完全无法辨认了，成了两家完全不同的公司。不仅规模变了，资产结构也变了，可以说资产负债表上表现出脱胎换骨的战略转变。产业性的、技术性的、国际性的资产大大增加。但同时负债比例大幅提升，融资成本也大幅上升，折旧摊销成几倍增加，低效不良资产增加，归母股东权益因为摊销大幅减少。静态地从这张资产负债表来看，新的中国中化控股是面临困难和挑战的，可以说是结构失衡杠杆太大。它迫切需要的，也是极具挑战的，是要把这张资产负债表充分启动起来，发挥出来，增加资本金，增加盈利，在经营中去调整和改善它。

这张新的资产负债表里的资产到底蕴含着多大的潜力？战略转型后的资产能创造多大价值？这张资产负债表中的问题要通过什么方法来解决？

面对这些问题我们要进入第二张表——损益表。资产负债表主要看的资产，是静态的，而它的变化是通过损益表也就是动态的经营来实现的。这里最最关键的因素是导入了人的能动性、创造力。在资产负债基础上导入了动态的人和团队的管理能力。

损益表里的数字可以表达的事情很多，这些数字里有市场，有竞争，有客户，有产品，有品牌，有成本，有质量，有物流，有周转，有折旧，有摊销，有毛利，有净利。每一项都是通过经营管理者的努力去完成的。如果说资产负债表是个战场布局，损益表就是战争。

损益表的第一行销售收入，经常被称为 top line，顶头一行（最后一行利润被称为 bottom line，最尾一行）。销售收入或营业额是最常被提及、被关注的数字，企业的规模、企业的评比排名几乎都基于这一行。我们经常说的世界 500 强排名就是基于这一行。我也经常说世界 500 强有很大偏颇就是因为这行可以被误导。

不过销售收入这一行的确代表着企业在社会中的地位，对社会、对经济的影响，有多少经济交易是通过这些企业来进行的，对人们的生活影响有多大。美国的沃尔玛公司、中国的国家电网公司，虽然并不一定是（有时也是）最赚钱的公司，但它们一定是覆盖消费者最多、对人们影响最大的公司。当然，因为它们的宏大营业规模也会带来巨大的盈利潜力，所以今天我们许多企业的目标是要追求顶头一行的增长，要做成多大营业额的公司。这与一个国家的 GDP 也有些类似，把它做大总是基础，总是好的。

但是，问题也由此而来，因为这里也有很多的因素要平衡好。这个要细分问题的方法在企业管理中都适用。营业额是主业的营业额吗？主业的营业额是战略性产品的营业额吗？营业额的毛利率好吗？营业额代表着市场份额的上升吗？营业额代表着市场范围在扩大吗？营业额代表着技术产品升级吗？营业额代表多少促销、多少应收账款？这些问题都要专业的回答。要不营业额的快速增长可能就是不健康的，也可能战略是不对的。前面讲到的第一张表资产负债表上合并后的中国中化，在全新的当然也比较多元复杂、参差不齐的资产组合下，如何在第二张表上按照主业产品、战略性好产品、好毛利产品、市场份额不断扩大的产品，最好还有技术创新的升级的产品、有品牌和客户忠诚度的产品等等要求实现资产基础的潜力，则是巨大挑战，也是企业整合转型的关键，这需要管理团队的巨大努力，也需要时间。

我说过在企业里无论做什么决策、什么交易，当你要做的时候，一定要好好想想，如果这件事情做了，它在三张表里怎么表达出来。如果三张表不好看了，问题解决不了，企业会有问题。单说营业额这一项，为了达到扩大销售规模的目的，方法手段很多：减价、促销、广告、经销商压货是经营性的，还有为了规模、为了500强排名而通过并购重组等战略性的。中国企业在发展过程中牺牲质量扩大规模的欲望很强，总认为可以先做大规模，把竞争对手打死然后再盈利，可没想到对手也这么想，所以形成一场消耗战、持久战。这也是大家看到的为什么《财富》杂志世界500强里面中国企业的数量已超过了美国企业，但利润和上市的市值大大低于美国企业。这显示了经营理念的差别，当然这也有公司发展时间和成熟性的问题。

扩大销售规模的另一个不健康的手段，就是向客户大量提供融资，也就是产生大量应收账款。我上学时老师就说有些公司通过制造应收账款来创造营业额和利润（creating lot of sales and profits by creating lot of receivables）。可以说中国各行业都深受其害，从基建工程到快消品。这种做法不仅搞到大量资金占压，阻碍现金流，提高了债务，因为第二张表搞得不好可以"传染"到第一张表，第一张表上的问题和第三张表（现金流量表）的问题加起来才会产生今天常说的所谓"爆雷"；而更关键的是，应收账款的问题误导、扭曲了市场需求，它在一个不太成熟的市场里，在商业信誉难以准确评估的客户群里，通过放账方式来销售，使企业在债务累积的过程中虚假生存。所以，当我们看一家企业的时候，它在经营中的所谓销售回款方式（payment terms）极其重要。因为这不仅是销售额，也是战略，也是市场竞争力，也是产品力，也是风险。

我记得中粮的长城葡萄酒曾经出现过对经销商形成大量应收款的情况。说是应收款，实际上是当时因为政策原因，市场需求减弱，可长城葡萄酒这边又希望保证销售不下降，这就把货在一个时点上压到了经销商库里，并没有形成真实销售。但从这里开始，引起了中粮的反思和警觉。分析下来，实际上长城葡萄酒过去以为长期存在的市场优势正在迅速消失。竞品迅速崛起，进口葡萄酒市场占有率大幅上升，而且质量和价格都有优势。表面的应收账款问题本质是个产品和市场问题。产品不好卖了才要通过先不收钱来促销。受到市场的压力，中粮酒业在产品上、价格上、品牌上都做了调整优化，后来又投资了几处国外的酒庄，也调整了与经销商的合作关系，得以维持市场地位，但市场竞争依然激烈。

通过付款方式的让步妥协来提升业务量的例子很多。我记得20世纪90年代中期，外贸体制改革，纯粹的贸易代理公司作用很小了。为了能参与一些业务，华润集团旗下当时的许多贸易公司都通过所谓代开信用证的方式做贸易。客户是别人的，货物是别人的，业务是别人谈成的，但钱是你垫付的，你收个不足1%的开证费但承担了所有的交易风险。因为这种模式是所谓"三不见"（不见客，不见货，不见钱），当时产生了几十亿元的贸易坏账。我当时刚任集团副总，花了许多精力处理国内国外的贸易亏损，也感受到了在自己企业没有核心竞争力的时候，勉强用替别人开信用证（你又不能正确判断风险）这种风险和收益完全不成比例的方式但又只能硬着头皮做的无奈和后果。

过去的华润、中粮、中化都曾是贸易公司。贸易公司的特点就是营业额大、周转快，但销售利润率很低。特别是中国外贸体制改革后，千家万户做外贸，没有附加值的贸易业务利润低、风险高。不仅如此，贸易业务会形成贸易心态、短期心态、做一单是一单的单项交易心态。所以贸易公司转向有较大实际资产的生产经营性企业都难，对管理产业链各环节的复杂性没有准备。但形势比人强啊，所有变革几乎都是生存的要求逼出来的，现在可以看到，没有转型的纯外贸企业几乎不存在了。我经历过的三家企业都经历过类似的转变。战略定位和商业模式变了，资产负债表上的结构也变了。特别有一项，就是损益表上的销售利润率变了，因为企业的工作创造附加值多了，利润率也就高了。销售利润率这个比率很说明问题，产品差异化大、品牌强、科技含量高的产品，销售毛利一般都高。所以销售利润率代表的是战略，是技术，是创新。先正达公司种子的销售利润率在 40%~50%，支撑它的是大量的研发、新技术和新产品。所以损益表中的比率比绝对值更能说明企业的竞争力和发展潜力。

今天看企业，一般低毛利、大宗商品、用来满足基本需求的市场已经饱和了，所以它们产能也过剩了，利润率也低了。所以中化集团在 2018 年初提出"科学至上"，向有技术的综合性化工企业集团转型时，从战略上是高质量高水平发展，在产品上是研发技术创新，表现在销售上就是由技术带来的利润率的提高。高的销售利润率，才能继续支持不断的研发创新，才能有源源不断的好产品。公司和世界就是这么进步的。

第三张表，现金流量表。它对现阶段的中国企业更有意义了，因为现在大部分中国企业的问题出在现金流上，也就是常说的现金流断了，或者说"爆雷"了。其实就是支付出了问题，不管是支付给客户还是支付给银行。现金流是前面两张表的连接，到了这里出问题，其实前面两张表早就有问题了。问题积累到了今天，肯定是市场也有问题了，销售也有问题了，回款也有问题了，各种资金占用都有问题了，包括投资者、银行、客户等都不想给你更多资金或者叫流动性支持了。许多人在遇到现金流困难时想借钱周转渡过难关，道理上是对的，但关键还是要找到引起现金流困难的原因，是局部的、暂时的、偶然的，还是系统性的。这与许多我们面临的问题一样，表象的背后有深刻的原因。正如前面说过，如果说第一张表是战场布局，第二张表就是战争，那么第三张表就是子弹。或者说，如果说第一张表是人的躯体，第二张表应该是肌肉运动，第三张表就是血液循环。这张表可以说表现的是公司发展的质量和公司可能面临的风险。

过去会计报表中是没有这张现金流量表的，因为从前面两张表里仔细分析已经能看到现金流量的情况，应该说这张表里并没有前面两张表内没有的信息。但是单列出来的角度不同，关注点更明确，就看出了新的问题。把这张表单独列出来是因为这个问题如此重要，它关系企业的生死，同时它又如此容易被忽视（其实只要用心很容易觉察到，但经营者情绪亢奋时则不同），所以作为单独一张表列出来，让财务会计的应用性更强了。

我在企业里看到一项业务时最经常问的问题是：经营性现金流是多少？在成本中折旧摊销是多少（因为它不影响现金流）？自由现金流是多少？对于一项正在培育中的新业务，它如果有亏损，是不是亏现金？还是 cash flow positive（现金流为正）？还是 EBITDA positive（息税折旧摊销前盈利为正）？这是我们判断这项业务发展阶段的重要依据。企业的确是个生命体，它在成长的每个阶段的生命特征是不一样的。现金流量表中的问题的确像人的身体一样，如果有病痛，可能原因是不同的。比如现金流入的数量是经营性的还是融资来的？如果是融资性的，那么负债或者资本金就变化了。即使企业没有亏损，如果库存应收款大幅度变化，也会影响现金流。这些事都得看清楚，后面可能还有其他原因呢。

三张表的逻辑是环环相扣的，某一张表上的经营现象一定会影响另外一张表，所以我们无论从哪一张表入手，一定可以找到与之相关的问题。我在公司开会时常说，问题从哪里开始说都可以，因为最后还要转回来。我在我的书《五步组合论》里曾说过企业中管理的系统性、整体性、逻辑性是目标能够实现的关键，财务管理中的三张表更是这样，它是一个由数字构成的企业。所谓经营管理中出现的问题都是对这三张表认识不深刻。

当然如果再往细里走，财务报表可以不止三张，比如资本结构可以是一张表，应收账款可以是一张表，库存可以是一张表，不同固定资产的不同折旧政策也可以是一张表。如果都这么单列出来可能太多了哈，但好的财报里边一定有这样的分析。记得以前国际会计师协会每年还评比年度最好的财务报表，也评选年度最好的财务总监，我觉得这是很有意义的事情，真的做好了，大家都看明白了，一定会提升企业水平。可惜今天大部分中国企业里，负责财务的管理者在职务排名上还挺靠后，觉得他们是不挣钱的，做的是后台工作。国外好的企业里，CFO（首席财务官）一般都是紧跟在 CEO 后面的企业第二号人物。

企业经营数据可以有许多虚假或者误导，可以人为地造成一些表面的"虚胖"，但是经营性现金流这个数字较难造假，因为要客户把大量现金先给你比较难（高级的骗局也有可能）。这就像宏观经济数据在不太准确的情况下，有人会用社会用电量、居民存款余额等数字来推断一样。所以现在企业在评价经营风险时，也常用现金流对利息覆盖倍数来看其支付能力。现金流大多时候会把经营中非理性的行为表现出来，如销售中过长的回款期、大量投资后的利息资本化，甚至研发费用的资本化、近几年流行的永续债等，虽然不直接进损益表削减利润，但在现金流上还是看得很清楚。

还有一种现金流问题，我叫它"有现金但没有流"。这个问题甚至在现金流量表上也不易看清楚，但时常会发生。这就是一个组织机构复杂的投资控股企业，因为股权结构，因为层级，因为各种公司治理要求，表上看到的现金流实际上分散在不同的投资的企业中，并不能任意流动，这更容易形成误导。所以在投资分析中，如果说是你控股，那么你可否控制业务，可否控制投资，可否控制团队，最后你可否控制现金流？否则你就不是真正的控股。

　　花了这么大篇幅说三张表，可我又不是财务专家，如果大家想学财务，不如去看专门的书。我之所以把对三张表并不完整的理解写出来，是因为我觉得它很重要，而且很凝练。现在经常有人问，管理好一家企业都需要什么样的能力呀？有人说要有战略前瞻的眼光，有人说要组建和带领好团队，有人说要不断创新技术，也有人说要抓好运营管理、降低成本、有竞争力，这些都对，但从财务会计的角度看，所有这些都可以在三张表里表达出来，都可以汇聚到三张表里去，也都可以从三张表里散发出来。

　　我所经历的三家企业华润、中粮、中化，都没有发生过现金流困难的问题，负债比例时有高低，但都是在可控预期范围之内。为什么呢？在表面看起来有点眼花缭乱、寻不到规则的成长中，华润和中粮的多次投资并购都是在严格控制负债比例和对现金流反复预测的条件下进行的，是在保持负债比例65%左右和利息覆盖倍数3倍左右的前提下进行的。如果投资效果好，可以继续往前走；如果投资达不到预期，发展就要慢下来。这个原则坚持了很久。后来公司又导入一个新的动态的指标——净负债／息税折旧前利润——来监视风险，这与现金流的实际情况更贴近了。但是后来的中国化工负债情况大大超出了这些原则，合并后的中国中化控股虽有改善但负债比例仍高，这就需要公司在经营中时刻动态关注了。

　　记得20多年前华润电力想投资广东的沙角C电厂，当时投资要 40 多亿元，对当时的华润是不小的钱。我在会上说，如果投资失败，会影响到华润生存。大家开会特别严肃，不断分析电力市场、电价政策、投资回报、负债比例、现金流，特别是假定这项投资完成后，应该卖掉什么资产来降低负债及应怎样把华润电力尽快上市。当时我们正在海南的兴隆看石梅湾的项目，全体常务董事都在，会议开到凌晨三点，我出来上厕所，看到投行摩根士丹利的老外谢尔登（Sheldon）还在走廊等着会议结果。他见我出来，走上前给我说："你们依自己情况做决定，不要假设很快就上市。"我心想这老外还不错，又想促成交易，又要提醒风险。我们在会议室的白板纸上写满了各种数据、条件，有许多不同意见，大家都很谨慎，因为那时的华润不像今天，规模要小很多，对沙角 C 的投资对华润的三张表影响都很大。最后会议还是认为电力这个行业和沙角 C 这个项目很值得投资，我在白板纸上的"YES or NO"（"是或否"）的 YES（"是"）上画了个圈，算是通过了。那天会开到凌晨三点多，我们在院子里吃了碗云吞面，感觉很美味，至今还记得。让我惊奇的是，事情过了 20 年，华润要拍公司的纪录片，那天晚上开会讨论沙角 C 投资的那几张白板纸的原件，他们还保存着，哈哈！令人高兴的是，后来华润电力很快上了市，发展到今天已经是电力行业的重要企业，也是华润集团的骨干企业。

任何组织都
需要一个图腾。

第 7 章

三标志

——

一个图形可以代表世界吗?

华润、中粮、中化三家公司的标志后面都有故事，我也花了心思。因为构思产生公司标识的过程是个很纠结、很考验人的过程。它要用一个符号、几个字，把公司彻底深刻地说明白，甚至要把公司过去的积淀、现在的能力、未来的向往，都表达清楚。要大家认为代表了公司，还要经得住时间考验；既要有方向又要有动力，既要对外又要对内，既要对公司有深刻的理解，又要有深厚的感情，还要让大家过目不忘，还要有视觉美感。所以司标绝不仅是个艺术符号，它是公司整体有形无形多因素聚炼的表达，说一家公司的司标象征公司的命运也不为过。

拿我们看得比较多的美国做笔记本电脑的公司为例，有IBM、惠普、戴尔，还有苹果，当然它们出生时间不同、技术不同、管理不同，现在看命运也大不相同。同时它们在公司标识上也有很大不同，前面三家公司的司标都是字母的缩写，苹果公司的司标是一个被人咬了一口的苹果。公司名字的字母缩写图案除去告诉别人你的名字外可以表达的意思有限，怎么宣传都觉得干瘪。但苹果既是平安，又是智慧，又是圣果，要命的是又被凡人咬了一口，这只苹果一下落在了地上。这样的寓意、精神、态度可以把一家公司的物理和精神边界提到多高呢？不知你是否记得在电影《阿甘正传》里，阿甘用他在军队服役的钱买的第一支股票是苹果的美丽误会的故事吗？

　　华润、中粮、中化三家公司的标志都是从宏大的想象空间开始的，心气是很高的。因为前面讨论了理想、信仰、使命和战略，觉得有底气。华润以前的司标是以华润集团三个英文首字母 C、R、C 重叠起来形成的一个图案，看起来也很好看，大家很认同、很习惯了。可是我当时觉得它单薄、底蕴不足，不太能表达我们心中的向往和公司战略发展的驱动力。那时候，20 世纪 90 年代末期，用热火朝天、如火如荼、万马奔腾来形容中国社会发展的状态最合适。特别是香港和珠江三角洲地区更是日新月异，华润的战略转型正是顺应了大势潮流。面对全球的发展机遇和目标，我们什么都想在一块新的土地上进行。战略是新的，团队是年轻的，制度是新的，市场是新的，当然希望我们的战旗，也就是公司的司标也是新的，能统领大家充满激情地往前走。

　　华润一直引以为骄傲的是华润的"润"是取了"毛润之"的"润"字。[1] 这个字一下就把华润的出身和地位提高了，加上后来的解释说华润的含义是中华大地雨露滋润，再加上英文名字是 China Resources，意义深厚但并非直译，这都让华润的后来人对前辈们的高远定位和人文素养敬佩之至。所以换新的司标必须反映出新的思想。当时找广告公司做构思，向广告公司介绍了背景

---

[1] 《华润公司的创办》，参见：http://www.locpg.gov.cn/jsdt/2021-07/15/c_1211240575.htm。——编者注

和想法，无论怎么说广告公司的创意人员都很难进入角色。广告公司说你可不可以找你身边的两样东西，用实物来说明你所处的环境变了，你的思想变了，你的行动也要变。

　　我先把书架上的一本旧书《商旅生涯不是梦》拿去了。这本书写的是一位香港做景泰蓝花瓶贸易的商人，他如何面对市场和政策的变化，千辛万苦地用各种方法和关系从内地拿到景泰蓝的货，再卖去世界各地。因为当时华润也出口景泰蓝，业务也不好做，许多读过这本书的人，把他当成学习目标，但随着外贸体制的改革开放，景泰蓝出口竞争激烈，渠道面目全非，老的贸易方式做不下去。这项业务也代表了华润贸易业务的整体状态，其实是传统代理贸易的时代结束了，转型发展势在必行。

　　我拿去的第二件物品是一部当时诺基亚的新手机。诺基亚当时风头无两，代表了新的科技、新的品牌。记得它的广告语是"Connecting People"（诺基亚官方翻译为"科技以人为本"），电视广告是有人在公园里散步拿出手机打电话，公园路边上的一座雕像拿出手机接了，可谓无人不联。当时的诺基亚犹如今日之苹果公司。诺基亚原本是芬兰一家做橡胶木材后来做电视机的公司，之后转型为移动通信技术公司，鼎盛时期是欧洲市值最大的公司。它的转型、创新，特别是在产品技术上的人文关注，让我朦胧地感觉到华润发展的理念框架。

虽然华润与诺基亚不处在同一行业，后来诺基亚也因为战略选择的一步之差而滑出赛场，但当时的场景、行业的变化、技术的进步，一切都是催人进步、因势而变的。当时华润在香港经营着一家电话公司，叫万众电话（People's Phone），是诺基亚在香港的代理，我现在还清晰地记得诺基亚出了一款略弯形似香蕉的金属质感电话，每个拿到的人都骄傲地向别人展示，电话不仅是通信工具，还是时尚品。万众电话公司虽然规模不大，经营得还不错，后来上了市，再后来在电信产业的整合大潮中卖给中国移动了，这是后话。

公司标志的构思过程外人并不知道，即使公司内部的人，如果不能理解其含义，公司标志也仅是个符号。记得多年前第一次看到英国石油公司的新标志，它的名字是 British Petroleum，这是家老公司，所有事情按部就班、程序严谨，是典型的英国公司。它长期被人简称为 BP。可有一天它把公司标志中 BP 的字母 B 从代表 British 改成了 Beyond（超出、高于、不仅），虽然还是 BP，可英国石油公司变为 Beyond Petroleum，意思为超出石油，高于石油。这个表面的一词之变其实代表了公司从传统化石能源石油向绿色可再生能源的转变。

当华润的新标志构想从聚焦业务、聚焦实物到关注转型、关注人的时候，思路就拓宽多了，也能够表达公司想要的东西，也

代表了公司的信念、态度直至战略，即执行和公司的发展。华润
虽在香港弹丸之地，但当转身看中国内地时眼界是很开阔的，雄
心也是很大的，公司所有的立意起点都是以在中国发展作为目标，
而且认为可以在中国建立许多的产业，这背后的根本是坚信未来
中国会赶上美国。那时华润大部分的产业都是刚刚开始，但刚投
资一个很小的产业就与世界最大的公司比，认为未来会与它一样，
甚至会超过它：投了第一家啤酒厂沈阳雪花啤酒厂就和美国排第
一的百威比；投了第一家超市，也就是万科下面的万佳百货，就
与沃尔玛比。这与今天说的创世界一流企业的思维差不多。

　　这种思维今天说起来没什么了，但在当时还是有许多不确定
性，受到许多挑战和怀疑的。20 世纪 90 年代初，华润创业为了
发行可转换债券到苏黎世路演，我们向基金经理介绍了华润创业
在香港的业务，但重点说了在中国内地的发展和潜力。这位以保
守著称的养老金的基金经理说"拿掉中国内地，多告诉我香港"
（"Take out China，tell me more about HongKong"）。很明显，他当
时认为中国内地并没有投资价值。可这位幸运天真的投资者因为
华润创业的香港业务买了可转债，却因为他几乎不屑一顾的内地
业务大赚了十几倍啊！

　　在香港华润的眼里，中国市场规模大。规模大的原因是人口
多，人口多就会成为经济发展的主要推动力。今天我们说人口红

利多了少了，主要指的是劳动力成本可以低，那时理解的人口多还包括消费市场大，人们提升生活水平的欲望强、潜力大。而华润自己认为有这方面的责任，也有很强烈的愿望把华润建设成尊重人、关注人、与人共同成长的充满人文关怀的组织。这样四个"人"就出现了。"以人为本，人口驱动成长，关注人文精神，改善人们生活。"这四个"人"组成的图案，由颜真卿写的中华的"华"中四个"人"字拿出来，一是与华润的"华"、中华的"华"有了一脉相承的关联，二是与华润转向内地发展的战略意图相呼应。这些解释不是一眼能看得清楚，也不是仅从图案就能理解的。但在公司内部，在大部分人的心中，这个公司标志产生的心路历程是大家一起走过的、一同认可的，也是与公司标志追求的意义一同成长的。

在公司标志中还有一句话，"与您携手，改变生活"，我把它的英文翻译为"Better Life Together"。广告公司说这样翻译不对，前面应该加个字母 A，"A Better Life Together"，我不想改，因为啰唆，我说 Better 不是也可以当动词用吗？他们说是可以当动词用，但通常不会那么用。他们又说，如果你是外国人，这样用他们认为是有意的，是特别的，可如果是中国人这样用，他们会认为是不懂，是错误。我一听这话，就更坚持不想改了。但后来我不断留意，发现这样翻是有些不妥，不过并无大碍，公司标志要的坚定和气势，这一点做到了。"与您携手，改变生活"这几个字打动了许多人，不管是公司内部还是外部的人。公司的员工，理念共享，目标一致，团结协同，在发展公司的同时也提升自己的生活，这与公司使命密切相关。

当华润去改造一个老旧小区，重建一座工厂，或者因为华润一项投资改变了周围人的生活的时候，"与您携手，改变生活"这几个字显得特别生动有力。有一年我去黑龙江的某个县，当地政府为了欢迎我很夸张地铺了超长的红地毯，我见了后说实在不敢当，也没必要，他们说："我们想充分表达对华润来投资的感激之情啊，自从你们投资了啤酒厂，我们当地的税收增加了50%以上，现在我们县公务员和教师的工资奖金发放都没有困难了。"

到了一家新的公司要改变什么、不变什么是很关键也很纠结的事情。每家生存了几十年的公司都有它独到的优点。如华润集团长期在香港形成的对市场周期、产业和金融投资的敏感性，对公司发展的务实态度和目标性；中粮集团因长期粮食国际贸易形成的对大宗商品期货市场波动的敏感性、国际眼光和风险意识；中化集团在激烈的市场和产业政策变化中形成的顺应变革、探索新产业并追求业绩的文化。这些都是隐藏在表面资产背后的特质，是很宝贵的，而且会在不经意间发挥作用，它们应该很好地得到保持和发扬。其实企业的这种经营形式，从西方看也有300多年的历史了，无论管理学的理论怎么说，它也形成了许多经多次验证、广泛认同、几乎已成为常识的规则。企业在经营中不能根据市场变化而应变当然不行，但更有许多时候，企业经营中的问题是因为没有保持遵守常识性的规则。这就是低级错误。我们周围许多企业好像还在经历这个阶段。看来，如何守正、如何出新永远是个挑战。

我到了中粮开始提出来要重新设计企业标志的时候，是我感到已对中粮有了全面理解的时候。现在看起来也很有意思，提出来重新设计企业标志是要有相当勇气和自信的。因为你要从最顶上开始传达新的理念，理念是否成熟、组织是否接受都是个考验。这的确也是个提升组织的过程，也可说是企业转型中的一个很有象征意义的环节。

中粮是什么呢？想到中粮就一定想到粮食，想到农业，想到自然。想到自然这个概念可就又深又广了。中粮发展的根基一定是"自然"，自然可以是自然环境、自然资源，同时如果说到"人法地，地法天，天法道，道法自然"，那么自然就是自然力量、自然规律、天地人合一的自然法则了。粮食和农业是这么古老的行业，它几乎就是自然缓慢而又坚毅进化的本体。中粮从事的行业是这么近乎与自然一体的，这是个多么崇高的起点啊！以自然为本、尊重自然、顺应自然、依靠自然、弘扬自然力量应该是中粮与生俱来的本性，也是中粮战略定位最壮阔丰厚的支撑。在经过了许多年相对脱离自然、盲目虚夸的物质追求后，人们开始认识自然、热爱自然、亲近自然、融入自然，以自然为健康、为美、为时尚。这也是文明和市场给中粮带来的机会。中粮作为农业和食品企业，它提供给社会的产品必须是自然的，这个自然包括了大自然带来的健康、丰富、美味和可持续。这个概念长远地影响和决定了中粮的战略。

　　同时自然的概念不仅是物质的，它其实更是信念的，是精神的。自然是规则，是方向，是天性。自然成长在自然界和人类社会组织中都是最健康、最苗壮的成长。你的思想是自然的吗？你的组织是自然的吗？自然中的规律你意识到了吗？可以用自然的内涵来塑造一个人、一个组织，甚至一个社会吗？在这样的思想认识过程中，中粮产生了公司标志中核心表达关键的八个字"自然之源，重塑你我"。这八个字以自然力量为统领，包括自然的天赋资源、自然规则、自然的思想集合在一起作为源头，来重新塑造公司的战略、业务、组织和人。接下来，很自然地就产生了中粮集团公司标志的天地人的图案。这个图案因为有阳光明媚下的蓝天、大地、禾苗，视觉效果很好，大家很喜欢。后来做了司徽胸章给员工佩戴。我离开中粮去中化上任的那天也还戴着，到了中化的任命宣布会上及合影时我还戴着，后来照片传回中粮，同事们看到我在中化还戴着中粮的司徽就开玩笑说："唉，看来宁总是真不想去中化呀！"

想不想去中化是另外一回事，不过我的确觉得当一家公司的人穿着整齐得体，端正地佩戴司徽，捧着早已准备好的文件，往会议室一坐，向客户露出真诚笑脸的时候，给我的感觉是他们已把准备工作都做了，合作可以开始了。

中化集团老的公司标志是个化学实验用的烧瓶，很形象地表达了化学的特征。我一到公司就想改变它，就想把它变成一朵花。因为我觉着烧瓶可能代表着上一代的工业了，好像也代表着传统产业的思维。为什么要变成一朵花呢？因为想找一个象征，能中和化学工业这个让人感到环境最不友好、具有很大危险性的产业。虽然化学工业几乎是经济中最大的产业，生活之中无所不在，但大众对它存在巨大误解。"化学"（chemistry）一开始被翻译为格物的学问，是研究物质的。后来译为化学也是很有深意的，化学的"化"字代表物质的变化、化解、同化，有变幻无穷的想象力。但后来化学常被理解为人工合成，非自然而且低质量，这可能是化学工业的初期引起的误解。化学应该是人与自然世界打交道中最奇妙的事情。

　　人类在文明进化中，史前史的多少万年都是物理的世界，无论是刀耕火种还是石器、青铜，与化学变化关系不大。当人们发现了物质内在的奥秘，知道物质可以相互作用并转化了，才有了化学。有人说上帝造物主创造布置好了世界的一切，但化学家也的确创造了许多之前不存在的物质。我到中化后听到的最振奋激动也很浪漫的一句话就是"化学是创造新物质的科学"。想一想很有意思，中粮和中化虽然看起来业务很不相干，但从道理上两者逻辑都是相通的，其实世界上又有什么学科不是相通的呢？化学的物质来自自然，它在经过了改造合成变化后为人所用，最终它还会回收降解再回到自然。这与中粮说的自然之源的力量是相通的呀！自然界所有植物的花朵都是如此，来于自然，用最美的状态完成使命而后又回归自然，所以用花朵来代表化学公司是很恰当的。它把化学从冰冷的无生命的物体变成了活的甚至带有情感的东西。

　　一说到花朵，广告公司的设计建议就很多了，每朵花都有每朵花的芬芳表达。我们最终选择了牡丹花，抽象的带线条感的牡丹花。牡丹的大气、奔放、活力和蓬勃的生命力让我们觉得与公司的未来发展追求很吻合！"唯有牡丹真国色，花开时节动京城。"牡丹花的图案会使公司的实质发生变化吗？马上不会的，长远会的，心诚则灵，我相信这一点。

中化集团的公司标志中，虽然牡丹花视觉效果最强，但它的核心是牡丹花下面的四个字"科学至上"。从华润的"与您携手，改变生活"到中粮的"自然之源，重塑你我"，再到中化集团的"科学至上"，不经意跨越了20多年。20多年的时间，我看到了多少世界的、中国的企业的变化呀！虽然我们在追逐着变化，可我们总是跟在后面，我们是后知后觉者呀。这几句公司标志的表述，说明了当时我们对世界的认知水平。当我那天在中化写下"科学至上"四个字的时候，心里豁然开朗了，觉得看见前面很远的地方了。可当时心里也想，如果20多年前在华润就能想到这一点，就能对最远的未来有预期，就能从更有探索性、创造性的思维模式出发，如果把它形成战略的路径，如果能把科学技术甚至具体到把数字技术、生物技术放到战略主业，那么今天的华润可能又不一样了。哈哈，想一想如梦境之中，猛一抬头只能会心一笑。

"科学至上"四个字并不是为公司标志而写的，它是公司战略的凝练。其实"科学至上"是我写的一篇文章的题目，公司里当时称它为万字长文。这篇文章是2018年初春北京下了一场大雪的那天写的，英文题目是"In Science We Trust"（我们崇尚科学）。当时就觉得世界都变了，中化也必须变了。往哪儿变？没有其他路，只有探索未知、追求科学。记得当时国资委开会让我上台介绍中化转型发展的情况，我向央企的领导介绍了中化要转型成为以研发和技术驱动的综合性化工企业的设想。当时台下央企的领导就有人发问说："我们知道中化的基础，今天你有什么条件要把中化转型成为一家化学科技公司？"我回答说："没有条件，只有决心。"不过，今天回头看中化还真转型了，你再看中化的资产负债表不仅规模大大扩大了，而且其中 80% 已经是科技性的资产了，公司的主要能力也是化工技术相关的科技能力了。当然，其中的酸甜苦辣和未来的挑战是很多的。有一次，一家民营企业的老板来中化，虽然他对中化很熟悉，但当他在大堂里看到挂在墙上的"科学至上"四个字后还是诧异了不少，说："你们不是贸易公司吗，怎么也要搞科学，那怎么搞，国有企业也要这么大的转变吗？那回去我们也要想想啦。"

其实大部分的转型都是被形势变化逼出来的，如果五年前中化不能坚定地转型发展，转为专注科学技术的化工企业集团，当时的主要资产到今天面临的困难就更多了。当"科学至上"四个字被广泛地讨论过，详细地规划过，庄重地写在企业大门上的时候，它就超出一般的标志，成为一个信条了。

企业界近年来一直在建立优化商业模式，建立商业模式就是建立一个盈利模式、一个差价模式。当然这是商业存活的基础。但我现在认为这是商业模式，不是企业模式。企业模式一定是个有科学创造的模式，是个创造了新的物质形态价值的模式，不仅是个分配或者重组的模式。巴菲特的公司虽然盈利很多，但它是个商业套利的组织。但苹果公司是个企业组织，因为它创造了这个世界上过去没有的东西。有次在剑桥听课，有位很偏执的教授说像银行这种金融服务，根本不需要是公司，搞个数据处理中心就可以了，因为它不需要什么创造。企业自其出生以来背负的使命就是探索和创造。今天看来，任何企业盈利模式中如果没有认真严肃的科学技术能力，它创造价值的过程是不稳定的，创造的价值也是有限的。从企业在社会中应该有的作用看是这样，从企业自身的发展看也是如此。在全球工业化、世界经济一体化的背景下，人类基本的生存需求被满足，未来的企业竞争生存只有一条路，技术创新产业升级！从中化过去的一些业务看，只要长期有竞争力、可以生存的业务，其核心的能力一定是技术，是在某个时点上有某个技术的突破，形成了独特的能力。所以后来有人与我讨论企业的战略，我说，现在看来，几乎所有行业的战略，只剩下一条路可以选了：技术、创新、研发、科学至上。

这本小杂志
的力量可能在公司
的工厂和大楼之上。

第 **8** 章

三杂志

———

能攻心则反侧自消吗？

有一年夏天，我去华润在山东的一家纺织厂，开会后去食堂吃饭，外面下着大雨。我坐在车里看到路上走着一位女工，她打着伞，手里拿着饭盒，还捧着一本杂志边走边看。在食堂门口我问她读的什么，她说是华润的《创业论语》。我问她为什么下雨还边走边看，她说我们车间就一本，大家要轮流看。这个镜头在我心里记了很久，让我时常想，是什么语言和思想可以在不经意间很轻易地让人如饥渴般去看？什么才能直达人的心灵？

我回到香港给编辑《创业论语》的人讲，别看我们出本公司内刊没太当回事儿，可是离总部远的员工认为那本杂志就是总部，那本杂志代表着我们的精神、向往、鲜活的人群和世界。它有点像一个不停召开的会议，像一个可以瞭望的窗口，也像员工或朋友交流聊天，难得的是有人在期盼着读它。这样本来用来沟通信息的公司内刊不自觉地变成了一个组织发展的工具，好像也是个企业文化载体。所以那时华润提出来可以"用内刊做管理"（Management by Magazine）呀！

记得听万科的人说过，万科初期实际业务发展得很普通，但有两样东西做得好，留住了人才，一是食堂，一是《万科周刊》。难怪后来发现，万科从总经理到受重用的总部高管大都在《万科周刊》担任过总编辑。以前有句话，我至今记得很清楚：枪杆子，笔杆子，干革命就靠这两杆子。公司内刊可能就是这个笔杆子。

一个公司里沟通的渠道方式有很多种，文件会议、数字预算、评价考核等都是沟通，私下里非正式的沟通方式就更多。有时非正式的交流比正式会议作用还大。公司内部的刊物是介于正式与非正式之间的沟通交流方式，是个软性可塑的沟通分享工具。

我在三家公司都很积极地推动了公司内部杂志，我觉得起了很好的作用。华润最早是从上市公司华润创业开始的，内刊是《创业论语》，后来改为《华润》。中粮的内刊是《企业忠良》，中化的内刊是《新中化》。因为现在电子版的东西多了，公司都有微信公众号，可能内刊被忽视了。但我看虽然公众号方便快捷，传播面很广，但纸质内刊的那种感觉，那种实在和真诚，那种归属感是一般电子版网站代替不了的。如电子版的书刚出现时，大家认为纸质书马上就要消失了，可到今天电子书并没有很普及。因为手里拿着一本书读时有触摸感、亲近感，如果写一下批注，有思想对话感，这些在电子版的读物里看不到。不过现在又有了ChatGPT，又有了Sora，事情可能又要发生变化了啊！

说到这里想起来，一家公司里的事很有意思，无论系统多么完善的企业，如果总部或领导者想推动一样东西，有时费了很大的劲，讲了很多遍，但下面反应不热烈、不主动；有些东西你仅是简单提了个概念，下面就沸腾了，自己反应热烈，自己开始扩展，开始发酵了。这其中的道理很耐人寻味。我刚到中粮时有次开会讲话讲了三小时，大家只记住了一句话，而且后来几年都被不断重复，这就是让中粮人过上"体面生活"。但在搞研发创新时我说我们要用门径管理（stage gate）的方法来组织管理研发，可讲了多次反应不大，行动很慢，还常常在文件中忘掉。可是在研讨会上大家共同讨论过的创新三角的概念则在公司不胫而走，迅速成为行动共识。

企业这种组织本来就是有一个根植很深的、自有的出于个人和群体天性的理念和文化的，它会自动地选择适合它成长和喜欢的方向、环境去追随，这就像树木会朝着阳光的方向茂盛生长。领导是什么？领导就是要做这种连接，就是在企业战略方向和团队诉求中找到最大共同点，并与大家上下同欲地去实现它。企业的内刊杂志说的可能就是这种容易引起共鸣，容易自我发酵的东西。

一个组织内特别是大的企业认识论的规律是个值得研究的问题。你的大报告、大文件、大规划有多少被有效沟通传递了，被认同了，被执行落实了？中间有多少被阻滞、误解、抱怨甚至反对？而这种隔离的情况长期不能有效解决，变成了大家都习以为常的状态。这就是为什么开会时有人睡觉呢，哈哈！企业内刊最大的好处应该是半官方、半正式，开辟另外一个空间，把沟通的空白点补充上。所以，企业内刊不能由领导审稿，是个"民间"

机构。这样有人愿意写，有人愿意读，自我驱动，能量很大，而且是正能量。

记得我在《创业论语》的第一篇文章是写中国民航和国泰航空体验对比的。因为那时飞得多，感受直接。觉得国泰用的小飞机，座位更紧凑，但机票更贵、乘客更多，为什么？因为感受不一样，因为机舱里从气味、服务、餐饮到读物都让客人感觉到舒服呀！这样企业的资产效率就更高，盈利能力就更强。我还捎带着写了个普拉达（Prada）女包虽然是个帆布袋，但可以卖几万块钱的现象。故事简单随意说出来，但读者则有他自己的理解和联想。这篇小文章我写时没取名，后来有人给它起了个名字叫《有感觉》，就是说它给大家传递的第一个信息是商品不单是要有硬件、有实物，重要的是还要有感觉、有精神，或者说有品牌内涵，这样才有价值。同时它提醒大家外部的世界不断在变化，竞争环境、客户需求、社会潮流，今天再加上科技创新，这些都在不断变化，我们应该敏锐地感觉到。很有意思的是这个小文章后来传到国航，有次我坐飞机，空姐给我说：宁总，您写的文章公司组织我们都学习了，我们也会不断提升服务，您看您这次飞行感觉怎么样？后来搭飞机又被问过几次，搞得我不知如何应对，哈哈！

当时《华润》杂志鼓励大家投稿，我也承诺每期都会写，我现在积存的一些小短文都是那时被编辑们（其实只有一两个人）追着写的。写着写着我觉得，把这些想法写下来首先对我很有益。因为人如果有个想法，说出来、说明白，写出来、写明白，不要说对别人，先说对自己就是一个重新梳理、更系统化思考的过程。我觉得保留不断学习思考和写作的习惯是管理公司的很好的习惯。我曾说过，爱读书的人坏不到哪里去哈。说的不仅是读书可以学别人，其实最重要的是自己的消化和思考。其实从读书、写书的体验中我们都可以感受到，书不是作者写出来的，书的确是读者读出来、思考出来的，作者不过起了引导借鉴的作用。公司里开会我给大家开玩笑说，你们知道为什么领导水平高吗？因为领导开会时要仔细认真听，会尾还要总结讲话，他要不断思考，不断梳理，而且要让大家明白、支持，思考得多，水平就高了哈。所谓水平，也就是对问题的认知和处理方法，是责任和压力带来的。

　　还有，我的观察也觉着解决问题的智慧、企业经营方式的选择是与爱心和善良心直接相关的。我也写过一篇小文叫《爱与智》，因为我发现只有从善良、正直、美好的内心出发，才会真正认知事物变化的规律和应对变化的方法，形成智慧的答案。可能也是今天说的所谓正能量和价值观吧。自己写点东西很有意思，过了一段时间（可能是几个月或者几年），你再回头溜一眼，你可能会笑自己以前的认知水平，你也可能觉得以前想的是对的，是对自己很有意义的反思和检讨。

《华润》这本企业内刊慢慢成熟些以后就有了自己的一些观点，成为某种理念的主导者。因为这种理念是在不断沟通交流中形成的，通常很有代表性和生命力，也会与公司的理念相得益彰。杂志会做一些主题的调研，较深入地讨论某项业务与公司战略的关联性和长远作用，形成一种理念或商业模型，也可算是最佳实践的介绍推广。杂志这个平台很好用，越有人读，它的说服力越强。我觉得号召公司去学习离得很远的别家公司不容易，看看自己集团内做得好的公司，并去学习赶上要容易得多，《华润》杂志在当时也起到了推动集团内部最佳实践的作用，因为那时华润集团内部的多项业务发展水平参差不齐。

《华润》杂志的生命力一是来自它的读者，另外，很重要的是它的作者。特别是公司管理团队能否持续拥护这个平台，积极投稿发言是关键一环。这其实是公司整体管理沟通和公司总体文化的反映。企业报、企业杂志并不是新鲜事，多少年前就有，许多公司都有，但是深入人心的、起了积极正向作用的、受员工喜爱的不是很多。企业员工特别是中下级的管理者踊跃地把自己的想法写出来，吐露心声，大家可以讨论，也是个提升水平的平台。我开始写的稿子都被登在杂志的第一篇，这样看起来很受重视，写的文章像是社论。我觉得不好，影响了讨论的气氛，所以让编辑正常排版，把我写的稿子放在了后面。这样看起来公司内刊就舒服多了哈，也提升了大家的参与感。

很有意思的是，企业内刊的水平有时反映了企业的水平。后来华润的内刊成了公司对外宣传合作的重要媒体，大多数的客人和合作伙伴喜欢看《华润》杂志多过看企业的介绍资料。后来，华润定期给许多客户和政府部门寄内刊，很受欢迎，还有许多人主动找华润要求给寄《华润》内刊。有人告诉我说，有家规模也很大的企业领导想办他的企业内刊，就拿出华润的杂志研究，后来决定不搞了，他说这本杂志的味道不太适合他们。我听了后还是有些感慨，是啊，任何局部本质上都是整体的反映，想搞什么样的公司就有什么样的企业内刊呀。华润的内刊开始由上市公司华润创业主办，所以取名《创业论语》。过了一段时间我去华润集团当总经理了，就想着最好办一份集团杂志《华润》，别分散注意力（今天看其实也没必要），所以把《创业论语》停了。停了当时大家也没多大反应，因为马上有集团的内刊。但此事还是有同事写了篇让我至今记忆犹新的文章，名字是《但愿此风不随此物去》。

在内刊上传递的信息有时会影响深远。我尤其记得有一次我发烧40摄氏度，刚好是公司在做预算，我赶紧写了篇小文章发在公司内刊上，说了我对预算的看法。可能因为担心预算做不好，我就说了预算的几个原则：不是数字游戏，不能走过场，不能让财务部"编"预算，不能讨价还价，不能随意假设条件，等等；

同时又说要分析市场、反思业务，要有行动计划，要有商业计划，要前瞻，要有增长信心，要突破局限思维，做准、做好预算，突破前期、超越标杆才是好经理、好公司，等等。这篇小文章后来成了公司对预算的基本态度，再后来的中粮和中化也保持了这个预算管理的原则。

中粮的公司内刊取名《企业忠良》，"忠良"两字寓意深厚：忠臣良将，正直专业。把自己定位于忠良，团队觉得境界要求提升了。后来中粮在战略里又把忠良赋予了"忠于国计，良于民生"的含义，这就彻底把中粮由一家做进出口、做贸易、做粮油食品的一般公司通过"忠良"两个字在自我意识上与国家、与民生联系在一起。这是很令人兴奋的，它带来了战略定位和专业标准，又让大家产生了自豪感和满足感。

我难以界定这些事情与后来逐步演进发生的产业链、国际化等与国家粮食安全紧密相关的战略升级是如何衔接的，但忠良的定义一定是不可缺的思想准备。在"忠良"两个字之下，中粮集团又提出高境界做人、专业化做事的企业员工行为导向，相信这些对员工潜移默化的影响和塑造是巨大的。当《企业忠良》自身带着浓厚独特的气质，同时与《华润》杂志一样有亲和力和很舒服美观的设计，以及纸质的手感和书香来到员工中间的时候，大家还是拥抱式地欢迎了它，因为打开后那里边有他们熟悉的人和爱读的文字。

我现在还保留着许多《企业忠良》杂志，看起来已经有些历史感了，从纸张到文字都觉得它是陪伴、记录我们生活的老朋友。无论好还是不好，那就是那时我们的生活、我们的经历，一定是很宝贵的。《企业忠良》记录参与了中粮集团的许多重大事情，提供了交流讨论的平台。如中粮集团提出的全产业链的发展模式就在《企业忠良》上得到了广泛的传播和讨论，而且在讨论中有许多不同的看法和论证使得全产业链的思路更完善。

"全产业链"的发展模式是中粮集团一次大的战略调整，引领了到今天的发展思路。其实中粮集团与其他大部分的外贸企业或者说在改革开放前有特许专营业务的公司一样，在市场竞争日趋激烈的情况下不断纠结、寻找它的主业，它的商业模式，它的原有的资产和人员的地位和作用。今天我们还能看到的不少多元化的企业，它们的初衷并不是想无限地多元化，可是因为做习惯的业务逐渐没了，又有过去公司规模的架子，在寻找新发展机会时就容易多元化了。为什么有那么多公司做地产、做金融、投资个酒店、做个小股东等？都是在无奈转型中形成的资产。

我到中粮时大家说中粮这些年看到的进步是实业化，在管理运营实物性、生产性的资产了，不是空手套白狼的纯中间商、贸易商了，这已经是转型了。前几年有老外问过我，为什么中国的公司大都有一块房地产开发业务？我说一是觉得赚钱容易，二是觉得管理容易，三是没找到更好的行业。多元化的问题也不仅是中国企业的问题，是全球华人或者是亚洲人共同的问题。亚洲的企业从日本的大商社三菱、三井、住友、伊藤忠，到韩国的三星、LG（乐喜金星）、现代、乐天，到中国香港地区的长江、和黄甚至在香港地区的英国人的企业太古、怡和，直到新加坡等东南亚国家的企业都是相当多元化的。

多元化企业能不能持续良好地发展，现在看来随着市场竞争加剧，业务繁杂但单项业务竞争力弱的企业是失去优势了。特别是美国多元化企业的鼻祖通用电气最近彻底按专业化分工原则分拆成三家公司之后，可以说多元化企业无论在理论上还是实践上都站不住脚了。当然因为互联网技术的应用，近几年又出现了很多平台式的生态群体多元化企业，而且经营很好，成为公司发展甚至创新成长的重要途径，不过这可能就是另外一种情形了。因为互联网的信息技术、由此形成的信息和管理系统及不同业务协同价值又把企业发展模式带进了新的时代，这是后话了。

当时中粮面对的问题很有意思的是，不仅因为不同行业的投资会形成多元化资产，同是食品行业里也会形成几乎毫不相关的多元化经营格局。比如粮食的进出口贸易与国内食品什么关系，茶叶与肉食什么关系，品牌消费品与大宗农产品什么关系等等。中粮的众多历史上形成的资产应该怎样有效地、合乎逻辑地组织起来，形成面向市场的合力，一直是个未解决的问题。同时十多年前中国的食品加工行业也经历过曲折的食品安全风险挑战，出现过许多食品安全事故。食品最基本的要求虽然是安全，但在食品行业快速成长、快速产业化的过程中难以完全保证其百分之百的安全性，后面更多的美味、营养、价格（成本）等要求也难以满足。为什么呢？这些问题在中粮内部不断在讨论，在寻找长远的解决方式。《企业忠良》也成为重要的讨论平台。在《企业忠良》上不断表达的一些观点甚至担忧其实也经过了不同层面的讨论。这些讨论也成了形成全产业链战略思考的基础。

　　我有天正在给《企业忠良》写稿，脑子里想着食品安全性的保障，由此想到了食品供应链可追溯性，由可追溯性就想到了追溯的难度、供应商的分散、供应商的标准不统一，想到了食品安全在现阶段可能是需要对供应链干预或者参与。比如说蒙牛牛奶，如果你不参与它的养殖，不参与它的奶源，就难以保证所有奶源的充足性和安全性。从西方的商业理论来讲，他们在追求专业化的时候，也追求专业化的极致，不仅追求行业的专业化，还在这个行业里面做清晰的分工。比方说做加工和品牌食品的公司一般不会介入原料供应。

　　记得当时蒙牛准备进入奶牛养殖的时候，想请一家国外的投行来帮助并购一些奶牛养殖的基地。可是没想到这家投行非常负责任，他们来了以后，不但没有帮助并购奶牛养殖的企业，反而提出来说，蒙牛不应该进入奶牛养殖这个行业，因为这个行业是另外一个不同的分工。他们还列举分析了欧洲整体的奶牛养殖和原奶供应的有效性和合理性。欧洲是以奶牛养殖户为基础组建的奶农合作社，规模很大，专注原奶供应。像达能、雀巢等奶制品生产商不去搞奶牛养殖场，它们只专注于自身产品的研发、生产、品牌和渠道。

　　当然这是一个很理想的状态和更专业的分工。但这个在中国不太适合，甚至对当时蒙牛所面对的即时的供应链安全管理问题也难以解决。所以，蒙牛也在奶源上持续做了大量投资。现在看来从供应链可靠性上，保障产品质量上，甚至塑造品牌形象上都是正确的。蒙牛的故事只是后来的一个例子，其实中粮当时面对的最重要也很急迫的问题就是战略定位的问题，是在发展过程中是否有意识地将总体战略规划转化成资产取舍并组合成新的商业模式的问题。

　　我记得那天家里买了些家具，新的搬进来，老的还没搬出去，房间里显得特别乱而无序。过了一会儿，把一些家具新旧调换并按用途摆好后，屋子里显得空间大了不少，而且舒适好用了。当时我想，看来事物的成分元素很重要，如何组合构成可能更重要。由此，突然联想到中粮的资产和业务，把中粮集团的多资产、多业务，按产业链条上下游的规则，找到其有机联系并布局好，不是同样的效果吗？"全产业链"的概念就冒出来了。是啊，看起来像是多余的东西，放在全产业链里就可能扮演重要角色。中粮集团当时虽然不是多大的公司，但在粮油品行业涉猎很广，把其业务从农业的源头开始一直贯穿到最终的食品，它的优势就显现出来了。这就有了"产业链，好产品"，也有了"从田间到餐桌"。当然，事情远没有说得那么简单，这其中有个核心问题是有机的协同。

"协同"这个词是我在华润、中粮、中化说得最多的，但一直难以满意的任务。协同是任何公司内部分工合作的前提，否则公司不需要存在。但因为组织结构和评价机制的差异，使协同难以全面有效地实现，这或许也是所有企业的问题，真需要有个专题的研究才能讲明白。同时，全产业链上下游哪条链做，哪条链要主导，链的上下游如何在规模上衔接？这与今天说的维护产业链的稳定性、反对脱钩断链有点接近啦！可以想象这其中的问题和矛盾，这些问题不断地在用各种形式讨论，《企业忠良》作为一个相对轻松的平台，对团队的讨论有很大促进，中粮许多业务的主要经理人都在杂志上发表了与自己业务相关的关于全产业链的观点。"全产业链"的理念在中粮不断深入，不断细化。后来发展到许多的投资并购、业务整合，直到中粮国际化的战略，都是以强化全球全产业链为基本原则的。"全产业链"这个词也成了中粮的专利，如果你去查"全产业链"概念的出处，百度上的解释会告诉你这是中粮集团提出来的商业模式，哈哈。

从《企业忠良》开始，"忠良"两个字在中粮集团经常被使用，中粮过去的企业培训中心也改名为忠良书院。忠良书院就不是一般的培训中心，做的不是惯常的开会讲话上课的培训。它实际上是一个新的工作和思维方式改变的地方，是组织发展、团队学习、行动学习、群策群力的地方。忠良书院在北京门头沟的山脚下，刚建的时候对面的山还是光秃秃的灰色石头，几年后因为绿化，加上有雨水，山变绿了。山脚下我们种了树，修了绿地，又有永定河支流经过，是个独立亲切的小环境。从办公室到了那里好像换了个天地，不仅环境改变了，思维也会更活跃、更自由、更有创意。中粮当时许多的大决策，如发展战略、产品创新、团队文化、企业使命、全产业链、国际化并购等，都在这样多次从白天到晚上的热烈讨论中得到了完善。我到今天还是很怀念忠良书院，因为有太多的充满激情投入的回忆了！现在网上有张我跪着写板书的照片，大家看了觉得挺惊奇。其实那时，在那个环境下跪着写，实在不算什么。后来能到忠良书院参加会议成了大家向往的事情，因为大家可以得到提升。中粮因为重组或职务调整，有些经理级别降了，不能来参会了。但不少人提出来级别降了没关系，忠良书院的团队学习会议希望能继续参加。我说开会还这么积极吗？他们说如果不能参加忠良书院的会，就怕跟不上了呀！

中化集团虽然我工作的时间相对短，只有不太到七年的时间，但是因为它有重大的并购重组，重大发展理念和战略转变，也有重大组织机构和人事的变动，可以说，几年内从中化集团到中国中化控股的转变，在企业形态上是脱胎换骨的。从新的中国中化控股的资产负债表上，你能看到一个综合性的化工企业集团，与之前的公司面貌不可同日而语了。这样的转变是资产重组式的，更是组织结构和企业文化理念式的。这个过程是深远复杂的，但理念的、方向的共识是首要的。

这个过程有两项比较重要的里程碑：一是中化集团在战略上重新确立，也就是从一个相对多元化的以贸易为主的企业，转变成以材料科学生物科技为主的综合的化工企业，同时提出了新的"科学至上"的理念和战略方针；二就是中化集团与中国化工的合并整合。这两项工作是相互依存的，也进行得很顺利，过程中经过了团队热烈、深入的讨论探讨，可以说许多团队成员从不同意、抵触，到认可、支持并热情地拥抱了整合发展，思想转变很大。在一次上级部门举办的公开研讨会，我在台上发言，有其他企业的领导问我，为什么两家化工企业合并，大家开始有担心，而现在好像挺平稳？我说之所以顺利一是中央水平高，两家企业合并，产业上下游之间的确创造了大量协同效应；二是员工水平高，员工从长远和大局出发，热情地拥抱了两家的整合。因为这是一个复杂的过程，我不能说中化集团的内部期刊《新中化》在里面起了多大的关键的作用，但是这些问题都在《新中化》上得到了公开的讨论和分享。特别是《新中化》杂志所代表的一种坦诚分享讨论的氛围，使得两家公司的合并和同时的战略转型比较快地形成广泛共识。

"科学至上"这个理念是我提出来的。我到了中化以后开始做很多调研，去了中化不同的下属企业，我试图找出来中化是什么样的业务在过去几十年的历史上发展得最好？什么样的业务是有长期发展的潜力的？我发现中化有几项业务在最初并没有把它当成核心的投资来看，而后来逐步地越来越有生命力，越来越有竞争力了。这些业务基本都有一个特点，就是它们都有个技术的突破，有一定领先。技术是业务最强的竞争力。比如中化的橡胶防老剂，中化的新型的空调制冷剂。那么，从战略上来讲，中化作为一个贸易起家，有多元化业务的企业，往前应选择什么样的战略才能把它带入一个长远的、发展的轨道呢？当然你可以继续把它原来的业务修补一下，尽量做好，公司也不会出问题。但是我知道它们是没有更长远的价值创造的潜力的。转型需要理念统一、组织准备、业务协同，还要承担巨大波动风险，所以把一家石油化工的贸易企业转向一个石油化工的技术企业是非常困难的。

　　当时国资委开会也让我在会上发言介绍中化转型的思路。有兄弟公司的领导问我说，我们都知道中化是一家贸易为主的公司，今天你想把它转成以科学技术研发创新驱动的公司，你有什么条件？我当时也很坦率，说没有条件，只有决心，因为没有其他路可以走。当时我也写了一篇文章，题目就叫《科学至上》。这篇文章后来被中化同事称为万字长文。就是说中化一定要转型，一定要转型成与世界一流化工企业同样的由领先技术研发创新驱动的综合性的化工企业。因为我是公司的董事长，我提出了一个相对宏大，可能也有点虚幻的目标，大家不太好反对。但是我也从大家的讨论中、无意的谈话中，感觉到这个科学至上全面转型的提法，大家是有很多疑问的。而且很多人觉得我们本来没有那么高的技术，如果一定需要那样高的技术，这会影响公司的员工，也会给公司带来很大的风险。

　　为了回答这些疑虑，公司下发了关于科学至上的决议性的文件，也不断地组织会议讨论落实，并把任务分解、评价方式、财务资源使用、人员设定都清楚地布局。这个过程是在怀疑中往前走的。这段时间《新中化》的平台也起到了客观积极的作用。中化提出科学至上是比较早的，酝酿思路是在 2017 年，正式提出是在 2018 年，当时中美的贸易摩擦还没这么激烈，美国也没有对许多技术包括对华为进行制裁。我当时说现在看来真正用技术来驱动企业进步的企业家在中国可能只有任正非了，现在的人心目中的英雄是任正非，不是首富，不是地产商。中化集团一定要成为一家有研发有创新，可以不断创造新物质的世界级企业。

其实，这个转变在短时间内完成按传统的做法是不可能的。比如并购而来的农业科技企业先正达的年龄刚好比我大200岁。我们的转型发展的做法应该是超常规的。要有几步：一是转变认识，转变思维，形成科学至上的理念，战略共识必须是坚定的、坚信的；二是加大科技创新力度；三是调整资产，减少并不再形成与科学技术创新无关的资产；四是按战略目标兼并整合，中化当时增持了扬农集团，增持了浙江蓝天，并购了鲁西化工，当然最后完成了与中国化工的合并，原有的地产、金融一是在总资产中所占比例越来越小了，二是在中化持有的股权上也大幅度减少了。这样，从框架上看，新的中国中化控股已经是一家有众多领先技术的综合性化工集团了。当然，真正彻底地从内到外都整合好，把资产技术团队形成核心竞争力还需要很多的努力。

在这里，
形式甚至决定
并提升了内容。

第 **9** 章

三场会

———

精神物质怎样相互转化?

2024 年 4 月，《华尔街日报》说，美国通用电气把它的克劳顿村卖了，卖了 2000 多万美元。我 2023 年就听说克劳顿村关了，还不太相信，现在已经卖了，不能不信了。我听了以后，就感觉好像一群信徒的圣殿被拆了，天边有道被追逐的彩虹消失了。

克劳顿村正式的名字是杰克·韦尔奇领导力中心，也就是我们常说的培训中心。但它不仅是一般认为的培训中心，它对内是通用电气的思想大本营，是组织升级、战略创新、文化洗礼、团队培育的基地，它对外是通用电气代表的企业管理方式和管理思想的殿堂。它对通用电气的影响可能比总部都大，有人说这里是再造通用电气的地方。这里也是传奇的通用电气 CEO 韦尔奇传播管理思想的地方，可它今天被当成普通的物业打折卖掉了。早前通用电气公司已经一分为三了，它分为了通用航空（GE Aerospace）、通用健康（GE HealthCare）、通用动力（GE Vernova）三家公司，并分别上市了，可以说已经宣布了韦尔奇或者说伊梅尔特战略的失败或者结束。今天又把克劳顿村给卖了，这也基本上宣布了克劳顿村或者韦尔奇管理思想和方法的结束或者被否定。

卖克劳顿村的理由是，公司分了三家，不需要这个设施了。这哪是分几家的问题啊？这也不是个设施呀！这原本是个堡垒，是个信仰，现在被彻底地丢弃啦！韦尔奇的夫人，苏西·韦尔奇（Suzy Welch）知道后说："这是一个时代的结束，杰克知道了会很沮丧！"苏西原来是《哈佛商业评论》的编辑，因为采访与韦尔奇相识，后来嫁给他，现在她还在纽约大学做教授。20多年前，韦尔奇刚退休后来中国，在北京中国大饭店演讲，我在台上与韦尔奇对话。那时苏西就在场，她刚与韦尔奇共同完成了他的第一本讲 GE 管理的书《赢》。

我知道苏西是韦尔奇的信徒，否则也不会嫁给他。克劳顿村卖了，她的感受一定是很痛楚的，这不仅是因为对已故丈夫的感情，就是从管理学的理论上来讲，她也一定是很失落、很痛苦的——因为以通用电气或者韦尔奇为代表的企业经营管理思想，由于克劳顿村被卖，再次受到了质疑。

听说不仅克劳顿村卖了，波音飞机的培训中心也卖了，大企业培训领导力这个模式过时了。不仅这样，我 2023 年底到旧金山，听说现在旧金山湾区的许多公司员工都可以每周三到四天居家办公了，同事之间很少见面了，更不要说公司的理念文化团队建设了。时代真的变了吗，管理理论真的都变了吗？

我曾在克劳顿村学习过四个星期，也曾被通用电气的人称为"校友"，对通用电气的陨落（也不能完全说陨落，它分成三家后发展良好，市值又上升了）也很伤感。通用电气曾代表很多大家的共识，如多元化企业的经营，主要行业做到前三，各业务单元的战略自主性，员工股权激励收益也是公司目标，员工与企业一体融洽的关系，领导力的培养，行动学习，群策群力，直面问题知无不言，六西格玛的严谨管理，业绩和市值的持续增长，等等。特别是公司的愿景使命、学习研究型团队的建设，可能还有很多在克劳顿村不断产生的新想法都对那个年代的企业产生巨大影响。这些理念因为通用电气的成功而被接受，也因为在伊梅尔特16年的领导下通用电气的不成功而被否定。

从我的观察看，通用电气走下坡与韦尔奇的思想和克劳顿村的团队学习绝不是那么简单的直线相关，怪罪他们是最方便的推责。不能因为要责备某一方，就找个容易的替罪羊。我相信人性中对利益的追求、对自由的追求，只有与群体的利益和群体的认同契合的时候，人生才在最佳的状态，过于偏向哪边都不能持久，相信这个目标在公司组织中可以实现。韦尔奇恰恰做到了这一点，这也是过往多年来通用电气成功的原因。通用电气的问题出在伊梅尔特而不是韦尔奇，更不是克劳顿村，克劳顿村在其中是躺枪的替罪羊。

我自己也深受通用电气管理理念的影响，在我经历的几家公司都可以看到它的痕迹，而且我觉得是基本成功的。所以今天说回来，韦尔奇的管理方法、相近的德鲁克的企业管理理论，特别是其核心的组织发展理论和实践，今天对企业仍有很强的指导意义，哪怕你处在人工智能这种日新月异的行业，这些基本原则和管理方法仍然是有效的，也是应该遵循的。

在推动公司战略目标实施的过程中，把业务发展和组织发展联系起来，用人、用组织的进步和醒悟来推动业务成长，有三种会议是很有价值的，这一是预算会，二是战略研讨会，三是公司年会。会议虽然是个形式，但有时形式会决定内容，形式会催生内容，形式会激发团队。所以开会很重要，如何开会、开好会很重要。开会看起来容易，实际很难。开好会要求很高的水平。公司能不能开有结构性的会、有效率的会、有结果的会、有共识的会是对公司管理水平的考验。我们常抱怨会多，是因为会议没有击中痛点，没有解决问题。我们用了很多时间开会，好好研究提升一下会议水平很有必要。我曾让中粮同事把下面这段开会的要求贴在会议室里："开会提前布置，议题必须清楚，人员必须恰当，议题必有讨论，讨论必有决策，决策必有执行，执行必有结果，结果必须评价，评价必有奖罚，奖罚必须公开。"虽然这些也没有完全做到，但会对会议质量有提醒和要求。有些会议是必要的程序，为了符合程序开会忽视了会议质量是常见的问题。

不过，开好一个有结果、有效率的会也只是第一步。所有的会议目的，大原则都是调动大家的积极性，找到问题并提出更好的解决方案。但开会时因为大家聚在一起讨论问题，这种形式不管你是否有意，它也自然成了一个团队学习、组织发展，不断深化企业文化的过程。所以，任何会议都可以是一种学习培训，是团队共同学习和提高的过程。而所有的培训又都可以变成工作甚至决策的过程。在团队讨论问题到了一定深度，它自然要求决策。因为当时所有决策团队都在，就可以现场做出决策。华润、中粮和中化在团队学习培训的过程中都有立即转为决策会的例子。可能这也是学习型团队的工作方法。我曾说过，"我们的公司就是一所大学，与大学不同的是我们有个即时的实验场"。

预算会一般是争论会、对赌会、诉苦会、施压会、决心会。预算会很容易开偏了，因为会议双方角度不同，天然就有差异。记得有次在华润开预算会，会议时间不长，正在汇报预算的业务单元总经理就压不住火了。他说："我昨天专门理了头发，还买了新西装，一晚上紧张得没怎么睡觉，想把预算汇报好，没想到你们各部门一点都不体谅我们的难处，而且还不懂业务，净是鸡蛋里挑骨头，异想天开、毫无根据地压预算，你们知道我的兄弟们多难吗？你们知道我们多拼吗？如果你们觉得预算还要调高，那你们来干算了！"实际上，如果预算会是讨价还价的会，那么总部和各职能部门怎么找论据也谈不过业务经理，因为你掌握的一线情况肯定不如他多。这样的谈判，除非是强压，可强压又不能真正服人，否则通常以总部的妥协结束。我说预算会重要，不仅是因为预算会可能预示着经营成果，同时预算会也代表着公司管理的逻辑思路和管理水平。

我在华润最早提出的 6S 管理体系里面，其中有一个 S 就是讲预算管理。导入全面预算管理当时在企业还是比较新的事情。预算管理曾被当成最重要的管理手段，有点像德鲁克所说的目标管理。我们很喜欢讲事先承诺，预算就是承诺，完成预算才是实现承诺。我有时走在路上，偶然遇到业务单元的总经理，还没来得及寒暄几句，他马上就告诉我说："董事长，我们上个月超了预算。"我可以清楚地感受到预算带给他的压力。这样预算就成了一种责任，预算会也就成了责任分工会。所以现在每年上级部门还要与公司负责人签订业绩合同，其实就是预算。

如果责任书签订了，预算就完成了，一切都好了，那事情就好办了，可惜不行。一是预算可能不对；二是预算可能完不成；三是即使预算完成了，公司可能也不是健康的发展；四是追逐短期的预算，公司在环境变化时会遇到更严峻的战略挑战。30 年前的华润，进出口代理业务无以为继，因希望维持预算水平，用积累的利润来弥补，说是以丰补歉，但不可持续。20年前中粮的贸易业务因为政策的变化，规模和盈利大幅缩减，仅追求预算、不优化商业模式不能扭转局面。中化的资产业务组合也是一样，在经济形势和经济结构剧烈变化的情况下，无论怎么去挖潜加压，企图实现短期利润增长也是很难的。

这样，预算会就必须是一个反思会，就必须从数字预算转向思维预算。预算不是不要数字，但是这个数字产生的过程更重要，这个数字不是财务部门算出来的，是整体团队思维提升、战略提升的结果。预算会每次开得很热闹，参与的人很多，争论很激烈，我希望每一位对损益表直接负责的经理都发言，想听听他们对业务的理解程度和思想方法。这个预算会每年占用很多的时间，可能从每年的九月份就开始做第二年的预算了。预算会更是对总部管理水平的考验。总部因为不在听得到炮声的前线，虽然他们可能更有整体观念和更高标准，但一定程度的教条官僚在所难免。所以一旦业务公司与总部职能部门有冲突争论，我倾向于支持业务公司，这一点在公司里大家都清楚，最后好像也理解啦。

预算会最有意思的部分是开始的假设。因为这是基础，也是很有争议的话题。我曾让中粮战略部每年提前做一本《中粮预算书》，把集团在经营预算中可能遇到的问题列出来，并尽量通过中立、客观、专业的调研把对第二年环境的判断先写出来作为框架。

这些假设就是对外部经济大环境的分析，的确是考验经理人对环境的认识水平。有人说我是做企业的，我不是经济学家。可是在企业预算假设时，你就必须是经济学家：你必须知道经济如何及怎样成长，你必须知道国际国内宏观的经济政策，你必须知道利率、汇率、税率等的变动，你必须知道国际、国内、行业的趋势，当然你更要清楚你的客户、你的市场、你的竞争对手、你的供应链、你的成本、你的价格、你的毛利率。当然，如果你能在预算中包括你的研发、你的技术、你的品牌、你的差异化和由此带来的你的核心竞争能力的提升，那就更好了。

预算会上的讨论就是这样一步步升级的。预算是个探讨路径和潜力的过程。预算会这样开，最终的数字就是个自然而然的结果了，也是个共识了，也是工作的任务了，也是团队充分的调动和发挥了。对许多刚加入公司、想了解公司的人，我说你一定要花时间专心地参加公司年度的预算会，那是了解、认识公司最好的机会。预算会上数字重要吗？当然重要。我们说过，企业的世界是由数字组成的。但数字是众星捧月的结果，是象征意义的符号，支撑它的是走在光明战略大道上的群情激昂的队伍。

预算会人多，座位往往不够，预算会讨论多，时间也往往不够，预算会的初稿准备到最后一分钟，内容往往不完善甚至有矛盾，但这是梳理蒸馏的过程。不管预算怎么多争议，最终的评判不是会议，不是领导，而是现实中的市场。如果把预算会敞开，把市场标准、把竞争对手当成标杆对比，一切大可明了。所以华润、中粮、中化都引入了标杆管理，无标杆不预算，无标杆不评价。预算和标杆把我们放到了市场的坐标系里，我们才意识到正处在动态的比赛中。

有的经理人开始的预算勇敢激进，后来完成不了；有的开始保守谨慎，后来超了预算。我自己天生偏好乐观积极的预算，因为乐观是要找到方法，而悲观仅仅是一种态度。好的预算方法是自下而上，从市场环境出发，一层层做好业务计划，才得出预算数字，这样预算会议也好开。而有的是从上而下地下达预算指标，由结果倒推回去，这样的预算会不好开，执行落实也难，会形成经营短视、动作变形等问题，是违背预算原意、对公司有伤害的。有一年好像是在华润的预算会上，我突发奇想地把几家公司的预算硬是加了15%，想要试一下经营的潜力有多大。最后预算没有完成，因为正常经营条件下，前面预算已经很实际了。

预算会开得怎样也是公司经营状况的反映。我记得参加的最短的一次是香港国际货柜码头公司（HIT）的预算会，总共20多分钟就结束了。HIT可不是小公司，20年前盈利就有60亿港币。那时的香港是连续多年全球吞吐量第一的货柜码头，背靠内地，业务不断成长。香港国际货柜码头公司的管理团队成熟专业，业务战略清晰，市场环境明朗，货物吞吐量、收费、合同条款清楚，整个预算一气呵成，好像变量不多，大家一听很清楚，也很支持。我当时就想，这样的生意才是好生意，就是规模大、运营简单、变量少而且进入难度高的生意。这样的生意，当然预算会也好开啦！

我参加的最长的一次预算会是华润万家的预算会，好像开了两天，而且都是开到凌晨。内容的确复杂得多，并购整合、业态组合、发展布局、市场竞争、增效减亏、投资规模、商品组合还有团队能力、战略定力，几乎所有的问题都遇到了，不仅有大量的争吵，还有几个人生气或委屈地掉了眼泪呢。预算难的确显出业务挑战多，后来的发展也的确显示出零售业务在市场条件不断剧烈变化的背景下，长期面对的困难。随着公司管理体系和公司文化的成熟，预算的氛围也变了。预算数字基本上是业务一线根据市场情况和团队努力的最好水平提出来，硬压预算指标的情况少了。

这么多年来我也很少独断地要求提高预算，因为我觉得那样做会产生很多反作用。相反地，我多次给做了激进的预算的同事说不用那么多，不用急，不用拉得太满。而且预算在整体评价中所占的权重大幅度减少了，达到预算与否并不能说明公司的好坏，更重要的是看战略目标，是看行业地位，是看标杆比较。这在管理上是很大的理念性的转变。现在许多管理成熟的公司已经不再做年度的预算了，只做商业计划和工作任务，预算不再成为一个讨价还价或者博弈的工具了，它成了让我们深入理解和科学规划业务的过程。

"战略"这个词在企业管理上，因为定义得不是很严格（据说有100多个定义），从各种角度的定义都有，所以，这个词在企业用得很多，包含的内容也广，只要是有重要的事情，甭管是真正属于战略的还是运营的，好像都可以把它当成战略来看。一旦业务上有些困惑，大家就常说可能该开个战略会了，在战略会上讨论一下吧。战略是个筐，啥都往里装嘛！所以，大大小小各种层级的战略会很多。但战略会的形式可以让大家摆脱日常运营，讨论一下公司平常忙起来不太关注的大的方向性的、结构性的问题，这还是很重要的。

一个公司不可能没有日常运营，否则活不下去。一个公司如果没有战略管理，可能短期也活得挺好，但长久不了。有些公司战略议题就是老板一个人说了算，其他人和战略部门就顺着老板的想法去论证，等大家发现战略有问题就已经晚了。大战略的正确是业务正确的基础，大战略的错误也是成本最高的错误。而这个战略的判断当然一把手要承担最大责任，但公司的理念文化和价值观、管理模式、决策的过程和团队的专业性可以促成一把手更好地正确决策吧。这是公司做战略管理决策时的关键。每年要开几次的公司战略反思会就是希望团队一起回答这样的问题：如果按我们今天的业务规划这样发展下去，我们的行业对吗？区域对吗？技术对吗？组织对吗？资金对吗？风险对吗？可持续吗？有更好的方法吗？有转型发展的必要吗？这些问题是要不断提出的。

我的经验是战略回顾反思的、行动学习团队研讨的会，是公司自我审视、自我更新、自我再造的过程，是学习型组织的基础。还是那句话，形式可以创造内容，所有新的理念、新的发展方向包括新的组织架构、新的投资都可能是在战略会上提出并得到大家的热烈讨论，形成对公司的长远重大影响的。我经历的华润、中粮和中化三个公司，它们很重要的特点就是把战略研讨会当成团队的重要工作方法。这个会是集体参与、群策群力、民主研讨的会，虽然领导也起到重要作用，但结论不是领导自己定的，是大家讨论形成的，是有共识的。团队的积极参与也是这些企业能够避免明显战略失误，能够调动大家积极性的重要原因。每个人都觉得自己是决策参与者，对公司决策有拥有感，也使集体智慧得到了提升。

有一年，中粮想在海外投资糖的生产，因为国内糖消费快速增长，可甜菜糖成本太高，甘蔗糖供应不足，每年都要进口几百万吨。当时巴西有家产糖的公司正在出售。我在纽约和它的管理层见过，感觉不错，资产质量和经营管理水平都很好。我就派了团队去做调查。团队回来后，提出了不同看法。虽然团队知道我的意愿，他们还是把担心的问题提了出来，如世界糖价所处的波动水平对收购价的影响，糖资产中新建工厂的问题，甘蔗的专业种植问题，特别是因为乙醇汽油在巴西的广泛使用，糖价和石油价密切相关及未来的风险问题。他们的意见是收购时机和目标公司都不合适，应该放弃。

我开始觉得他们胆子小，没有战略眼光，一直挑战他们的调研。但会议从下午开到凌晨2点，也没有达成共识。我提议投票决定，在场的好像20多人，每人一票，我先不投，看他们的投票结果我再投。投票结果是在我没投的情况下，否决票比赞成票多一票。如果我再投上一票赞成也不过是打平。后来会议决定放弃这个项目。因为我其实也被他们说服了，特别是在我明显想做成这个项目的氛围下，还有这么多人反对，我心里知道其分量。

这个项目后来的发展证明持否定意见的同事是对的，世界糖市场的价格很快下跌严重，这家公司新建的糖厂也出了问题，特别是与蔗农的合同发生纠纷，公司大幅亏损，资产价格也大幅贬值了。如果当时买了这家公司可能要承受长时间的亏损。后来，中粮发展糖产业的战略在整体国际化的同时找到新的途径，投资了澳大利亚、巴西等地的糖企，并取得了很好的业绩和发展。如果不是否定了最初的投资，我们可能要在一片泥潭中挣扎很久，不会有今天的成绩。再后来我体会，一个战略或一项投资，如果领导明确想做而团队大都反对的时候，这个项目大概率是不好的。

战略研讨会虽是开会，但不是一个人讲话大家听。它也可以是培训，但不是有谁要给大家上课。战略研讨会的基本点就是承认智慧在大家中间。要通过研讨这种方式把大家的智慧激发出来，协调起来，形成共识。这也是行动学习的核心思想。比如说在企业里的组织结构权责划分是一个经常出现摩擦，并造成效率降低、决策水平降低的顽固问题。如何解决呢？理论上有很多种方法，有直线式、有矩阵式，有运营管理型、有战略管控型，还有衍生出的多种类型。这是大企业或者控股公司，特别是多元化公司总部来协调管理属下的不同业务单元的方法。所有这些模式都有其长处和弊端，都可能会引起矛盾。

不同业务性质的公司用不同的方法。像与中粮长期合作的可口可乐，它全球的管理模式基本上是严格业务管控型的。中国的公司连开发一个新品的权力也没有。它的产品相对聚焦，管理方法成熟，从总部直线管到每一个国家甚至每家工厂，人员、采购、技术、品牌都是总部统一政策。但另一个极端，如韩国企业LG，总公司在亚洲金融危机后被分成了七八家专业公司上市。我见到它的董事长，问他这样分开后总部管什么，他指着像人的笑脸样的公司标志说，现在总部就只管这个小人了，哈哈。也就是总部只管品牌形象，不管其他事情了。所有的经营管理权全部都放到了独立的上市公司，包括战略投资、人事、运营甚至包括董事会的组成，全部自主。

这是特殊情况下的另外一个极端。因为那时亚洲金融危机，韩国债台高筑，国民拿出自己家的金饰替国家还债。金融危机的原因，按由美国控制的国际货币基金组织的分析，是韩国过于复杂多元的大公司与政权勾结，过度投资导致的。所以大公司要分成多家公司独立运营。其实这里是没有什么确定标准的，对或错都是根据当时的实际来判断的。但有一点，这个组织应该是柔性的，是磨合的，是适合这个企业的业务性质、流程和公司文化的，是大家认可的。

怎样形成这样一种组织呢？战略研讨会就是一种很好的方法。华润集团当时相继出现了多家不同的上市公司，华润创业、华润置地、华润水泥、华润微电子、华润电力等等，以后集团与这些下属的公司是什么样的管理关系就是一个必须明确解决的问题。这个管理关系经过了很长时间的战略研讨会的讨论，从集团的董事会、管理团队，到每家利润中心的团队，一起研讨，找到你做什么、我做什么，怎么分工负责、相互配合，没有用任何教科书上的观点或者借用别的公司哪怕是成功的公司的做法。在研讨中，形成了华润集团很有特点的控股公司和二级公司或者叫利润中心的管理的关系。

集团管理的原则通过讨论，大家有了共识。第一是要管战略，做什么行业、发展的规模、发展的速度、发展的区域，这些要符合集团整体的战略框架。第二是管每年的经营预算、管损益表、管业绩、管风险，并通过业绩来管评价。第三是管统一会计政策，管现金流。集团坚持用统一的会计准则，坏账的处理、应收账款、库存处理等经营质量的问题，在同等的、同样的会计标准下进行，同时现金归集统一管理。第四是管团队，管经理人，管评价业绩、能力、操守、潜力，并不断进行奖罚更换。第五项就是内部审计，包括财务审计、业务审计、团队审计，这个审计是根据集团要求的管理方法来运营的审计，不仅是一个财务结果的审计。最后还有第六项，就是集团整合资源协同发展，包括了资金、上下游业务，包括了集团内部资源的共享，使集团能够形成一个整体相互协同、有合力的组织。

有人说集团管了这么多，业务单元管什么呀？他们有什么自主权呀？比如啤酒企业的管理者，在啤酒这个行业，所有的采购、生产、销售、投资、用人都由你负责。特别是核心管理团队成员都由你来提名，集团不会强加给你任何人。这样就形成了战略和经营之间权力责任明确的划分。这样的划分和完善，最好的方法就是通过战略研讨会来形成充分共识。这个问题在中粮也遇到了，中粮也开了类似的研讨会。记得有一天下午，我到了会场就给大家出了个题目，说如果中粮集团总部今天晚上突然消失，明天你们各自独立了，业务单元会怎么样？第二天大家开会，所有业务单元非常兴奋，他们说如果集团总部消失了就太好了，我们有太多的自由了，我们可以做的事太多了！可以投资，可以做其他业务，可以调整团队，我们可以很快地发展！集团各职能的人就说，你们连中粮的名字都没有了，你们没有银行的额度，你们没有政策的支持，你们规模很小，你们得不到什么样的发展。双方争执不下。

实际上大家心里清楚，集团和业务单元就像阴阳八卦图的两极，是相互依存、相互促进的，必须在其中间找到和谐有效、目标一致的工作方法。这是个敏感的"度"，是软件硬件的中间层，是若隐若现的企业文化的一部分。它是综合沟通、交流共识的结果。这样企业有规模，但没有规模病；企业有规则，但不会僵化。从我经历的几家公司看，精心设计的结构性很强的战略研讨会可以把战略、组织、精神融为一体，形成有机健康、有活力的组织，是很好的管理方法。华润、中粮和中化都从中得益很多。

如果说战略研讨会的起点是从找问题出发，那么公司年会的起点应该是从找成绩出发。我总觉得表扬人比批评人更能激发人、教育人。当然必要的时候不提醒批评也不行，但人的本性是在表扬中更进步、更完善自己的，而不是在批评中。我曾说过，公司里哪怕有小成绩也要有大大的表扬，有了错误要小小的批评，容忍了、理解了错误的鼓励是最大的动力。建设一个充满激情、活力和自豪感、使命感的队伍，用滚滚洪流般的成功去纠正错误是最有效的。

中粮集团的全产业链模式提出后，在年会上得到了热烈的反响。本来年会并不打算很深入地讨论业务，可是当业务的发展、团队的积累达到一个点时，思想进步和突破式的战略方法呼之欲出。因为大家在年会上见面，在回顾过往工作时，自然就会想到公司业务单元之间协同合作的好处。我从华润开始就大力提倡协同，因为多元化企业存在的巨大正面价值就是业务之间的协同。协同的基础是业务上下游产业链、不同环节的配合，而其中的根本是企业的组织结构、评价体系和团队文化能够支持，这是一个整体的企业。

　　所以我说企业是浑然一体的生命，指的是企业的整体性，同时也指的是它的相互分工和依赖性。企业就像人体，有眼睛、有耳朵、有大脑、有肌肉，一个整体配合的企业才是好企业。特别是在业务发展、企业并购中，带来不同的业务、不同的团队基础和不同的文化，这就给企业的整体性带来更大的挑战。而企业年会这种形式从它的准备开始，从它的参加人开始，从它的议程开始，从它要创造的氛围开始，都大大增强了它的整体性。我记得中粮入股蒙牛后，年会在开场时是让蒙牛团队坐着，其他几百人全体起立，长时间鼓掌欢迎蒙牛加入。而且晚饭时我们都换上了蒙古长袍，一时间我们都成了蒙古族人。当中粮提出以全产业链的商业模式来重塑中粮的结构时，大家在整体的思考中，就从上下游的合作、业务之间的协同进一步发展到了全产业链的概念。认识到产业链产生的好处，认识到全产业链带来的效率和竞争力，以及资源整合使用时带来的优势，从这个站位更高的角度来看企业的商业模式，小的局部目标就不是阻力了，这个组织更灵活了，更有内在的生命力了。所以我说小会要开，几百人的大会也要开。同事们也说年会开好了，全年有干劲。所以业务单元的经理，都希望他们公司可以有多几个名额来参加年会呢。

　　年会上一项很重要的任务，就是总结一年的经营。总经理会把所有业绩详细讲解、分析一遍。这时候也是每个团队精神紧张的时候，因为很自然地就会有业绩排名。自家兄弟企业之间的排名次序压力绝对不小于上级和外部给予的压力。面子这事很重要，内部的竞争很激烈，老外叫 peer pressure（同伴压力），而且还有的公司直接把业绩排名的结果变为公司文件中和会议座次中的排位顺序，对人形成观感刺激。所以，年会也是催人奋进的会。排名必须准确，也就是说标准要公正，能代表公司战略意图。不能把评价的方向搞偏了。有销售额也要有利润、有现金流，但更要有创新、有技术、有可持续发展。

最主要的还不是排名和奖励的结果，最主要的是评价、分析原因，让人心服口服，知道为什么。我自己特别喜欢在年会上给大家发奖，我可以站在台上四五个小时一个一个地讲哪家企业、哪个人为什么得了奖；他是什么思维、什么态度、做对了什么、取得了什么业绩，什么是我们推崇的，是我的公司的英雄。这也很考验你对业务的理解，讲不准大家不服气，讲不好得奖者也认为表扬得不到位、不解渴，并不是真的理解他。我就遇到刚领完奖的同事走到我面前，我以为他来客气感谢我呢，没想到他说："宁总，你刚才说的不太准，我们是这样做的啊！"的确是，如果你不能深刻地理解业务，获奖者也不会认为你真的了解他、欣赏他。

　　年会说是开的去年的会，其实是为了明年。年会中的理念会变成规则，特别是其中的评价奖励逻辑会改变人们的行为。当中化集团提出科学至上，要做研发驱动型的、有新技术的、世界一流的化工企业集团的时候，中化沈阳研究院有位同事研发的宝卓杀螨剂经过十几年探索以后终于成功上市。这款产品解决了市场上此类药品长期的抗药性和长期被国外公司占领的局面，一跃成为行业第一。我说要奖励他，他说已经奖励过了。我说奖励得不够，要奖励到让他周围的人认为他是富人，都知道他做出了巨大贡献。但这位同事很谦虚，一直说十几年了，我对公司也没做什么贡献，就做了一件事情，公司也容忍我上班不准时，有时开会不来的错误，坚持奖励要给大家分。我说不行，还是要奖励他，我们希望看到不同方式的突破和创新，对什么样的人是好的科学家，我们要给最大的生活习惯和工作习惯上的包容。这件事在年会上讲了，我后来还应邀上了央视的《对话》栏目。希望这个理念传递得很清楚：我们推崇创新，我们科学至上。

　　有年初春在中粮书院开年会，突然大雪飘飘而至，厚厚的雪压在刚冒出细芽的绿草上，凉风中有很沁人肺腑的草香和刚解冻的泥土香。雪后阳光明媚，山坡被映得金光闪烁又带着淡淡的水汽升腾，自然之美很不经意地来到了我们身边。我说今天上午我们不开会了，今天上午我们去玩雪！大家齐声赞成，热烈鼓掌，涌出了会议室。我们堆了雪人，打了雪仗，一头大汗，脸色通红，每个人分享着自己和雪的故事、童年的故事，像极了学校里的孩子。最宝贵的是我们留下了很多在雪地里活力四射的照片，是我们激情燃烧也还年轻的时候。那时我就想，会议室里的我们和雪地里的我们加在一起才是完整的我们呀！

企业是
从小到大的
生命体。

第 **10** 章

三瓶酒

—

什么是 26 只猫和一只老虎？

2023 年华润雪花啤酒庆祝成立 30 年，又是拍录像又是出书，叫我到公司接受访问。我进门一看那架势，全场的专业录像设备和摄制组，我很感慨，说："哎呀，公司大了，干啥有啥样了，我们那时候哪有这个场面呀？"的确，今天的华润雪花啤酒已经是全球销量最大的啤酒公司了。

公司出了本书《华润啤酒 30 年》，让我写个序。我说："一个国家的啤酒好喝，这是件大事。因为不论到了哪里坐下来喝杯啤酒，你大约能感觉到这个地方生活的品质和品位。"我接着说："近年来，你在中国打开一瓶啤酒，都会觉得口感挺好，可以前不是这样。中国的啤酒好喝了，在这件事上华润雪花啤酒有功劳。我觉得这是华润啤酒很大的功劳。"

"在华润没有投资沈阳雪花啤酒前，中国的啤酒厂好像是几百家，产量好像只有几百万吨。啤酒企业规模小，水平差别大，自然质量难以保证。华润进来后这件事开始改变，这也不是华润本事大。投资沈阳雪花，华润也是新手入行，但由此引起的市场力量大，竞争力量大，整合力量大，这些合力把啤酒变好喝了。"我又写道，"华润 30 年前进入啤酒业，可谓搅乱了一池春水，引起了行业的兼并整合潮。华润好像在全国一共进行了 70 多项啤酒并购，这样啤酒企业数目减少了，企业规模大了，不是认真搞啤酒的不进来了，啤酒企业的标准提高了，竞争激烈了，不好的啤酒卖不出去了，当然啤酒就好喝了。"

市场力量这个东西真厉害，有人说市场是销售，有人说市场是供需，有人说市场是竞争、是价格。其实这都是表面的，市场的真正力量是让人们生产出更多更好的东西。这些年中国人变富了，人们说中国人有钱了，我说哪儿是有钱了？是有东西了，是东西多了，产品多了，因为生产效率提高了，或者说是全要素生产率提高了。这一点很关键，全要素生产率，现在说的新质生产力，核心点就在全要素生产率的提高。任何的社会制度，任何生产关系的安排，如果不能促成全要素生产率的提高都不是成功的制度。而促进全要素生产率提高的最关键持久的力量就是自由竞争的市场，所谓"看不见的手"。2001年我被选为"中国经济年度人物"，一起领奖的还有四川长虹的倪润峰董事长。我问他长虹为什么做得那么好？他说："简单呀，老的'国营四川长虹机械厂'大门口墙上的六个大字做到就可以了。""什么六个字？"他说："'优质，高产，低耗'呀。"我想真是啊！能把六个字做全的确不容易。可这六个字都是结果，是目标，怎么达到呢？看来动力还是市场，还要竞争，还要市场的考验和基于人的基础诉求的利益分配。否则这几个字为什么以前作用不大呢？

总部离市场较远的公司里时常有一种自己并不能清楚察觉的现象，就是容易提大目标、讲意义、讲重要性，但接下来执行主体分散、协同不够、责任不清、资源条件不清、能力不清、动力不清、奖罚不清，目标口号仅在浅层面上重复。这是大企业中战略与执行的典型病症。公司内部很忙，但感受不到市场。在市场竞争激烈的过程中，这样的企业就难以生存。华润啤酒从第一天起就处在激烈竞争中，任何一项懈怠导致的错误都会在市场上受到直接快速的惩罚。有人说华润是国有企业，怎么能做激烈竞争的快消品行业？我说这可能基于对国际国内市场逻辑的深刻理解和尊重。不仅是华润啤酒，华润的超市、中粮的长城葡萄酒、中粮后来投资的蒙牛，都是遵循了相同原则。再后来我到了中化，中化的同事们说，别看我们是国有企业，但中化的企业传统是不怕竞争，越竞争我们热情越高、发展越快。这后来也的确在许多业务上得到印证。

　　啤酒来自西方，老外的啤酒历史长、啤酒也好。那时华润啤酒的人无论去哪个国家都和人家比啤酒。为了把啤酒做好，华润也试图引入国外啤酒投资者，但华润有个原则，就是要控股，这样肯屈身做小股东的国际啤酒商不多。华润啤酒的第一家国外合作伙伴是南非的，后来又变为总部在英国的、后来又扩张到美国的 SABMiller（南非米勒）。SABMiller 加入后，从啤酒的水源开始，到酒花、麦芽、生产工艺等，都应用了更好的标准。华润啤酒在每收购一家啤酒厂后都会很快全面整顿、升级这家企业，产出更好的啤酒，当然也有更好的财务表现，可谓发展迅速、得心应手。不仅如此，华润后来还乘势收购了外资企业如达能、富仕达等在中国投资的啤酒企业，后来又用换股方式收购了喜力在中国的业务。国际上的啤酒企业从踌躇满志来到中国到纷纷离去，也可见市场和竞争的力量。记得当时大连渤海啤酒厂被华润收购前有个品牌叫大尼根，因为当时大家认为世界上最好的啤酒是 Heineken（喜力），音译中文叫汉尼根，大连渤海想做"大连的汉尼根"，所以起了个名叫大尼根。今天大尼根没有了，可真的汉尼根也就是喜力啤酒把在华的业务都卖给华润了。世事变幻令人感慨发笑。

华润啤酒在过程中不仅扩大了规模，更重要的是学习了国际的经验，提升了公司的能力，更知道怎样做出一杯好的啤酒。我离开华润 20 年了，有机会还会尝尝雪花啤酒，的确是越来越好喝了。所以我给《华润啤酒30年》那本书写的序的题目是《一杯好酒》。

那时华润向内地发展欲望强烈，而且不是一般资产交易性的投资，目标就是要建立有长久有可持续发展商业模式的产业，与中国经济一起成长。现在看来，建立长久业务模式的产业这个认识很重要。这如同你是要收割一茬儿庄稼还是要建立一家农场的不同思维。这也是中国企业与西方老牌资本主义国家企业在认知上的差异。最近看到中国餐饮业的报告，说整个行业竞争激烈，大面积亏损，盈利最好的企业竟然又是肯德基、麦当劳、必胜客等国外连锁企业。如果真是这样，这的确让中国这个全球的餐饮大国汗颜。中国这么多的餐饮企业，可以说都是手工化的、店铺化的、分割化的，没有产业化、工业化、标准化。当然中国饮食的个性化特点可能更主导了商业模式。但是如果中国餐饮企业从开第一家店起就有产业化商业模式的理想，有供应链、标准化、全国品牌、不断研发的认知，估计这个行业的效率和抗风险能力会有很大提高。会不会出现全球连锁的中餐企业呢？也不一定。不过话又说回来，餐饮和吃本来是个艺术，它的多样性和享受性的重要大过其统一性和效率，我们不应强求哈，没有大餐饮企业没关系，只要有好吃的饭就可以了，哈哈。餐饮产业化的事只是拿来做个商业分析的例子吧。

　　华润进到啤酒业很偶然，因为我无意之间看到一份青岛啤酒在香港的上市招股书，被招股书中描述的产业前景吸引。其实现在知道，哪份招股书描述的行业前景不诱人啊？啤酒这个行业，我在美国读 MBA 时做过案例分析，也算有些理解。我的体会是，所有的投资，在决策前都要有一段时间重复几次的信息积累和几次的刺激，才使你认识到它的道理。许多投资其实并没有那么好，你选择投了是因为你在内心里把它可行的逻辑理通了，说服了自己。有些好的机会没抓住，是因为认知深度不够，认知方法不对，信息冲击力度不够大。这不仅是个财务分析问题，也是个认识论的问题。巴菲特说的不熟悉不要投其实不对，你的投资不能仅局限在你自己生活认知的框架中，世界可以选择的东西很多。但是熟悉很重要，熟悉是安全感，熟悉可预期。啤酒这个行业的可触摸性很强，大家好像都懂，很亲切，而且对它的未来成长预期很高。再加上投资机会难得，团队执行得力，这个行业就这么开始了。同时，酒精饮料这个行业被认为有相对上瘾性（addictive），需求相对稳定，也有持续增长，再加上人口规模，这个行业空间大得惊人。其实 30 多年前，中国正是一个开始广泛接受西方消费品和生活方式的阶段，不仅是啤酒，葡萄酒、巧克力，甚至面包、碳酸饮料、牛奶制品等，都快速覆盖中国市场。今天我们拿这些东西习以为常了，这些行业也都形成了主导性的公司。这可以说是商业史上的一个重要阶段。

华润啤酒成长的主要方式是并购。那时几乎天天都在研究并购目标，而且有时几个目标公司一起并购。如果从并购重组理论上讲，这样做是风险很大的，可以说也是没有先例的，因为学者经常说并购重组有超过一半是失败的。可是我们认为中国的外资进入、技术进入、人口城市化、新的生活消费方式的迅速形成也是没有先例的。啤酒这个产业如果按部就班，按自然有机方式发展完全达不到华润的战略构想。那时每天比的是美国多大规模、欧洲多大规模，百威多少产量、多少市场份额，我们应该有什么样的模式和速度，这种看法与当时的合作伙伴 SABMiller 十分吻合。那时并购投资多，要求上董事会批准的事情多，SABMiller 的董事会虽远在千里之外，但从来在批准投资上不拖延、不犹豫，恐怕投资慢了。后来我也受邀加入了他们的董事会，在讨论中国投资项目的时候，SABMiller 的董事长说："你们不用花时间告诉我们那么多细节了，你们就去有鱼的地方钓鱼吧（go to fish where the fish is）！"可见对中国市场的信心和渴望。

　　啤酒的发展模式看起来是并购投资，其核心逻辑是产业整合。这就是在一个发展期的行业，有多个分散的、市场份额都不大的参与者，没有人能对市场产生重大影响，整个行业效率不高，品牌影响力不大，行业整体利润也不高。新的投资者如华润进到啤酒行业，通过并购重组整合，形成了较大规模的公司和较高市场份额，改变了行业的竞争格局，成了行业的领导者。行业的集中度提升了，产品水平提高了，行业也有更好的利润水平支持持续发展。记得有一年在达沃斯的一个论坛上，CNBC（美国消费者新闻与商业频道）的主持人用批评的口吻评价产业整合的趋势阻碍了竞争，我拿中国的啤酒行业整合为例，说了过度分散的初级阶段对产业的不利，以及市场力量适度整合达到一个有效有序竞争环境后的产业进步和效率质量的提升。他们说，这的确是中国在这个发展阶段上的优势，也是绝好的投资机会。

　　不过这个整合的过程说起来道理很强，但做起来十分挑战。其实它的挑战是最基本的管理能力的挑战。做好一家工厂本来也不容易，如果同时要做好几十家，这就必须换一种管理方式。这也是企业向规模发展的必经过程，也是管理从一般工业生产性企业转向全方位的投资管理性企业的关键一步。华润啤酒从最初的区域性蘑菇战略到不断扩展形成全国战略，再到关注协同、关注品牌，是公司顺应市场要求、健康发展的必然选择。因为公司资产由多种情况下的并购形成，管理团队也由出身背景不同、管理理念甚至生活理念不尽相同的各路人马组成，在快速并购开疆辟土发展的同时，公司能否形成协同一致的整体战斗力是长远发展之关键，也是回归企业经营本质的核心竞争力。

　　在公司收购到第26家啤酒厂时，内部产生了一些分歧，有意见认为可以分长江而治，也有意见认为可以分几个大区而治。当时我在与团队开会讨论的会场，写了篇小短文叫《26只猫和一只老虎》，我说26只猫也会被野狼逐个吃掉，因为形不成合力，而猫大要成虎，成虎才能雄踞山林，所以多个小工厂必须形成协同作战的大集团，就像现在的26个工厂是26只猫，要变成一只老虎，要有统一的大脑、心脏、血液、四肢、耳鼻喉眼，这样才有真正的核心竞争能力。华润啤酒用了不少时间讨论自己的核心竞争力，一般来说，在啤酒业，核心竞争力可以是产品、品牌、渠道、创新等，但在华润啤酒，大家认为我们的核心竞争力是超强的并购、整合、协同的能力和文化。这的确是很重要特殊的能力，促成了华润啤酒在相当时期的成长。

在啤酒企业经营中要遇到的问题华润啤酒都遇到了，因为肯学习、没包袱、讲实际，所以解决得还不错，学习得挺快。但华润啤酒有很长时期的纠结就是它的品牌。品牌的重要性人人皆知，我也写过一篇类似于《26 只猫和一只老虎》的小文章，叫《孩子的名字是品牌》。品牌统一的重要性大家也认识深刻，但是难的是过程。因为当时并购的品牌在当地都是很有名、很有客户忠诚度的品牌，如大连的棒棰岛、武汉的行吟阁、安徽的零点、四川的蓝剑等。因为雪花啤酒是华润并购的第一家企业，有些情结，用它来统一全国怕当地消费者不接受、经销商不接受，竞争者乘虚而入。所以当时我很想一夜之间把华润几十个啤酒品牌都改为雪花，但遇到大部分地区经理的反对，只好作罢，由团队慢慢转变，逐步形成雪花的强势地位、全国地位。我一直觉得这一点上太保守、太慢，品牌价值的创造性不够。这个品牌统一的过程用了几年，一直到我离开华润去了中粮，华润啤酒的同事才找我回去吃了顿饭，非常兴奋地告诉我说："宁总，我们的雪花品牌销售整体占比超过 50% 啦！"我以前说过少量地方品牌可以保留，但公司整体销售，雪花单一品牌必须超过 50%，否则不能说有品牌价值。后来同事们做了只铜老虎送给我做纪念，算是猫大成虎，也算是了结了品牌的纠结。

现在回头看，如果当时不坚决推动品牌统一会怎样呢？如果今天所有华润收购整合的 70 多家啤酒企业都保留自己的品牌，都有自己特色的工艺口味，都与本地风土人情和消费饮食有自身独特的吻和，它们可以属于一个商业组织，也可以是各个独立分散的，那会怎样呢？哈哈，那样很可能是更好的。消费者选择多，各地方产品特色多，企业差异化经营也可能会更好呀，是吗？很有可能是这样的。

商业力量的整合什么都有个度，都有个多样化和统一化的度。这也是消费者的选择心理需求。要不为啥现在出现了许多精酿啤酒（craft beer）？这可能是未来消费市场的另一阶段，但当时我们认知不够啊！所以有时费了不少劲做了件事，可后来认识变了，感觉到效果不太好，这的确让人尴尬呀。我只是这样一想，但不能否认华润啤酒到今天为止在产业建立和整合上的成功。从现在的经济发展和产业竞争情况看，未来所有产品都会更细分，更个性化，人群的消费会更追求独特个人喜好。现在你差不多到了无论哪个国家的商场、机场、购物大道，抬头一看，80% 的品牌都是一样的，世界已经在商业力量驱动下，从变得丰富到变得单调枯燥了。

我刚到中粮时，中粮有一个很好的业务是长城葡萄酒。中国改革开放前，国外进口的洋酒都由中粮代理，给了中粮最早的触觉进入葡萄酒这个当时很时尚、很"洋气"的行业。所以中粮一直说，中国的第一瓶干红葡萄酒是中粮生产出来的。我去河北昌黎的长城葡萄酒公司，同事们让我在橡木桶上留字做纪念，我写了"中国第一瓶，中粮第一桶"，意思是中粮在中国第一瓶红酒上赚到了第一桶金。那时中国饮酒者快速从传统中国白酒转向啤酒、葡萄酒，市场处在快速成长期，的确是蓝海。蓝海的机会其实很少，蓝海就是市场需求旺，供应有空白，竞争者少，企业迅速发展，蓝海的环境都是战略前瞻带来的。企业有幸处在蓝海环境下，不仅要抓住机会跟上节奏，重要的是要利用机会形成可持续的核心能力，形成资产、品牌、渠道、技术和客户的忠诚，不仅是跟着潮流冲上了规模。因为蓝海的窗口期很短，否则仅仅是享受了一段市场机会，没有形成核心竞争优势，犹如打了几场胜仗，但没有占领根据地，没有形成发展的不竭动力。我常说中国的对外贸易企业在早期从吃的、喝的，到汽车、电器，到纺织、服装，到医药等，都最早最广地接触了国际市场，但贸易归于平静，真形成产业的不多。看来转型多走一步，也十分不易呀！

长城葡萄酒公司开始属下有三家企业，都做葡萄酒，都用长城商标，都是中粮控股。但因为股权不完全一致，管理就分开了。这样表面看起来是一家公司，其实在供应链、产品、渠道及酒的品质上差别不小，价格体系更是各自为战。因为独立发展，各自推出的衍生品牌越来越多，经销系统重叠，内部协调无力，甚至集团内部竞争激烈，耗费大量市场费用。我刚到公司就有家企业的总经理向我投诉说，他花了钱买下的进店销售权被另一家也是长城的公司又用更高的价钱把他买出来了。同时也有经销商来投诉说，他投资很大做了一家长城酒的代理，但是另外一家也到了他的区域推销竞争，把他给冲了。因为都叫长城，但价格差别大，消费者也糊涂了，让竞品渔翁得利了。有的经销商甚至在长城包装上印上自己牌子，还有的干脆让长城酒给他做代工。我了解了一下情况，几乎所有的经销商盈利都高过长城作为品牌商或者生产商本身。可谓客大欺店，店弱被客欺。

快消品行业，生产商、品牌商和经销商的关系可谓微妙、敏感而非常关键。我经历的长城葡萄酒、雪花啤酒、福临门粮油食品、蒙牛乳品、可口可乐等产品，销售方式可谓八仙过海。在与经销商的合作上，蒙牛最紧密，因为几乎是同时创业，经销商与公司凝聚力强，主要经销商参与公司产品决策。这也是为什么当蒙牛产品遇到市场困难时，经销商仍然团结一致，对公司充满信心。可口可乐最规范，因为是国际体系、明确责任、数字说话、简单直接。雪花啤酒最务实，不同区域灵活组织、目标至上、奖罚分明、不断调整。中粮旗下的长城和福临门与经销商的合作关系，在市场日趋竞争的形势下不断优化规范调整，最终趋向于长久稳定的关系。

当然，产品的经销商如何选、如何合作，与生产商自身的产品卖力、品牌影响力有直接的关系，是一种博弈关系。记得有一次与娃哈哈的宗庆后董事长（宗董事长已与世长辞，在此表达沉痛哀悼和无限怀念）说到福临门食用油销售成长的困难。他说："你的经销商各划地盘、占地为王，可能销售积极性不够，而娃哈哈营养快线的经销商是完全不同的模式，如限制单个规模、有灵活定价权、区域自由竞争、要先付定金等；而与此相对应的是，生产商、品牌商要做出好产品，创造出好品牌，因为消费者有需求，不需要硬推销，这样经销商会更多成为物流商，渠道自然就会配合公司销售的安排。"我说："你怎么做到呢？"他说："产品好啊，产品需求大，这是最重要的。"是啊，产品、品牌、渠道，三位一体，产品第一。中粮也说"产业链，好产品"。

说回长城葡萄酒，为了统一其品牌、渠道、产品，形成合力，费了不少周折调整了股权结构，使三家酒厂成为持股一致的公司，这样逐渐形成了采购、工艺、品牌、渠道统一的公司。不过，长城葡萄酒在经过了几年稳定发展、盈利提升后，再次遇到挑战。这次是国内市场竞争加剧，特别是国外红酒大举进入国内市场。国外红酒从所谓"旧世界"的法国、意大利开始，到"新世界"的澳大利亚、新西兰、美国，都以物美价廉之势，不断让国内消费者品味到不同土壤气候和阳光雨露带来的不同味道。进口葡萄酒的市场份额不断攀升，品尝欣赏不同红酒也成了消费时尚。长城葡萄酒本来想集中力量与进口酒争一个高低，但在市场急剧变化的情况下，我们也认识到中国的消费市场是世界的，我们不可能阻止国际品牌的进入，我们必须习惯在国际竞争大环境下发展壮大自己。其实在消费品上，无论是华润还是中粮，在啤酒、饮料、红酒、牛奶、食用油等行业，最后面对的竞争大都是来自国外的国际化公司。

长城葡萄酒在此思路下并购了一家法国的和一家智利的葡萄酒庄，后来又成立了专门经营进口酒的公司，就是想把自身与世界联系起来，成为一家世界性的酒品经营公司，当然这条路现在看是很长的。当时中国红酒市场红火，进口名酒高价格受到追捧，国外也有几大红酒名庄想高价出手，投行拿了几个大名庄并购的建议书给我看。我开始还有点雄心高涨，可后来当我看到酒庄的历史、酒庄与当地文化的深厚关系、酒庄有关名流的生活方式、酒庄的经营思想，甚至他们的酒与他们的食物以及语言的关系后，我突然觉得这些一级名庄不是钱可以买的，它们不属于我们，我们即使买了也不会进入他们的生活圈子，也不会真正理解这些酒庄的生意并把它们经营好。中粮没有更进一步在国外买更高端的酒庄。

　　长城葡萄酒公司买的两家普通酒庄让我们开拓了思路，更理解国际红酒业务，也使产品组合大大丰富了。葡萄酒比啤酒更具有产地特点，更有文化传统。有次日本三菱的社长到访中粮，吃饭时我向他介绍长城葡萄酒，没想到他说50年前三菱在日本也生产葡萄酒，后来无法与国外产品竞争，只好停了，现在三菱在法国也有投资的酒庄，他说葡萄酒就是欧洲西方的事情。我当时听了真有点沮丧。不过也不对，威士忌酒更是欧洲的东西，可是日本人坚持不懈做了三四十年，今天终于有了成绩，日本威士忌企业已经成了世界威士忌市场的重要成员，日本威士忌的口味独特，拥趸众多，价格高企，近几年成了投资佳品。听说印度的威士忌也是异军突起，品质不断提高，近年来受到世界市场关注。还有今天的中国咖啡市场，刚开始，星巴克一来大家还觉得咖啡是个新鲜事儿，今天在中国各类咖啡遍地开花，中国人一点没客气，几年间就把咖啡几乎变成中国的本土饮品了。与之相反，中国的传统国饮茶叶反而不温不火，没多大声音，不知道是产品特性有障碍，还是消费者培育不够，还是中国的茶企或投资者没有眼光和能力，反正预期潜力大的，反而没有成势，这也是消费市场的恼人之处啊！

　　葡萄酒传统上把以法国为主的欧洲产地称为"旧世界"，把后来的美国、澳大利亚、新西兰等国称为"新世界"，这样先是大体区分了酒的风格，当然，同时也区分了价格。"旧世界"大有高"新世界"一等之骄傲，中国葡萄酒则不能入其流。有次到烟台中粮的酒庄，同事让我在纪念册上写几个字，我就写上了"不是旧世界，胜过新世界，是独特东方美丽世界"。从葡萄酒的真义说，它没有真正统一的标准，什么是好、什么是不好，都是商业世界通过价格把酒分了档次。只要是好的阳光、土壤、水分、风及用心酿造，酒的不同特点就是它的价值，也就是它的好。中粮在法国波尔多的酒庄雷沃堡与大名庄柏翠距离只有几公里，可酒价差了几十倍，我同时尝了两边的酒，真是差别不大，哈哈。

三瓶酒中一瓶啤酒、一瓶葡萄酒，应该还有一瓶是白酒吧。白酒是湖南湘西的酒鬼酒。我和酒鬼酒没有在运营层面上的近距离接触，但从我到中粮，酒鬼酒就在和中粮谈合作，直到我离开中粮前，酒鬼酒才随着另一家央企华孚加入中粮成为中粮酒业的成员，前后十年的时间，可谓颇有波折。酒鬼酒因为出自黄永玉老先生的老家湘西凤凰县，老先生又设计了麻袋酒瓶，又题了酒名，又封为无上妙品，酒鬼酒的名气可以说大过它的销量。我第一次见凤凰县的县委书记，她热情兴奋地向我介绍酒鬼酒，介绍凤凰县。她说："宁总，没有人在听我8分钟介绍凤凰县后不被说服的，上边大领导听了我5分钟介绍就去了凤凰县，你一定要去，一定要投资酒鬼酒。"我知道当时酒鬼酒因为股权纠纷，经营遇到了困难。后来再见这位书记，她换了职务，给我的名片成了上一级城市的统战部长了。她说被提拔了。我说："哎呀，凤凰县那么好，你长期工作下去多好啊，把凤凰县建成文化旅游名城多有意义呀！"她说："是呀，你怎么和黄永玉老先生说的一样呢！"书记换了人，后来又有许多其他变化，投资没有再谈下去。不过，事情总有柳暗花明的时候，也有曲径通幽的时候。后来，华孚集团与中粮谈了合并整合，华孚集团是老的内贸部的企业，给中粮带进了许多与中粮发展战略相契合的资产，如肉食的贸易和储备、糖的贸易和储备，全国每年的糖烟酒会，当然其中也有华孚投资的酒鬼酒。这样转了一大圈，酒鬼酒还是到了中粮旗下成了中粮酒业的一部分，大大增强了中粮在白酒行业的地位。中粮后来自己数了一下，米、面、油、肉、蛋、奶、烟、酒、茶、饮料、调料等，除了香烟不能做外，就剩蛋品没有做了。我说，我们为了凑齐它也要投资一家蛋品公司。蛋品公司投资并不大，但后来一直没好的机会，不过，可以看到想把产业链做齐的心气哈！

　　食品饮料酒类是个让人又爱又恨的行业，爱的是它规模大，需求稳定，消费者对品牌忠诚度高，上市公司的市盈率也高过一般的工业制造公司。恨的是它管理难度高，产业链条长，运营系统复杂，营销管理和品牌要求水平高。同时它的技术门槛和进入成本不高，时时都有行业外的投资者进入。新进入者自己不一定做得好，但是可以把行业搞得利润很低，中国市场尤其这样。可口可乐的董事长跟我说，可口可乐在南非打败了百事可乐后十年没有再遇到过竞争对手，可在中国几乎每个星期都有新产品出来竞争。我开玩笑地说，大国呀，大国就是这样呀！

　　食品饮料行业还有一个很大的经营风险，这就是食品安全。酒鬼酒和蒙牛都经历过不同的食品安全风波，企业也从中接受了教训，大大提升了企业食品安全管理的水平。食品安全这些年来是国人高度敏感的话题。因为中国食品饮料消费市场正在快速地走过一个从农产品直接作为食品，到加工过的产品作为食品的阶段，一是行业尚未成熟，二是的确有黑心牟利的商人存在。食品安全问题给消费者带来伤害，对经营的企业来讲也是致命的、无法承受的。在经历了食品安全问题频发的阶段后，近几年随着监管严格，生产企业严格管理，食品安全的问题好像少了些。回头看，相对大的企业，销售规模和市值都在几百亿元以上的企业，自己有意地去造假，去添加不良的原料可能性较小，因为承担的风险太大，一个局部的小问题可以毁掉整个集团。但是对供应链上所有参与者的管理则是很大考验，这个过程除去严格选择供应商外，就是要做到全程可追溯。你是产业链的组织者，责任自然在你。

资本运作这个词
是很害人的，
几十年后回头看的确如此。

第 11 章

三并购

—

为什么仅有钱的并购

是最弱的并购？

2014 年我去荷兰鹿特丹，入境时被海关拦下来盘问来荷兰干什么，我说来投资。问投什么资，我说来并购企业。又问什么企业，我回答说企业名字叫尼德拉。他们把名字往电脑里一查，发现尼德拉是荷兰营业额排名前几位的企业，而且要宣布我做他们的董事长，一脸疑惑地把我放进去了。听说那几天有非法入境，见了中国人查得特别严。我被当成嫌疑人查问当然很不爽，因为来并购他们的企业，心里有点底气，所以也表现得很不耐烦，觉得荷兰人很不礼貌。

到了尼德拉，下午要开全体员工大会，他们叫 Town Hall（市政厅）会议。一共有几百人，有人坐、有人站，地上、椅子上、桌子上……哪哪都是人，大家都关心、好奇，想参加这个会。但老外很少开这样的会，会场乱糟糟的。我简单讲了些中粮投资的背景、意图和期望后，第一个问题马上就问我："你为什么要买我们公司？"我说："这真是一个很好的问题，因为刚才我在入境的时候就被官员盘问了半天，我一个连入境都被怀疑的人怎么能来并购荷兰的大公司呢？你们对被并购有怀疑是很应该的呀！并购肯定是中粮发展的意图，但也是对尼德拉好，对大家好。对你们是不是好，可能要我们一起回答。"这问题也让我想起在半年前与尼德拉的主要股东谈收购股权的时候，他们开始的问题也是你们为什么要投资并购，你们为什么一定要成为控股股东。

　　看起来企业为什么并购这个问题，不仅是一般的财经新闻报道关心的，连内部相关的人在这个问题上也是有疑问。因为企业做经营，大家习惯是买卖货物，如果再升级，可以买卖资产，大楼啊、机器啊等等。可是为啥公司也要买卖呢？买卖公司这件事，还有上市集资等等，中国人把它叫资本运营。"资本运营"这个词形象不好，有点空对空或者投机取巧的意思。美国也有对买卖整合再出售公司，造成公司被拆散、工人失业的批判。但这些年企业的收购兼并仍然盛行，为什么呢？一句话，并购者认为这个企业在你手里不如在我手里做得好！你限制了这家企业的价值实现。这个限制可能是管理水平，也可能是资源和业务模式整合。反正我可以出个溢价把它买过来，并能通过我的努力来充分发挥它的价值。这可能是通过产品做得更好，或经营管理得更好，或把资源整合好，把企业做得更有竞争力。这时企业就被当成商品买卖了。这种做法被起了个名，叫企业收购兼并，因为是从老外那里传来的，英文词叫Merger&Acquisition（M&A）。必须说清楚，所有的并购重组如果在交易后不能达到既定的价值提升目标，并购仅仅使规模大了，效率并未有提升，仅仅是用钱买了个低回报的资产，那么这项并购就是不成功的，企业也是不长久的。

　　我从华润回到内地时，做了几项并购重组形式的投资，其实并不是为了并购，而是建立长期发展的业务，并购只是进入行业的便捷些的方法。但到华润投资并购了北京华远地产和多家啤酒企业后，《中国企业家》杂志好像是在 2001 年就做了个封面故事，说我是"中国摩根"。杂志为了吸引读者，把词用大点儿可以理解，但我做的事，无论在性质上还是规模上，与人家美国人摩根实在扯不上关系。但没办法，这个帽子就这样戴上了，摘掉也难。好像也是那一年，中央电视台财经栏目，把我评为了"中国经济年度人物"，得奖的理由就是资本运营、大举并购、横扫行业、"中国摩根"。虽然我在获奖感言里说了，我不同意"资本运营"这个词，因为它有很多误导，需要纠正，而事实上，企业经营中也没有资本运营这样一种经营形式，资本不过是一种桥梁和手段，企业管理的本质并没有改变，否则兼并收购根本搞不下去，但是这些话并没有人听进去。后来又有人统计说我在华润、中粮、中化发起过上百起甚至几百起的收购兼并，说我的专业就是搞资本运营的。有一段时间见了客人，甚至见了朋友，别人一介绍就说"宁高宁，资本运营专家"。实在让我哭笑不得。我觉得就像大风刮来了一场黄沙，大家都被吹迷糊了，我也只好跟着往前走。

虽然这样，但有一点是事实，就是通过兼并收购、股权交易，包括通过资本市场集资融资，在我经历的几个公司的关键战略阶段都起到了很重要的作用。但这是表面，其背后的资产质量提高、运营效率改善、创新发展不断迭代才是关键。

华润、中粮、中化几家公司兼并收购的故事确实比较多。最早的大家熟悉的并购可能是 20 世纪 90 年代中期的雪花啤酒及后来啤酒行业的整合。但因为雪花啤酒在《三瓶酒》里讲过了，这里不再说雪花啤酒了。就顺着前面讲的在鹿特丹入境的故事往下说中粮并购海外粮食企业的故事吧。

中粮在海外同时并购的是两家公司，一是总部在荷兰的尼德拉，二是总部在瑞士日内瓦的来宝农业。两家公司加起来资产超过 200 亿美元，营业额近 400 亿美元，业务和资产遍布全球，从俄罗斯、乌克兰、哈萨克斯坦，到巴西、阿根廷，再到美国，是很综合的全球的粮食贸易和物流企业。这些企业很早就洞悉了东西半球粮食和人口的不平衡，占了先机。我去尼德拉时到过阿根廷的潘帕斯平原，看到一望无际的大豆茂密深绿。上一季产的大豆收获后，用专用的口袋装好，还在地边放着等待销售，简直像是生产线上刚下来的产品——这个地方就是个不停生产大豆的工厂。我问可否开车去田里看看。主人说如果开车出去要让狗带路，否则可能迷路，因为田野太大，没有标识，哈哈！挖开富饶的潘帕斯平原的土层，是松软油亮的黑土，而且有许多蚯蚓在爬。这里不收作物秸秆，也不用翻地松土，播种就是上季收完了直接把种子打进地里。这个地方的气候、土壤、降雨是农业的理想天堂。

怪不得阿根廷政府是世界上不多的对农业征出口关税的政府之一，因为土地产量高、成本低。阿根廷的农民在交了差不多 30% 的税后，农产品出口仍然有竞争力呀！相对于中国或亚洲的其他地方的需求，把它们连接起来就是很应该的了。

许多人问中粮为什么要一次收购两家企业，我说：一是因为两家可以转让股权的机会是同时到来的，尼德拉是因为家族几兄弟闹矛盾要分家套现，来宝农业是因为来宝集团其他业务出现亏损，想把农业部分卖掉；另外主要是中粮当时的战略雄心比较大，认为收购一家企业不能满足其全球的布局及成为全球领先的粮油食品企业的目标。随着中国经济 30 多年的高速成长和中国人的食物快速从淀粉食物向高蛋白食物转化，中国已成为世界最大的粮油食品消费市场，已经成为全球最大的大豆贸易进口国。中粮虽然一直是粮食贸易的主体，但全球粮食供求关系的变化使中粮认识到，它不能坐在长安街的办公室里打电话，通过国外代理商买粮食。它必须走出去，去到不同的海外产地，从产粮农民手中收购一手粮源。这不仅能更好地控制成本，同时也能更密切深刻地了解市场变化。

而且中粮的战略目标不仅是粮食进口商，更是全球大粮商，业务逻辑是平衡全球粮食供需。全球的粮食供需格局就是东半球有近 70% 的人口，但仅有不足 30% 的耕地，而西半球则相反，耕地多而肥沃，人口却少。有点像中东地区，地方不大但占有了全球约 60%

的石油储量。从这一点上看，造物主确实是很不公平的，在中粮和中化做粮食和石油的大宗商品贸易时，看到资源禀赋丰富的国家的确让人羡慕，而这些不平衡只能靠国际贸易来调节。世界粮食贸易过往半个多世纪都是被所谓全球四大粮商控制着。中粮过去也和它们有很多的业务往来，但中粮的国际化战略就要改变这个现状了。

当中粮与尼德拉及来宝［中粮内部称为"两N"，也有人开玩笑说加上中粮（Cofco）称为"CNN"］谈判的消息传出去后，嘉吉公司的董事长打电话给我，说你不用去并购海外企业，如果你需要豆子，打电话给我就好了。他还说，你投资这些公司，成本一定会比向我买要高。我说我们必须建立自己的通道，起码是一部分，希望也管理好，成本不高啊！后来邦吉公司的董事长又打电话说，如果你这样建立自己的通道了，那我们未来是合作伙伴呢，还是竞争对手呢？我说可能都有吧，还希望能合作，可能避免不了有些竞争呀！因为在之前中粮想收购澳大利亚昆士兰的塔利糖业（Tully Sugar）时，邦吉公司和一家日本企业都投标与中粮竞争，而且邦吉处在较有利的地位。我曾打电话给邦吉的董事长说，中国的市场需求和中粮的战略很需要这家糖厂（澳大利亚单厂最大），希望他顾及与中粮的多年粮食贸易合作，别与中粮争得太凶。后来邦吉的确没有再加码投标，中粮较顺利地收购了塔利糖业，这家企业后来一直经营很好。现在中粮又要国际化收购其他粮食企业了，与邦吉的贸易肯定会减少了，邦吉心里酸酸的可以理解，但这就是市场啊，这就是企业啊，这就是商业社会啊！

尼德拉和来宝两家公司都有一个特点：它们的股东都是犹太人。从这两家公司可以看出来犹太人经商的智慧、想象力和创造性。特别是犹太人在一个几乎白纸一张的条件下，凭着想象力建立一个全球贸易的复杂架构，并能有效地管理控制它，的确超出一般的创业思维。这基本上是无中生有，发现而且创造了商业模式。我们一般人创业会从眼前熟悉的东西开始，开个工厂或盖个房子，开个餐厅或商店什么的，但马上想到一个复杂的国际贸易业务结构很难。

我记得在并购来宝后与前股东聊天时，他就说："你说做一个全球的粮食贸易和物流公司，什么最重要？"我说："应该说是贸易渠道和物流设施最重要吧。"他就笑了，说不是，说贸易公司最重要的条件是银行的授信额度。他说只要有了银行的授信额度，取得了银行的信任，再买一个电脑、找一个人，公司业务就可以开始进行了。我说："银行不给你授信额度怎么办？"他说："对付银行的秘密，就是你要给它一点小小的甜头。""什么甜头？""就是要把给银行的利息提高一点儿。""提高多少？"我问。他说："高过通常利息0.5%的甜头就会让银行愿意贷款给你。这是银行的特点。"他还说，现在银行经理最想做的就是用高点儿的利息把贷款放出去，因为这样他们公司和个人马上就有收益，就是有风险也是几年后的事情。哈哈，他对银行的行为特点认识很深，也更认识到大宗商品贸易就是一个用银行的钱撬动货物的游戏，但这个游戏满足了全球式的供需平衡。

中粮在并购两家海外企业时，虽然战略方向上很坚定，但也意识到风险。虽然中粮一直做国际贸易，对海外业务不陌生，没有恐惧感，但也希望在管理上、在适应国际环境上和融资上得到国际投资者的支持以减低些风险。中粮邀请了淡马锡、厚朴、世界银行的 IFC（国际金融中心），还有渣打银行的投资基金共同参与了 40% 的投资。投资的主体叫中粮国际，中粮国际从第一天起就是个中粮控股的国际化企业，是个混合所有制的模式。当时国有企业正在推动混合所有制的改革，中粮国际的股权结构刚好符合了这个方向。这个股权结构后来也被证明发挥了很好的作用。它不仅是分担融资和投资风险，这个组合在估值谈判上、董事会组成上、合资公司管理上及适应投资地的环境上作用都很大。

让我感觉高兴的是，这个企业的战略意图、战略主体是中粮。中粮不仅是投资者，是财务目标的受益者，还是业务协同组织者、价值创造最大的受益者。中粮自身的发展战略当然包括中国的粮食安全战略，是建立在中粮国际这家公司成功的盈利模式之上超出短线盈利的更高的价值。我们以前与地位较高的投资者合作，好像容易处在一个被动小股东的地位，是帮助合作伙伴实现它的战略意图。而这次很明显，所有的合作伙伴的合作是以中粮的战略主导为原则而进行的。类似的经历还有在华润啤酒与 SABMiller 的合作，在香港地产灏景湾与长江及新鸿基的合作。当时我提出来说，中粮国际这个公司经营中要做到几个统一，就是国家战略和公司战略的统一、大股东战略和小股东战略的统一、战略目标与财务回报的统一。

对尼德拉和来宝的并购与其他任何并购重组一样，估值谈判是其关键环节。国外通常没有所谓公允的评估机构估个价值，大家都同意，不管谁来估值，也仅仅是一个参考。投行也有不同的估值方法，得出差别很大的结果。因为代表着不同角度，谁的估值都可能带有很大偏颇。最终还是要谈判，估值最多是个基础。因为来宝和尼德拉主业是贸易，贸易公司估值和工业公司及其他业务的公司估值不一样，不太能用历史盈利、市盈率倍数来估，因为盈利波动比大，也不太能用现金流倍数来估值，因为库存应收和资金占用的变动也比较大。这两家公司还有很多贸易物流设施，包括仓库、码头、铁路，也要用不同的方式来估值。另外它们还有一些很好的生产性资产，比如说玉米、大豆的加工厂，来宝在巴西的糖厂，尼德拉在巴西、阿根廷的种子业务也占有很大市场份额，事实证明这两项资产后来产生了很大的价值。当然还有一项更难估的，就是如果被并购以后，控制权转移后可能会与中粮形成的未来的协同价值（synergy value）。虽然这个价值还没有呢，而且这个价值也是在重组以后由收购方创造出来，但是即使是假设的价值，卖家也想分享，也要反映在估值中。其实在很多情况上，太乐观的协同价值不能实现。这也就有了对未来几年的预测分歧、估值分歧，也就产生了对赌的机制。真正说服力比较强的估值方法，一是同时有同类公司的成交可以参考，二是同类上市公司的股票交易价格，再加上并购者的战略目标和对市场的判断。

　　估值成交很关键，但接下来的管理整合同样重要。前面讲过，来宝和尼德拉两家公司的股东都是犹太人。犹太人的聪明和商业智慧我们大家都清楚。也不仅是犹太人吧，其实整个西方社会商业文明历史悠久、成熟周密、精于细节、见缝插针、寸步不让的风格我们大家都领教过。在商业谈判上是这样，在对公司的管理上更是这样。可以说在当时，尼德拉、来宝把控股权（60%）卖给中粮后，它们的算盘是虽然卖了股权，但公司还接着管理运营，可能我们在谈判时为了让对方不需要过度防卫，也表达了未来在经营上双方合作、共同参与管理的意愿。但这是有原则的，公司的经营战略、公司资产的重组整合、公司的管理人员任命和考核评价等，这些必须由中粮来决定，否则达不到中粮的战略目标。但这些在第一年都不顺利，这就有了接下来的两家公司调整董事会、更换董事长、几次更换 CEO，最终由中粮直接从总部派人接管了全部的管理。这才开始了真正的公司业务整合、团队整合和文化整合。虽然大部分的外国员工都留任了，但由尼德拉和来宝整合而来的，以中粮为主体的团队管理的中粮国际才真正开启了中粮国际化的历程。

现在回头看，这证明了几件事，一是最后的整合是以中粮团队为主导的整合，包括战略方向、发展目标、组织文化，这样才理顺了，才有了今天的发展，给我们在如何评估、协调并购后，特别是平衡多方利益冲突时，中外团队如何合作及取舍时有借鉴；二是尼德拉和来宝的原股东因为短线利益不看大战略，不能合作融合，结果证明对他们自己是不利的，新的中粮国际发展好过他们预期很多；三是虽然经过了投资各方多轮审计，数字在西方也容易有假，特别是西方公司在一些不发达国家的分公司的数字真实性更要小心。今天离中粮当时大胆走出去、建立国际网络、成为国际化公司已快 10 年了，我听说中粮国际近几年经营业绩不错，实在为他们高兴。国际化过程中的跌跌撞撞的错误也因为中粮团队的努力而纠正了。今天，中粮实际已追上所谓的"ABCD"了。2022 年我遇到中粮的一位老领导，他去旅游时被邀请到日内瓦的中粮国际总部参观，回来给我说："高宁啊，我去看了，我们过去想象中的国际化大公司啊，中粮真有那个样啦！"

企业里的事很奇怪，外面看着很简单的事可能很复杂，外面看着很复杂的事可能很简单、很直接。我的经验是用了很多时间论证、走了许多程序的事往往不一定成功。因为过于在乎程序往往会忽视内容，决策的复杂程序只是个心理安慰，与决策质量并没有必然关系。一项投资，如果程序走全了就成功了，那事情就也就简单了。但对一项投资的判断往往取决于那一时刻那一个人深度用心的思考，对业务本质的洞察，当然也要加上面对风险后果的勇气。蒙牛的投资就是这样，决策程序很快。为什么？因为中粮有战略的准备。中粮对行业有长时间的认识过程。当中粮觉得它应该从农产品大宗商品延伸扩展到食品消费品的时候，牛奶制品当然是必然选择，因为这是为数不多的还在快速成长的快消品行业。蒙牛的股权是优质资产，当时想买的人很多，其中包括华润。我开始就告诉中介机构，因为华润是老娘家，如果他们要买，中粮不争，自己退出。可事情发展很快，后来华润没买。几乎是偶然的机会，中粮管理的可口可乐灌装厂在内蒙古的和林格尔开业，这里也是蒙牛的总部。大家齐聚那里，午餐在蒙牛吃，再次提出蒙牛股权转让并讨论估值。因为蒙牛是上市公司，股票正在交易，有专业人员拿出黑莓手机按了几下说现在每股多少钱，如果按95折算多少钱，双方说同意，价钱就这么定了。但双方都要回去按各自内部的要求走自己的批准程序。后来事情虽有些反复，但大原则就这样定了。当时占20%多股份的第一大股东作价

60 多亿港币，中粮与厚朴等合作，算是食品界最大的并购案。后来又引入丹麦的牛奶公司阿尔乐（Arla），再后来又引入法国达能加入，使得蒙牛的股东团队大大国际化了。这为后来在管理上、形象上、信心上使蒙牛重建市场领导者地位起了重要作用。中粮投资蒙牛时，蒙牛处在食品安全事故后的恢复期，后来又发生了黄曲霉素事件，公司再次受到冲击，但蒙牛都很好地、积极主动地应对了，也大大提升了公司整体管理水平。在这些市场事件的背后，不太为人所知的，但是很关键的是因股东变化带来的公司管理团队的不断碰撞、融合和进步。这其实也是大多数并购投资后对公司健康发展最大的挑战。

　　蒙牛可以说是踏准了中国奶品市场发展和资本市场发展的一家传奇公司。十年的创业，建立了行业内很成功的、具有领导地位的公司，也得到了消费者的认可。蒙牛发展过程中，创始人有一句话叫"财聚人散，财散人聚"，这句话对蒙牛创业文化产生了深远影响。蒙牛有很强的广泛的股权激励机制，所以，蒙牛成功造富了一批初始参与创业的奋斗者。这批人随着公司上市，逐步从主要管理岗位退出，新的团队逐步接管，这本身就是挑战。再加上又遇到食品安全事件的挑战，大股东又换人，其实蒙牛的确是处在大变动的时期。中粮成为大股东后，做好蒙牛的经营不仅仅是个投资问题，还是一个信誉和能力的考验。中粮是国有企业，有实力、负责任没有疑问，但是管理能力呢？市场竞争呢？这的确也是考验。中粮虽然也在食品消费品行业，对市场竞争也适应，但与蒙牛的"狼性"文化有很大不同。中粮成了大股东，我当了董事长，中粮与蒙牛在经营方式上的不同要往哪边靠呢？中粮还是选择了往市场靠，往竞争力靠，给蒙牛团队充分发挥的空间，支持配合蒙牛的业务发展。虽然后来蒙牛也更换了CEO，管理团队和系统也做了调整，但蒙牛的执行力，所谓全力以赴、不放过发展机会的"狼性"文化继续得到发扬。在很激烈的竞争环境下，蒙牛在经历了几次大的环境变化后，在营业规模、市场份额、盈利能力、品牌价值，产业链完善及国际化等方面，在中粮成为大股东后都有长足进步，在竞争中保持、增强了市场地位。公司盈利、上市公司市值都有几倍增长。中粮投资蒙牛的过程是个纠结反复但也健康成功的过程。

从蒙牛的例子看，并购有很多种。几乎从并购的开始就可以判断其成功的概率。有明确的战略，有管理优势、财务优势，有协同价值的并购容易形成合力和主导的文化，容易成功。如果仅仅有资金优势，有钱但没有专业管理优势，或者没有业务协同价值，整合协同过程就要困难得多。当然如果是杠杆收购，大量借债收购则风险更要大。如果你仅因为有钱买了别人的公司，没有搞好，不仅是自己的损失，也是损坏了社会价值。

但这些道理正说反说都不是一成不变的。当机会来到面前时，当战略远景和发展的冲动碰撞到一起时，可能有些粗糙不规范要忍受，有些次要的理论要忽视，有些问题要容后解决。现在紧要的是要上这艘船，紧要的是开辟这个战场。我曾说，你们说的都很对，但上不了这艘船，漏过了这个机会，我们风险是小了，但我们下个航程就没有了，我们连战场也没有了。但这样机会有了，风险一定会大了。你选了个难度大的动作，说到底还要靠团队的能力去面对困难、解决问题。

最后可以说，并购的事有钱有人可以做，没钱但有人可以考虑做，如果有钱没人就不要做，没钱没人就更不用说了哈。并购说是用钱收购别人，其实是想用人同化别人。并购与其他经营管理一样，人是至高无上的，团队作用是第一位的。人是前提，人是必须，人是决定因素，人是要分开谈，人是关键，有了团队什么都可以创造出来。这件事情我们有时候清楚，有时糊涂，可正是它，决定了企业的成败。

华润在快速发展的初期，要求投资并购的回报标准是不能摊薄每股盈利和每股净资产。用现在的标准看当时的要求太高了，但那时机会多呀，可选择的公司多。今天想找到估值低的好资产很难了。所以，这些年来投资并购的特点是净资产回报率一路下降，直到低过融资成本甚至亏损，可是为了长远战略，也是期望通过努力，业绩能改善，有些并购还是发生了。这样的并购风险大了，而且并购后的管理、并购后团队的工作和预期价值的实现就变得更为重要了。

　　说并购不能不提先正达。因为先正达的并购目前仍然是中国企业海外并购最大的一单，总金额超过 430 亿美元。先正达是瑞士 200 多年的老公司，是世界农化产品（农药、种子）的领导者，代表着世界农业发展的先进水平。先正达几年来一直是世界化工行业中被并购的对象，一是因为它没有控股股东，所有股权都被养老保险基金持有；二是另一家世界农化巨头孟山都不断向先正达发收购要约要买它，先正达内部已不稳定。另外，先正达因为内部调整经营策略出现问题，在美国种子市场份额大幅下降。当先正达董事会考虑出让股权的消息传出后，许多公司包括当时的中粮都正式地接触了先正达，希望购买。但孟山都则绕过先正达董事会，直接向其股东会提出了收购方案，因为收购价比当时的股票交易价格有约 30% 的溢价，如果没有更合理的解释，先正达股权易手几乎顺理成章、势在必行了。中国化工是在这个时刻通过竞争机制提出收购计划，说服了先正达董事会接受并签订了收购协议。但协议签订以后，执行协议条件如融资和交割时间并不能完全满足，这时候中化集团才参与了进来，意图是两家联合来完成这项交易，目的是要创建中国的、有科技水平的、世界级的综合性化工企业。并购先正达，中国化工和中化集团合并，先正达重新上市，是接连要走的几步。现在前两步都顺利走完，但先正达上市仍在准备中。先正达上市是件大事情，不仅是有些融资，更重要的是让先正达重新回到资本市场环境，也可以考虑继续在海外上市，保持先正达公众公司作为国际公司的地位，我相信这对它长远的国际竞争力很重要。

先正达并购的战略目的不仅仅是在原有市场上经营，中国农业需要升级，需要农业科技，先正达的水平领先中国农业十几年甚至几十年不等。如果先正达可以为我所用，大面积在中国农业上施展其技术能力，带动中国农业升级，不仅为先正达发展提供了更广阔的市场空间，同时中国在农业投入品行业也赶上了国际水平。我们过去一说中国农业，除了说中国农业不断进步，多年连续增产外，总是说我们的农业技术仍然落后，整体产量低、用水多、用肥多、用药多等等。先正达的并购希望能加快这些方面技术水平的提高。所以，我说先正达并购最终是否成功，除了看其经营水平、盈利能力外，先正达能否在国内成功，能否带动中国农业的整体水平提高，则是更重要的考验。现在看先正达在中国种子、农药、化肥市场上的地位不断增强，应是个好的趋势。如果回头看，并购先正达的商业逻辑就是并购优质资产，特别是技术能力，并在中国扩大实现它的价值。中国化工对先正达的并购实际上引发了全球化学企业的重组洗牌。孟山都没有买成先正达，自己被拜尔公司 660 亿美元收购了。杜邦公司与陶氏化学合并，后又一分为三，原来的杜邦农业（先锋）与陶氏化学的农业合并取名字科迪华（Corteva），唯一没涉入重组的化工巨头巴斯夫也趁机收购了由拜尔公司因为反垄断要求分割出来的部分农业资产。中国化工和中化集团则因重组成为以资产规模计的世界级化工企业。

从那天开始，可以说世界化工业的版图被改写了。外表看起来是化工产业混战又重组了，往细里看就知道这里边是有道理的，整个大重组的原则一是专业化，化工产业分类更细了，基础化学和材料精细化工分开了；二是明显往更有技术含量的高端化工集聚力量。拜尔甚至卖掉了他们很赚钱也有相当技术优势的材料业务科思创，而买了孟山都。我问拜尔董事长为什么卖掉很好的材料业务，他说因为认为材料业务的研发余地不大了，拜尔要全面转型为生物化学企业，不做传统化工了，因为这些行业中国企业都会做了，拜尔要做研发驱动更高技术的产品。这个理想听起来很好，但十分曲折。拜尔买了孟山都，因为除草剂的群体诉讼打官司输了 100 多亿美元，市值跌去了近一半，约 400 亿欧元，CEO 因为受到股东大会的质问甚至起诉，2023 年提前退休了。就算这样，拜尔公司也真的转型了，现在它的资产负债表里只有医药、农业、营养三项主要资产了，的确是一家顶级技术的生物化学企业了。这个转型可谓勇敢坚决。拜尔收购孟山都，因为大大破坏了其股东价值，被评为近年来最差的并购案。不知道未来拜尔何时会以生物化工企业再回风光时刻，今天看这个转型成本是够高的。战略升级靠眼光、靠胆魄，走准确了是先进、是先锋，走快了就是先烈啊！

先正达并购的关键环节是融资。因为并购金额大，能否融资、融资成本、融资结构从开始就是考验。这样规模的并购，资本融资应该是必需的，拜尔买孟山都就先发了股票。但当时中国化工没有资本融资的条件。债务融资最好的方式是海外融资，因为是海外并购，这样汇率风险小，但这也需要一定资本金为基础。中化集团加入并购后，资产规模扩大，融资能力提升，中国银行在充分了解并购细节和未来前景的基础上，首先支持了这项并购。以此开始，建立了三层的银团，以境内和境外、贷款和债券的组合最终完成了融资。

其实所有的并购都有一项被动的测试，就是看这项投资可否在有限资本金及没有其他担保支持的情形下，用项目贷款的方式取得合理成本的融资。因为这时融资方会从不同风险角度对这项投资做出评价，如果他们不肯贷款，你就应该三思了。

我记得1989年在香港华润，当时华润有家很小（2000万港币市值）的上市公司叫永达利。这个永达利别看小，是后来的华润创业和华润啤酒还有华润置地的前身（华润创业、华润啤酒和华润置地都成了恒生指数成分股）。永达利仅有的资产是在香港葵涌工业区的一块 7000 平方米的工业用地和地上因污染而废弃的旧厂房。我担任永达利的总经理之后，负责这块地的重建。因为这块地属于上市公司，我不想去求集团给贷款担保，当然我从心里也认为股东不应该给上市公司担保，这样这个项目就组织了约 5 亿港币的项目贷款。贷款行是日本的三和银行，永达利把土地、建筑合同、流动资金都抵押给了三和银行，每次用贷款完全按项目进度逐笔审批，叫滴水式贷款，未来的卖楼收益也都抵押给了银行。可以说重建完全是在银行监管下进行的，这样做的复杂麻烦可想而知，但其好处是项目风险公司自身承担，真有还款风险银行也承担，不会波及华润集团。

项目建成后很成功，永达利公司盈利提升 5 亿多港币，算是华润创业初始的第一桶金。新的大楼取名"达利中心"（Riley House），也就在这座楼建成时，华润集团宣布永达利更名为华润创业，并宣布了向中国内地发展的"中国概念"，当然接下来就有了更多的故事。虽然永达利名字改了，大家还想记住这段历史，就在华润创业新装修的办公室里，把最重要的会议室用永达利命名，叫"Winland Room"。这间会议室里决定了很多华润创业发展的关键事情哈。后来华润创业大了，变化多了，Winland Room 不知还有没有了。

上市发行从路演开始，
上市公司是一场
永不落幕的演出。

第 12 章

三上市

—

谁来评判谁来奖励你的公司?

公司上市（IPO）是件很刺激的事情。它不仅是融资了，公司地位名气都更高了，关键是公司突然有了一个在一般经营盈利之上的市场价值。它的价格是以盈利倍数计算的，它每天在交易，这个价格是众人交易行为的结果。我说它是公司价值的民主化，哈哈。不仅公司的产品是商品，公司本身也是商品。股份每天在买卖，这对公司和股东很重要，公司可以自己印"票"了。我说这就是给了你印币权，你的股票就是你自己发行的货币。你要对它负责。它升了还是跌了，你要负责，否则以后不能再印了。近来因为股市低迷，市值管理更成了热门话题。

市值其实没有多少可管理的，虽然多做些投资者推介，或者尽量分红，甚至回购些公司股票都会帮助市值提升，但是都不是治本之道。要搞好市值唯一的路径就是经营管理好自己的公司。而且这个好不仅是规模，不仅是盈利，它要有质量的营业规模，它要盈利的增长性，它要回报率高，它要战略正确，它要创新，它要核心竞争力强，它要团队好，它还要可持续性——它是典型的"既要又要还要"。我说投资者是永远贪婪的，上市公司好的标准也是不断升级的。

上市后的环境几乎要逼迫你成为一家好公司。你以为上市融资了别人的钱，可你自己的钱也因为受到监管而变成了别人的。上市公司因为成了公众公司要遵守许多规则，国际上好的公司大部分都是在好的资本市场，也就是好的上市环境和规则压力下成长起来的。资本主义在其企业发展过程中有两大制度发明很关键：一是有限责任公司，二是信托管理制。第一条让人敢投资，第二条有人管公司。这直接造就了伟大的企业。我想应该还有第三条，这就是公司上市。它直接打破了公有和私有的边界，特别是上市公司在股权被不断稀释得非常分散后，私人公司事实上成了公众持股的公司，它由此带来的在所有制、财富分配、公司治理等方面的深远影响在中国资本市场还在演进中，公司上市则是所有这些的起点。

华润置地上市是 1996 年，可能是中国第一家在香港上市的地产公司。20 多年后的华润置地几乎成了中国地产界代表性的公司，特别是在大量地产公司遇到危机时，华润置地的健康发展更显得可贵。可 20 多年前，在华润集团的资产组合中，它就是一项并不大的投资。这项投资的特别之处就是，它在华润投资到北京华远地产（后改名为北京华润置地）5000 多万美元后不到两年的时间就上市了。这么快上市，又拿了 2 亿美元回来，这在当时的西城区、北京市，可能中国的地产界都觉得新鲜。由此也开启了华润置地的持续成长。因为公司业务发展到全国，北京华润置地的"北京"两个字也拿掉了。我们说这家公司是颗种子，它是树种子，不是草种子，只要浇水施肥，它便会长大。

华润置地上市时，因为中国关于不同性质土地产权的法律尚未完善，国内资产去香港上市的规定也不很清楚，在这方面费了不少周折，当时可算很有勇气。就是在上市路演集资结束、公司股票马上就要开始交易的前一天，国内监管机构也差点叫停它。多亏华润集团和当时外经贸部领导的积极推动才顺利完成上市，否则这段故事可能要完全重写了。

本来公司上市就是一个全面梳理和提升的过程，华润置地尤其如此。因为到香港上市是新鲜事儿，和内地的差别太大。公司的战略要梳理，土地储备要梳理，财务标准要梳理，经营方式要梳理，当然拆迁方式、与政府的合作、负债政策、应收账款、组织架构、决策过程、薪酬福利都要梳理，要升级到可以拿出去让投资者喜欢的程度，其实很像一场考试。可这时因为大家都觉得上市是一件很重大的事，融资更是公司渴望的事，团队的积极性很高，很主动配合。这可能比一般咨询公司的作用大。后来华润、中粮每次公司上市或者业绩报告后的路演，我们都做成路演问答题目汇编，向团队讲解共享，给没有参加路演的团队做培训，让大家了解投资者是怎么想的、提了什么问题、对业务有什么不满，同时反思自身，提出改进计划。我记得华润电力上市的时候我只参加了部分路演就到了旧金山，等路演队伍从欧洲回来，在酒店门口，我迎接祝贺他们路演成功，发行已超额认购。有位同事给我讲："宁总，投资者问的问题和你在公司里问的问题是一样的呀！"我听了后很开心，因为这说明我们平时的思维与上市公司资本市场的规则接近。我们在华润、中粮、中化都提出过虽然有些业务没有上市，但要按上市公司规则和思维来管理想法。相信如果你真的信了，真的做了，公司会真的不一样。现在有人问，为什么某某公司"爆雷"了呀？我说"爆雷"的原因一定不是复杂的原因，是基本原则没有遵守导致的。这些基本原则在上市公司治理中，在你向投资者集资时的承诺中都有，你可能没有真信，没有真做。

资本市场的运作方式也在不断演进变化。在华润置地上市之前，那时华润第一家上市的公司永达利转型红筹股华润创业发行股票的时候，股票的发行是真包销。也就是说承销商是要把股票买断的，它要真的有资金。它签了承销合同（underwriting agreement）后如果发行有问题它负全责。那时不需要做路演，不需要发行人也就是公司到处去路演，自己去推销公司股票。那时的投行会把公司所有的业务看清楚，自己满意了才试图卖给别人。所以，那时候投行做承销商都要向交易所提供银行文件，证明自己有足够实力包销。那时的承销协议是发行前先签，签订了后去承销发行。现在的承销协议是路演认购股票发行分配完后才签，这时其实销售已经结束了，没有承销风险了。那时的投行要赚取3%~5%的承销费，是有风险的，现在投行风险小，但也要收百分之几的中介服务费。这也就是为什么投行的上市业务竞争激烈，因为同质化了，不包销就不需要对公司风险有真正的判断力了。

为什么不包销了呢？一是投行实在不想承担这个风险，投行也想轻资产。二是美其名曰为发行人找到最高发行价。这就有了新的股票发行方式——簿记建档（book building，当时的国际市场方式，现在可能有修改）。这个制度就是在你申请上市时，由投行和各路中介机构做好上市招股书，由投行带着你到处去推介、去兜售你的股票。这个到处去找投资者买股票的过程叫"路演"。这是个自己卖股票的操作。你去路演了，别人买不买投行不负责，投行更不包销。我把它称为"马戏团耍猴模式"，也就是说公司路演的人就是马戏团里的猴，把你拉出来耍一通，然后拿着帽子出来收钱，愿意的给点儿，不愿意的就一哄而散了哈。这样做路演就很重要，是整个发行股票过程的核心，路演好了，投资者认购了，一切皆大欢喜。

路演的确像演出，要求很多。除去招股文件、研究报告之外，参加国际路演的人员要从头到脚全部打扮一遍，理头发、换衣服、练手势、控表情、学吃西餐、不能吸烟，反复演练。很多态度傲慢的基金经理只允许投行把公司路演的人带到会议室，但不允许他们参会。他们想单独考评公司的人，而不想让投行人员给任何提示和帮助。所以，路演人员必须做好"闭卷考试"的充分准备。当时的路演是件新鲜事，因为路演的英文是 road show，直接翻译过来就是路边演出的意思，哈哈，所以很容易搞混，以为是明星演出。记得华润置地上市路演的主要一站是纽约，给我们开车的司机是位中年白人女士，她在给我们开了一天车后，第二天早上问我："你们是'road show'吗？"我说："对呀。"她说："那你们为什么全都在办公区活动呀？"我说："我们在做股票上市的'road show'！"她说："哎呀，我听到说'road show'还以为是艺术明星来演出，特意申请了这份兼职工作，想看看中国的明星是什么样的，没想到是股票推销，明天不来了哈！"可见那时的路演还是很新的概念。路演过程也是个很紧张的过程，因为路演过后很快投资者就会把投资与否的决定反馈回来，的确有点像考试。投行会把决定认购的投资人累计起来，不断计算认购数量和价格区间，这就是所谓的簿记建档，这样算出来认购的倍数。我们都在追求认购倍数，所以对每一家可能的投资者都很恭敬小心。记得华润置地到有家叫旅行者的保险公司路演。换了名片后，我发现对方董事的姓与华润啤酒的有位斯里兰卡员工的姓是一样的。我为了拉近距离就脱口而出问他："你是从斯里兰卡来的吗？"虽然简单一问，但出门后投行的人很认真地给我说："你不应该问人家是不是从斯里兰卡来的，因为从那个国家来的不太想被人问这个问题。他不喜欢你的问题，可能就不会投资。"我也觉得很后悔。可是等我们一上车，对方就打电话来说，他们决定加倍购买订单，这让我很高兴、很释怀，哈哈！看来公司才更重要。

　　华润置地路演的后半段，我们的订单已大大超额了，所以我们信心更足了。有些投资者问了些完全不了解情况、不着边际的问题，我就给他们讲，如果你没有时间研究这家公司，这次你就先不要投资，我建议你跟踪我们的企业，看它发展怎样，以后再考虑投资。可是越是这样，投资者欲望就越强，只要是有些大的、有影响的投资者进来了，其他人就更想投。这时形势反转了，买方市场成了卖方市场，你可以选择高质量的公司成为你的股东。在最后分配股票的时候，投行往往讲要选一级的长期投资者，可是后来我发现真正的长期投资者并不多，以长期投资者的身份出现是为了多拿到些股票，但过后价格好了时就卖掉了。

　　华润置地上市的时候，有个法国里昂的投行的分析师写的研究报告题目是《双城记》，借用了狄更斯的小说《双城记》（*A Tale of Two Cities*）的题目。狄更斯《双城记》的开头是令人震撼的名句："那是最美好的时代，那是最糟糕的时代……"我相信这位分析师选这个名字并不是想借用开头的这句话，他只是想借用"双城"的字面意思，但如果联想到中国改革开放以来的巨大变化以及与西方对照鲜明的巨大差异，也可以让人深刻体会到这是一个风起云涌的时代。这位分析师写的是北京和香港两座城市。古老的北京城，开放和发展的大潮到来，华润置地这样的公司像一座桥梁连接北京和香港，通过香港的资本市场连接全世界，把世界的资金引入北京，改造几个世纪前古老朝代的城市管道并为北京人也为其他地方的中国人提供新的住宅。这种解释的历史意义、商业模式、发展前景极具投资的说服力。在这个大背景下做出的资产估值、盈利预测都让人信服。华润置地的上市获得巨大成功，上市公司的价值比原始投资增加了几十倍，在香港成了全城的热门话题，在餐厅吃饭时常可以听到别人在讨论华润置地，大有人人参与之势。当路演团队凯旋，回到办公室时，同事们全体起立，热烈鼓掌欢迎并祝贺，兴奋雀跃之情至今记忆犹新！华润置地上市交易的时间是 1996 年的 11 月 8 日，十分巧合，与我的生日 11 月 9 日只差一天，投行在我不知道的情况下把华润置地的上市代码定为了 1109，这家公司在感觉上与我更近了。

中粮集团下属的中国粮油在香港上市也曾掀起一阵热潮。那时中粮集团在香港已经有上市公司中国食品（代码 506），中国粮油的上市代码是 606，后来中粮包装的上市代码是 906，当时被称为"中粮系"或者"6 字系"，在市场上有很大影响。虽然这些公司各自的发展路径有不同，但在当时都大大促进了公司的健康发展。中国粮油在香港上市时也是中国的粮食、动物饲料和油脂油料消费快速增长的时期。本来以一家粮油加工企业上市也可以，但后来分析发现，粮油食品的传统业务不能形成一个令人想象到未来发展的巨大空间，因为增长空间有限也就难以支撑一个超出传统业务的估值。这也是公司上市的第一个挑战——成长潜力的挑战。上市公司在提出集资额时要回答一个基本的问题：上市集资的资金干什么用？如果你用集资去减债，去投资传统的老业务，而新资金带来的增长有限，上市发行就没有足够的吸引力，估值就会低，上市也困难。因为中粮集团刚从华润手里买了生物质能源燃料乙醇的业务，我们就把它并进了中国粮油的业务。当时正值生物能源热的时期，有石油价高的背景，有全球新能源、可再生能源的巨大需求，有绿色能源减排减碳的政策目标。

　　这样突然之间，中国粮油的业务变成了非常有吸引力的、成长性很强的业务，成了能源转型的关键引擎。这样的定位一下扩大了投资者的范围，也提升了它的估值。当我们去路演向投资者介绍业务的时候，投资者对生物质能源燃料乙醇充满了期待和热情，他们普遍认为这才是公司的未来。我们知道燃料乙醇业务占比小，并不稳定，再三向他们介绍占公司资产和盈利大比例的粮油业务。他们不想仔细听，也认为带来的增长不够，注意力全部集中在生物能源业务，甚至连中东的主权基金也因为要参与新能源发展而跑来投资。

这让我想起 20 世纪 90 年代初，华润创业在伦敦发行可转换债券。当时的海外投资界对中国的发展没有认识，我不管怎样向他们介绍推荐中国内地，他们都认为风险大。他们说，不用告诉我中国内地，我只想听香港的业务。可他们买的可转债最后赚了很多倍，就是因为他们不愿听的中国内地业务的发展。国际上的基金经理看起来很聪明，很多时候也很愚笨，跟潮流、看报告，对公司了解并不深入。公司上市招股要讲出一个有说服力的故事，核心是故事里要有卖点。说卖点其实就是说公司的战略定位、未来成长性必须清晰。记得中粮包装上市时，开始预期的估值市盈率也不高，可公司知道业务未来增长性很好，但因为公司的行业分类是工业加工业，所以市盈率不会高。后来公司根据其主要服务于食品饮料业的特点，向投资者介绍它与消费品共同增长的业务特点，以接近快消品业务市盈率的估值成功上市。

上市公司还有一个很大的优势，就是可以用资本市场给予的估值，用各种形式的股票来评价、激励员工。无论是期权、认股权、限制性股票还是奖励股票，或者员工直接持股，公司的整体经营水平集中反映在股票价格上，与员工的表现和收入直接相关，我觉得是最好的长期激励、综合激励。它的评价来自市场，奖励的资金也来自市场，员工彻底与企业整体利益绑在一起，虽然是很小的股权，但性质有改变。有次我到中化在四川的一家企业出差，看到员工热情很高，脸上有兴奋的神情。在电梯里我就说："你们看起来状态不错啊。"有人回答说："宁总，我们也是有'票'的人啦！"其实我心里清楚，这家公司刚刚实行了限制性股票激励计划，数量很小，我还担心数额太小起不到什么作用，但大家已经被发动了。看来也不仅是金额大小，是激励的性质。这家公司规模不大，但有技术优势，在实行了股权激励后，盈利和市值都上升了好几倍。

前面说到的中粮包装也是，它从一家几乎要倒闭的小工厂逐步发展成金属包装行业的领先企业，它在设立扭亏为盈目标的初期就有上市的目标，授予了上市前（Pre-IPO）虚拟股权，在上市后有期权激励，在期权转为股权后有员工持股。这一切都在上市公司和相对规范的环境下进行，是很有力量的。对国有企业，可以解决所有者缺位问题；对民营企业，可以解决员工和老板一条心的问题。公司上市有什么作用？不仅是集资，更不仅是流动性和套现，也不仅是有个市场价值和地位，上市后同时有了规则和管理升级的要求，也可以更好、更有效地市场化评价、激励员工，这些都是管理经营好一家公司必须的条件。

上市的轻松一刻应该是在路演结束，超额认购胜利在望的时候。有次公司发可转债的路演周末在伦敦，发行也基本完成，心情轻松。伦敦对我来讲，心里记着的就是大英博物馆、海德公园、泰晤士河，特别有吸引力的就是马克思在大英博物馆30年的写作和他的烟斗。那天我特别想感受一下马克思在伦敦是怎样吸烟斗的，就跑去邦德街（Bond Street）一家很古老优雅的烟具店买了很贵的烟斗和烟丝，然后跑到泰晤士河旁的椅子上坐下来，点上烟斗。虽然不太会吸烟斗，呛了几口，但此情此景此时还是让我有隔世之感。我不知道马克思有没有在泰晤士河边上吸过烟斗，我想应该是有的。我今天坐在这里，拿着仍然留着强烈的邦德街烟具店味道的精制烟斗，闻着与一般香烟很不同的烟草，眼前的每一个景物都让我感到它的历史感和抑制不住地对比。泰晤士河的水很干净，河里的船很漂亮，声音也不大，有人在船上喝啤酒，很悠闲。可泰晤士河几十年前也曾发生过恶臭事件，引发霍乱，直到把女王臭得无法出门才开始治理。

与中粮在中国合资的可口可乐公司的CEO是土耳其人，在英国长大。他说记得他小时候也就是20世纪50年代左右，他的父亲早晨去上班要多带一件干净的衬衫中午换上，因为身上穿的这件到了中午就黑了。伦敦到处烧煤，空气中粉尘弥漫。远处的伦敦桥、伦敦塔在下午暗红色的阳光照耀下显得庄丽、雄伟、古典和威严，游人很多。这里曾经是王宫，也是监狱和刑场。泰晤士河上的桥、两岸的建筑，每一个都有故事，都见证了岁月流逝。马克思当时从柏林到巴黎又来到伦敦，他是怎样在看到眼前这些情景后从纺织工人到蒸汽机、纺织机，从麻布到土地、到滴血的资本、到工人阶级的未来，再到《资本论》的鸿篇巨制改变了世界历史进程？世界可能没有完全按马克思的预见走，他可能想不到今天一个出生在中国山东滨州小城的年轻人在半懂不懂地读了他的《资本论》后来伦敦给国有企业发股票来了哈！这是多少历史的必然和巧合，多少空想和理论混在一起呀！

在泰晤士河边坐了好长一阵，天色渐暗了就起身回到酒店，发现花了不少钱买的烟斗也没怎么抽。因为抽烟斗要技巧，风大也不行，老是灭火。在酒店房间我就使劲塞满了大大的烟斗，拿起长杆火柴不断地点火，搞得酒店房间烟雾缭绕。可能是烟雾太大了，突然房顶自动灭火喷淋装置被启动了，哗哗大雨浇了好几分钟，不仅把烟浇灭了，把房间地毯、床上全都淋湿了。我这才知道闯祸了。我怕人家可能要我赔钱，可酒店的人上来一点没怪我，还老给我说"打扰你，对不起"，并马上换了房间。他们用他们的装备很快把房间清理好了，这才来很客气地告诉我，房间可以吸烟，但不可以吸雪茄和烟斗。我后来告诉同事这个故事，他们都哈哈大笑。我说："为什么他们服务态度那么好呢？"

发行股票也不是每次都成功，因为从决定发行价格区间到最后完成要一个多月的时间，这段时间政治经济形势什么都可能发生。华润置地、中国粮油的上市算是成功顺利的，但也有些不顺利的。华润创业在 20 世纪 90 年代初期发可转债，本来准备很充分，价格也很合理，可路演一圈到伦敦，最后定价的时候，突然发生了印尼的公司因无法回购不能转股的可转债而破产。可转债的投资对基金经理来说并不算风险大，发行的公司如果股价升了就可以将其转为股票，如果股价没升就当成债券还钱，还钱时的利息并不高，一般是按美国国债利息加多少点来计算。转不了股也还不了钱这种事，过去没有发生过。

当时的券商是所罗门兄弟公司（Solomon Brothers），它是全球最大的债券公司，好像巴菲特是它的股东。记得他们的办公室是一个改建过的伦敦火车站，很特别，很有气势，进去后觉得像是现代金融的宫殿，觉得这家公司很强大、很深奥，做什么都能成。后来所罗门兄弟公司也因为多次违规交易国债被处罚倒闭，被别人兼并了。华润发可转债时，因为外部市场环境的变化，所罗门兄弟公司要求公司可转债在低端定价。我当然不能同意。但僵持了一天后，到了必须决定的时候，要做个选择，发还是不发。我也意识到了市场的接受程度底线，虽然在底部定价我也能接受，但为了再争取一下，我说目前的价格超出了我们的预料，我要再与公司董事会商量一下才能决定。他们说好吧，那就再给你一个小时的时间。他们给我提供了一个房间，房间里有一部电话。那时还没有手机这么方便。其实那是伦敦时间的下午，香港是深夜，我也没有办法开董事会，我觉得也不需要开董事会。但是说了打电话，不打也不好，因为他们会看到我没有打电话。所以，我就把香港的同事从睡梦中吵醒，打了个电话，说了一下这个情况，聊了会儿天。实际上我们已经决定按这个价来发行了，因为发行对我们很重要。

等我打完电话走出房间，看到所罗门兄弟公司的几位高管并排站在门口，用非常期待的眼神看着我，笑眯眯地说："能握手吗？"我说："握吧！"就这样，债券算是发行了。但因为发行得不顺利，为了维护市场价格，这个产品又加了"绿鞋"，也叫超额配售权，就是在发行额当中要拿出一部分或超发一部分，在债券交易的第一个星期作为维护这个债券价格的手段，如果低过发行价就用这一部分大约占总额的 15% 的超发去回购债券。这个"绿鞋"用了一下，后来市场情绪很快恢复，"绿鞋"部分又卖出了。现在回想起来，公司上市发行股票这个时机，所谓"窗口期"太重要了，多种变量的函数组合促成了一个"窗口"，抓住它公司就上了一个台阶。否则可能是 window closed（窗口关了），下一个窗口遥遥无期了。

还有一个上市不顺利的是当时的华润万众电话。这是一个香港的小移动电话公司，总共好像有 100 万左右的用户，是香港六家移动电话公司之一。万众电话在经过了国际路演配售以后回到香港，晚上告诉我因为美国加息，路演时接到的认购大量撤回，发行认购不足了。当时有两个选择，第一就是可以停下来暂不上市了，第二就是在当天晚上要找到新的认购者接手，当时根本谈不上多少倍超额认购了！因为公司已经准备了很久，如果这样放弃，面子上很难看。那天晚上我就打了许多电话给当时比较信任的一些业务伙伴，希望他们支持。的确是在关键时刻很感激他们，很快在凌晨之前凑够了大约两亿美元，算是勉强上市。上市以后市场竞争依然非常激烈，公司仅有在香港的运营牌照，难有大的发展。后来公司就把控股权卖给了中国移动，这就是今天香港中国移动电话的前身。万众电话算是找到了一个好人家，华润也退出了这项业务，可算各得其所。

华润电力今天是中国电力行业中很好的公司了，它的发展很有特点，投资整合上市是它早期发展的关键环节。因为电力行业有政策性，你要迅速建立规模地位，要尽快占有一席之地，否则难以进入这个行业。华润电力在电力系统改革的空档期，很快冲进了这个行业，有人说是撕破了电力行业的面纱。华润电力在建设了江苏徐州和湖南郴州几家电厂后又迅速地并购了温州电厂和广东沙角C电厂，公司规模快速扩大，专业水平提高。因为电力投资是重资产，每个电厂的投资都有几十亿元以上，给当时的华润也带来很大的负债压力。如果公司要继续发展，要与大的经过多年建立的电力企业比肩，它必须改变融资模式，要上市。我们对当时的中国电力市场非常乐观，要加快扩展。现在回头看，投资、并购、整合、上市，这几步在华润电力走得很迅速、很稳健，也很正确。

因为公司素质好，华润电力上市很顺利，大比例超额认购。记得最后在洛杉矶的酒店里分配股票时，谁能拿到华润电力的股票，竞争非常的激烈。几家投行都很坚持由他们推荐的投资者拿到更多的比例，都把他们推荐的投资者的公司地位、社会形象、投资理念、对公司信心及未来长期持有并持续支持公司等等做了推荐。他们叫"选美"，有点像反过来的路演。公司股票的定价完全是区间最高端定价。记得当时超额认购几十倍，认购冻结几百亿元美金，这些资金要存在银行一周左右，这样就产生了几千万美元的利息。所有的上市费用、投行的费用、路演的费用都可以用这些利息来支付，而且还有剩余。因为投行表现出色，记得还从这些利息收入中奖励了一部分给投行。回想起来这是一个很令人高兴和兴奋的故事。

在这么多次的上市路演推介过程中，不仅是卖了股票，因为每天都有很多次见投资者，早餐会、午餐会、一对一公司的见面会，对投资基金也有了一些认识，对他们的规模、理念、投资标准都有了认识，而且人也比较熟悉了。在爱丁堡有一家公司引起了我们的兴趣，名字叫苏格兰寡妇基金（Scottish Widows）。能用"寡妇"两个字做公司的名字实在让人很震惊，里面一定有很悲凉的故事。后来知道的确是，在第一次世界大战时期，许多阵亡的苏格兰军人的遗孀得到了丈夫牺牲的赔偿后，没有把抚恤得来的钱自己分掉、用掉，她们联合起来设立了一个基金来管理这些钱，取名就叫苏格兰寡妇基金公司，公司标识是一位身着黑纱、面色凝重坚毅的苏格兰妇女。据说它现在的规模已超过1000亿英镑了。从这个寡妇基金的成立，你就可以想象他们是用什么样的心情、责任和理念，用多么长远的眼光、多么挑剔的标准来看管她们所爱之人的生命代价，这里的沉重让人难以承受。

我们几次路演都到过这家公司，我们说用苏格兰寡妇的钱来维护北京明朝期间修建的地下管道，来提供中国乡村的电力供应，这样的一个连接好像很合理，但责任无比的沉重，态度战战兢兢。后来我也写了一篇文章叫《寡妇钱》，就是想和公司同事们讲，别看我们好像很容易拿到了投资，但投资背后的重托我们要明白。这就是常说的股东意识，苏格兰寡妇基金很感人地说出了这一点。但苏格兰寡妇基金的人并不认为他们投资我们的公司是帮助了我们，相反，他们认为是我们给他们提供了投资机会。在公司业务好的时候，我曾收到他们送来的香槟酒，表示祝贺和感谢。

人们的生活
因为你的产品而变好了吗？
这不是高尚的理念，
是商业模式。

第 **13** 章

三座城

什么是你留给城市的作品?

记得 30 多年前，可能是 1988 年，我刚到华润时间不长的时候，出差在上海遇到一个地产项目，是虹桥机场到市中心中间的住宅、办公和酒店综合体。华润当时要与另一家香港地产和酒店公司富丽华合作。富丽华从加拿大请了设计顾问和财务可行性研究的顾问来做分析，他们一群人在上海研究了一个月，结论是项目不可行。原因是上海的国民收入、消费、人口、旅游人数等都不能支撑这样一个大的建筑群投资，所以项目作罢。后来这个项目被别人拿走了，听说赚了十几倍的回报。还有一次就是大约七八年前吧，我到迪拜。听当地人讲，中国商人来迪拜很多，到了后发现这里"钱多人傻"、土地便宜，他们就想在这里大展拳脚，复制中国模式做大做强房地产。可没想到，做了几年土地，房产价没怎么大涨，回报率很普通。原来这里不仅油多、钱多，土地更多，供给量大，想把它炒起来不容易。这两件事很有意思，看不到大势、看不到未来肯定不行，但只相信一般趋势、不看具体实际也是不行的。

这几年中国地产市场不好。地产销售大幅下滑了，房价降了，建房子开工少了，地产产业链上的所有参与者都遇到困难了，地产公司债务大面积爆雷了，政府也要过"紧日子"了。还有人更悲观，说中国地产业的好日子一去不复返了。我并不这样认为，因为中国的城市化进程还在继续，中国的人均 GDP 才刚过 1 万美元，中国经济还在成长，中国住宅市场刚需仍在，改善性需求强烈，与许多新兴经济体的情况相似，房地产市场也不可能永远沉寂。它仍会在周期调整中，在经济发展的新水平上回归平衡。我们过去习惯了地产市场20多年几乎是线性的上升，没有过大的波动，过度乐观和过度悲观都会同时发生。

其实如果认为房子价格太高，最好的办法就是供应更多的土地，或者提升供应土地的预期以引导需求的预期。但我们一直认为地产价格高是投机炒卖的结果，是房地产公司赚钱太多的结果，而且房地产过热使低收入群体买不起房子，所以用各种政策来打压、遏制房地产。限购、限售、限价，后来限跌等手段其实也没有改变实际的供需关系。但是当市场认识到了政府的坚定决心，认为政府一定会用各种可能的手段控制住房价上涨时，市场的信心动摇了，预期改变了，行为也改变了。这与经济中其他现象很类似。其实经济活动如果用两个字来代表，那就是市场，如果加两个字就是供需，如果再加两个字就是价格，在此之上还有两个字是非物质的，但是更关键的，这就是信心。信心是多因素合并作用于人心的结果，信心等于借贷，等于投资，等于供需，等于消费，等于价格呀！

房地产这个行业，有人叫它水泥砖头，人人都能评论两句，但没有人能说得明白。这就像粮食和农业，谁也说不明白，谁都能说上几句，因为大家好像多少都有点农民的经历。还有超级市场，谁都买过东西，谁都有自己的看法，但真说搞明白也很难。房地产这个行业变量很多，在不同的国家、不同的城市、不同发展阶段、不同经济循环周期、不同的人口状况、不同的金融环境、不同的土地资源和政策下，会产生差异巨大的房地产市场整体波动。这个行业基本是个投资决策性的行业，一旦投资项目土地决定了，输赢也就定了，建设经营层面可以改变的有限。

但是它也有很强的经营特性。随着市场的逐步成熟和细分，产品的组合、产品的定位、经营方式以及公司品牌都成了越来越重要的成败因素。房地产看起来不是工业生产，但它的发展轨迹与许多的工业行业从大宗粗放到产品升级、市场细分、品类竞争都是相近的。如果说20年前甚至10年前我们对中国房地产规律和趋势的认识还不能太完整，那么今天好像市场走完了一个大的循环，可以让我们回头看它的漂亮的几何曲线。很让人醒悟的是，无论在什么样的市场波动下，总有好的公司和好的产品可以生存发展。而且它们赖以生存发展的道理是很普通的。所以有人问公司怎么样才能长期持续发展啊？有人答，看一看为什么过去50年最好的巧克力糖果还是那个品牌你就知道了。

深圳的万象城是万象城里第一座，20多年前华润幸运地拿到了这块位于深南大道上的土地。那时华润的地产业务还分在北京华远、深圳万科、香港华润创业等，几块尚未整合。深圳也处在特区初期火爆过后的相对冷静阶段。因为刚经历了宏观调控，房地产市场也没有过于火爆。可行性报告说，这块地如果建成住宅楼，三到五年可以实现盈利6亿元。当时的6亿元，还感觉是不少钱，也有诱惑。但是总觉得这么好的一块地，建完卖了，没有作品留下是个遗憾。所以，我就问能否不马上赚6亿元，而搞一个每年赚1亿元的项目，长期持有下去？

"长期持有"这个概念，当时在房地产界不太接受，因为公司都在追求周转，买地快、建楼快、卖楼快，这样实现利润早。长期持有收租，租金也很低，这样的投资不太吸引人。但我觉得房地产，特别是商业和办公楼，是城市功能的一部分，如果长期持有，你就与这个城市一同成长。只要你相信这个城市会发展，现在就是最好的建立不动产投资组合的时候。特别是商业，与大众消费相联系，价值就更高。

商业物业是一个城市的必需品，甚至是带有消费品性质的必需品。因为与消费行为联系紧，它的波动小、风险小，价值也会随着经济的发展、消费的升级而不断地提高。我曾经说，商业物业是你晚上睡觉它都自己增值的项目。这样就能够来平滑房地产市场的起落。这的确也是发达国家走过来的路。甭管是美国、欧洲国家还是日本，它们在工业化城市化的过程中都经历了房地产市场的剧烈起伏周期，但与之伴生的商业地产则相对稳定并成了投资公司的主流投资产品。中国不动产的结构未来也会这样。但这是预期，并不会马上来，这就需要一个认知觉醒，而且要耐得住一些寂寞，压得住一些资金，早早地，在早期找到最优质的投资物业，并坚决地坚持做好培育。

那时没有"长期主义"这个词，但华润在商业物业上奉行长期主义来得很自然。别人曾经说其他地产公司是把地产当公司做，华润是把地产当自己家的日子过。从第一座深圳万象城开始至今已经 20 多年了，华润也把万象城和以万象城理念为核心的商业物业充分创新扩展了，成了中国大型商业物业的代表性企业。这时候不仅物业升值了，企业盈利升了，更重要的是华润置地的商业模式，资产结构与大部分的房地产公司是不一样的，它的稳定收益比例大很多，抵御房地产市场波动的能力强很多。当我们看到今天整个房地产行业遇到巨大挑战，而华润置地仍能健康经营时，我们就会意识到在一个房地产大周期的循环中公司的定位和资产结构的重要性。

其实最早决定要在深圳搞大商业时，我们也很忐忑。当时的深圳商业零售规模很小，都集中在罗湖国贸中心附近，这个城市能支撑得了这样大规模的投资吗？不要说深圳，30 万平方米以上的商业综合体在当时全中国几乎没有，因为当时单体建筑无间隔跨度太大，不符合国家的消防标准，还与监管部门做了许多沟通才实现。当时有位深圳市的领导访问香港到了华润，我问他同行的代表团中的人，在深圳建这样的大型购物中心可行吗？我印象很深的是其中有位年轻的女士兴奋地说："深圳呼唤购物中心！"当时我女儿在深圳上初中，有一天她回家很高兴地说："爸爸，你知道吗，深圳要建一个很大的商场，里边还有溜冰场呢！"我问她听谁说的，她说："我们同学都在说！"虽然这些无意中听到的话并不是可行性分析，但它很真实地反映出深圳这座城市对大型购物中心的期待。

购物中心在某个阶段上会改变提升城市的生活方式甚至品位，会对城市有引领，这是其可贵之处。但深圳万象城建设时就面临着市场竞争，在它的东边就是金光华，右边是中信商场，都在建，我和同事们担心未来竞争可能很激烈，曾晚上偷偷钻进人家的工地去查看情况，哈哈。万象城建成后也经历了困难和考验。从招租开始就困难，租户也不断调整，好不容易引进了台湾的一家百货公司，但经营不好，很快关掉了。前几个月整个商场营业额最高的竟然是麦当劳。当时我们想深圳看起来收入不低，但是个大乡村，不接受购物中心式的生活习惯。有同事说："我们是把万象城建成国际水平了，这东西太超前，当地人不一定能欣赏啊，哈哈！"商场地下一层有很大的超市面积，招商不易，当时外面的大卖场租金都便宜。我坚持让华润超市开到这里，但他们算账后总认为不可行，因为总与隔壁的便宜大卖场比，后来才急中生智逼出个Ole'超市的创新业态，这个新的Ole'后来发展成了华润万家的主力业态，而且再后来又把香港高端超市的鼻祖CitySuper给买了，真可谓出人意料啊。今天回头看，过去30多年经济发展的大潮几乎把所有经营的小沟坎都填平了，但坚持过来也考验眼界和勇气。

一般大型的购物中心需要投入30亿元左右，如果再加上周围其他综合体如酒店、写字楼等的投资，需要投资50亿元以上。这些资金要沉淀下来，会提升公司的负债比例。同时，它不能卖，所以实现不了利润，这对年度利润目标要求很高而且要年年增长的公司来讲也是挑战，你的营业额、利润增长和业界排名都会差过同行。这些持有的资产只能出租，可租金回报率很低，约1%~2%，远远低过银行利息。可折旧不低，根据不同资产，折旧率约为5%~10%，这样实际上投资商业物业在头几年虽然现金流为正，但利润是负数。这就是我们常说的商业物业要"养一养"，养到什么时候不一定。真正要建立一个有意义的商业物业购物中心的组合，的确需要十多年的专注和耐心。

北京的三里屯，西侧叫太古里，是香港太古集团〔大股东是英国的施怀雅（Swire）家族，也拥有香港的太古广场和国泰航空〕投资的。如果你仔细看，这条街从南到北，逐步地都被太古集团买下来了，可能用了20多年时间，这条街的建筑几乎要连为一体，成为一家了。这种专注和深耕也可以说是信心和执着，是从最老的商业帝国思维那里来的。我十几年前见过太古里的管理层，其中有位个子奇高的年轻白人，他们给我介绍说他是老施怀雅的孙子，刚满三十岁，被爷爷派到中国锻炼来了。这可不仅是投资要多看几年的长期主义啊，这是多少辈子主义啊！

由此对比，在万象城低潮时我们也动摇过。当时我们想如果实在财务压力大或者市场风险加大，我们可以先把写字楼深圳华润大厦卖掉，万不得已也可以把万象城按楼层单位散卖一部分。其实写字楼已经和有意向的买家谈过价钱了，买家也同意了。可是买家因为内部原因拖得时间太长，给了我们重新思考和观察市场变化的时间，几个月后我们告诉买家不卖了，准备自己长期持有了。如果那时卖了，今天的故事就完全不一样啦，哈哈！

中粮的大悦城由北京起步。其实投资的第一个应该是朝阳北路的大悦城，但它有个建设期。西单大悦城是买的一座将要建成的商场，所以反而先开业了。大悦城的"大悦"两个字，后来人们说是我夜读《论语》才得到的灵感。其实没有那么大的故事性。名字的确是我取的，大悦的"悦"字的确也受到《论语》的启发，但没有挑灯夜读那样的场景，哈哈。

　　当时的困惑是西单这个商业区在北京的核心地位正在下降。因为北京在三四环以外建了很多的住宅，也建了很多商业区，北京的商业中心分散多头了，西单这个过去的传统商业中心辐射半径小了。西单大悦城能不能成功根本原因可能是它能否跨出西单的商业半径，可以覆盖到更远。一般国外的 20 万平方米以上的购物中心，它的覆盖半径都在 50~100 公里。中国人口密度大，可能不需要这么远，但也应该有远的覆盖半径。购物中心不是一个便民性的社区设施，它是一个有目的性地吸引人从很远地方来的中心，而且来了要停留几个小时以上。想到这儿的时候，确实受到《论语》中一句话的启发，就是"近者悦，远者来"。近悦远来是治国安邦的理念。战国诸君如何使自己的国家强大？要增加人口。如何增加人口？就是要让自己国家的人民安居乐业、生活幸福，这样其他国家远的地方的人自然会来到这里。这是孔子在周游列国到了楚国叶公问政时说的。这个概念特别适合于今天的大型商业中心。来的人消费体验感觉好，有人会从更远的地方来，商场的覆盖半径才会大。

有一次，我陪一个香港很大的地产商去西单大悦城参观。时间在上午，商场刚开业，我们进门就看到一对年轻的男女提着行李在大悦城里逛。我看他们不太像北京人，就问他们哪里人。他们说吉林延吉人，因为刚下火车就来了大悦城，所以还带着行李。我说为什么下火车就来大悦城，他们说我们来之前网上查好了，就是要来大悦城呀！我说这太好了，你们是最远的目的地客户，是我们最理想的客户啊！我让同事马上给他们安排了会员和购物优惠。

一家购物中心能否吸引更多人，不仅是靠规模，更重要的是看其定位和商户的组合。过去我们把大型购物的地方叫百货公司，意思是东西很多很全，什么都有，适合所有的人。这种概念开始很受欢迎，而且后来购物中心的组合中更是增加了餐饮、娱乐、教育、健身等更多功能。这时的购物中心已经不仅是卖东西，而是提供多重服务的。目前大部分购物中心的面积超过一半的是那些购物之外的服务。但这里边如何组合找到最佳点的学问很大。因为客户群体不同、租金不同、人流不同、不同楼层的方便程度不同、品牌喜好不同，不同的租户商品组合就是不同的去处。

好多年前去日本东京，看到他们在十几层楼上还有商业觉得很惊奇，后来才知道那叫银座式商场。银座式商场用什么样的商品组合和商场的动线才能让客人心甘情愿地上十几楼去买东西，是零售业一直研究的问题。后来日本公司到了香港，把铜锣湾改成了与东京银座一样的高楼购物方式，至今仍然人头攒动，靠的就是不同的组合。购物中心这个模式也有从小到大，从简单到复杂，发展到一定程度又必须选择个性化、差异化定位，服务要选择客户群体的特点。所以，购物中心也要作为一件整体商品，有其自身的商品特征，如定位、形象、品牌、价格、氛围，甚至包括其令人直接感受到的设计、动线、灯光、温度、气味，当然包括所有服务人员，也包括保洁、保安的状态等，这些综合在一起才是一家购物中心。

　　大悦城就是在这种理念下定位的。西单大悦城有20多万平方米，虽然可以容纳几乎所有零售的品牌，但它从一开始就做了选择和定位，只对准年轻活力人群和新兴中产，提供舒适、方便、实用也时尚的商品，年龄在二十几岁到四十岁左右，并以此为原则选择商户和商品。所以大悦城里没有特别高级奢华的品牌。我相信消费理念和消费习惯相差大的人混在一起会不太舒服。这也不仅仅是支付能力差别，也有生活方式、生活态度的选择。要不要把大名牌穿在身上而且要把商标显露出来，这在一个社会经济和文明发展中是很有象征意义的。起源于欧洲的奢侈品在欧洲消费群体逐渐缩小后到了日本，到了东南亚，到了中国，在中国的消费群体也在不断分化。收入不同、教育程度不同、职业不同、对自己与社会的关系的感觉不同，都会影响消费选择，特别是对彰显性大品牌的态度。

多年前在美国的时候看到有人身上背着大品牌的广告，那是别人花钱雇的，今天为什么你要自己花钱把别人的名字背在自己身上？哈哈。我相信中国的消费者逐渐也会对品牌奢侈品有更理性的认知，会逐步在消费中偏重产品功能、品质及个性选择。记得多年前在巴黎与达能的董事长吃饭，餐厅的窗子刚好能看到老佛爷百货大楼的门口，有中国旅行团来购物，大家大包小包在门口等上车。达能的董事长说中国人很喜欢大品牌呀！不过我从来不会买那些东西。我问为什么？我以为他会有什么高级的回答，他只是说我觉得它们不值那个钱吧。

大悦城从开始就定位城市年轻新兴中产，拒绝了高端奢华，这是它希望在消费者心中的形象，好像在逐步建立起来。最近有人给我发微信文章说上海的静安大悦城与名创优品合作快闪店卖与 Chiikawa 联名的毛绒玩具，三天卖了800万元。我看后笑了，觉得他们找对了地方，如果他们在其他更高端的商场卖肯定没有这个效果。几天后同样的商品用同样的方式在北京朝阳大悦城开卖，取得了同样效果。这就是大悦城，这就是购物中心的差异化。

自从线上购物大行其道之后，大悦城这样的购物中心也受到了考验，有过一段迷茫。购物中心模式还能不能持续？我们也看到了商户销售的下降。有人说购物在线上了商场没人来了，也有人说即使商场有人来也是看一下商店陈列，等于看一下样品，商家在商场开铺也是为了广告宣传，消费者还要回到线上购买，因为线上便宜。为了应对这种变化，我们也调整了销售额提成和固定租金的比例。但这个过程经过几年后逐步稳定了下来，甚至店铺的零售开始增长。实际上它的核心是无论线上怎么销售商品，它不能完全代替人和人见面，人和人约会，人和人一起吃饭、看电影，参加各种训练班及健身等这样的活动。人们交际在线上感受大不同。大悦城这样的购物中心就提供了一个社交和亲身体验的场所。我们在网上购物盛行的时候调整了店铺组合，调整了商场功能，大悦城变得又有生命力了。再后来许多线上购物的著名网站也都开了实体店，说是线上线下结合。我不知道这种结合最终怎样，但有一点可以肯定，线上购物不能完全替代像大悦城这样的购物中心，因为它所带来的消费的氛围和社交体验是城市生活的重要部分，是人们非常需要的。购物中心在一个城市里会成为各类活动的中心。所以你每到一个城市，你去看看它的购物中心，去看看它的超级市场，去看看它的书店，在街道上走一走，你大约知道这个城市是一个什么样的城市，人们在过着什么样的生活。

中化金茂的览秀城是比较晚的一家购物中心。金茂地产开始
得也比较晚。金茂地产虽然开始得晚，但是起点不低、进步很
快。它从北京的金茂府一炮而红，形成了金茂府的系列住宅产品，
在市场上赢得了很好的口碑。因为在住宅中用了许多新的建筑技
术，在空气、温度、噪声、水处理等不同方面提升了住宅的品质，
所以它售价一般都比同样地段的住宅楼要高一些。我觉得这是一
个很好的战略，因为随着中国住宅用地的紧缺，住宅楼面所分摊
的地价比例越来越高，从过去的 10%~20%，到目前好的地段住宅
土地的成本中 90% 是地价。所以不能在一个很好的地上盖一个不
好的楼，这是金茂的理念，就是在一个好的有价值的地面上盖好
的住宅，最大地发挥土地应有的价值。

但中化金茂一直没有注重商业物业。虽然它也建设了许多著
名的酒店，如上海的陆家嘴金茂君悦，如海南的丽思卡尔顿度假
都是顶级酒店。但公司持有的投资物业少，每年都追赶住宅销售
以达成业绩。这也是大部分后来加入地产行业没有土地储备，没
有投资物业的地产公司的特点。我到中化后还是带着前面两家公
司的思维，觉得不能每年完全依靠住宅物业的销售，公司的长远
发展要有相对稳定的、有出租收益的投资物业。这样就加强了公
司逐步建设商业物业组合的想法。

中化金茂的购物中心取名览秀城，这名字直觉很好听，它参

考于杜甫的诗《望岳》，其中有两句"造化钟神秀，一览众山小"。我取了其中两个字，感觉很适合商业物业购物中心的意境。英文取了个名字 The Splendors，是壮丽、辉煌、美好的意思。因为上学时看了雨果的《巴黎圣母院》，丑陋的敲钟人卡西莫多临终前说的一句话我印象很深："Life is splendid！"（"生命如此美好！"）名字就是把心目中好的、有憧憬的东西拿来表达期望吧。其实要想在一个传统地产公司里做好长远投资物业，还是要求商业模式有很大转变的，这要求战略思维、内外环境、市值评价各方的配合。什么组合才能达到平衡长远出租和短期销售利润的要求呢？这对于追求利润增长的金茂地产要有个转型过程。

好在金茂地产有其战略特点，定位于城市运营，就是希望能够大片地对城市的面貌和功能有改变的投资。这样的模式，一个项目需要 10 年左右的时间。有一个成功的例子，就是湖南长沙的梅溪湖。几万亩地做了快 20 年的时间，不但住宅可以住大约十几万的人口，有多所的中学、小学，有酒店，有歌剧院，当然还有大型商业。这个商业又融入这个社区，自然而然地成为其有机部分。也可以说发展项目有很高的理想，觉得不仅是房地产有盈利，而且重要的是有好的作品。是我们的投资提升了这个城市。

创造好的作品也是一种公司的使命和团队的成就和满足，但要做好这个平衡。览秀城的商业地产模式在概念上大家很认可，但执行起来并非容易，投资的机会、团队的专业性都会影响落地。特别是在业绩需要快速增长、住宅需要增加销售的时候，它其实是争资源、有矛盾的。这与其他的战略转型很相似，要求全要素的系统努力。在任何一家成熟的企业里，要培育一项新的业务都要求有清晰坚定的战略和执行。现在我们经常说企业里的"第二曲线"，就是企业在传统战略很舒服（其实已经有问题）的情况下，可否敏锐地看到未来的趋势和方向，并勇敢地拥抱挑战，创造下一步的"第二曲线"。这是战略思维的关键。

为什么微软这样的公司甚至在盖茨退休后可以从操作系统的基础业务上产生出云计算的业务，又抓住了 AI 的大浪潮？为什么通用电气不行？为什么 IBM 甚至英特尔好像也不太行？环顾我们周围的企业，有多少抓住了"第二曲线"？华为从做交换设备又开启手机业务，小米从做电话、家电又开启电动汽车业务，中粮从粮食贸易扩展到消费品，走向国际化，中化从大宗商品业务转型到生物化学和新材料，这些都是"第二曲线"，其中的困难曲折一定是巨大的，有些成败得失尚不能完全确定。"第二曲线"就是成长曲线、成长战略，是企业基因里的生存法则，在目前技术和市场剧烈变化的背景下，能否有"第二曲线"是对管理者的考验。

　　览秀城发展的时间短，中间又受新冠疫情影响，一共开了南京、长沙等几家，尚未形成大的影响力。但这个过程开启了团队对商业物业的理解、对商户的理解、对招租布局的理解、对运营购物中心的理解。在一个大的综合体里，最难运营的是商业部分。商场一般看起来是个大盒子，实际上管起来、运营起来很不一样。越来越多的实践证明，商业物业目前在中国建的并不少，可管得不太好。对商户和消费者的连接点把握不得当，制造的消费场景不能促成购物交易，容易导致大而不当、冷冷清清的场面。现在万象城和大悦城的管理团队可以轻资产去帮别人管理商场，甚至从设计建筑、招商到物业管理都提供服务。专业性现在越来越重要，物业管理公司可以独立出来成为盈利的运营主体，而且像华润万象生活还单独上市，并进入了恒生指数成分股。专业管理的购物中心人流多、租金高，租户等待进入。就像管理一家公司一样，购物中心也是个活的生命体呀！

　　每个城市都有一个市中心，什么是市中心呢？就是一个大家经常去聚会的地方，或者是一个过年过节去倒计时的地方，起码是一个地标的地方。比方说人们经常说我们在哪儿见面，或者问你在哪儿呢。我说在什么知名的地方附近呢！这个地方，这个城市居民活动的中心就是万象城、大悦城、览秀城这几座城想要建设的。因为它们肯定使城市生活更丰富、更热烈了。当然现在看来这个愿望还没能完全实现，不过我曾在深圳听到人们在路上大声地打电话说要去万象城见面，也在北京听到人说我今天去大悦城！我听到后，知道这几座"城"自然地融入了人们的日常生活中，心里还是很高兴的。

男人的眼泪
在有些场合
是应该有的。

第 14 章

三告别

—

离开是为了反思吗？

人这辈子能泪流满面的事儿不多，特别是已经有些年纪的大老爷们儿就更不容易人前流泪。但我经历过的几家公司，在离开的时候都挺动感情的，都忍不住流泪。不仅我流泪，同事们也流泪，可能是因为不舍，因为离开得突然，也可能有遗憾中的委屈。说起来不太好意思，但三次告别后来都经常被我回味并成了趣事。

从后往前说，先说从中化集团退休离开的事吧。

那天，我正在越南的下龙湾开亚太经合组织工商咨询理事会的会呢，秘书告诉我，说中组部的领导秘书打电话问我什么时候回去。我当时也没在意，后来回到北京，领导秘书又来电话问回来了没有，我回答说回来了。后来又来电话约时间，说是领导要和我通电话。后来就通了电话，电话里领导通知我组织上决定我退休了，过几天就会宣布。那天好像是 2022 年的 8 月17 日。

临近退休这几年，特别是心里烦的时候，我就想啥时候退休就好了，我也几次向上级表示最好早点退。可真要退休了，这事又是新的体验，好像一场正在热热闹闹上演的戏剧突然停了。我像是从一场喧闹的晚会中走出来，来到场外寂静的草地上，心里空空荡荡的，净是看到人们在窗内的背影，哈哈。这个感觉还真

有点酸酸的，有点激情投入后被遗弃了的痛。这种感觉虽然很短
暂但是挺深。这种感觉不光在心理上，身体上也有反应。知道要
退休的当天下午，我出去开一个会，开会时说了几句话之后，我
双唇发干，特别干，很不舒服。这种感觉从来没有过，好像身上
突然断了水一样。回到办公室，看到就要离开的景物，喉咙哽咽，
胸口发紧，鼻子发酸，感觉是要离开一个生活了很久感情很深的
地方，眼睛自然湿了。

不过这种感觉很快也就过去了。所谓世界500强企业的董
事长，听起来是个头衔，可以很严肃、很紧张、很在乎。其实
也可以不这样，也可以很平常、很轻松。啥事时间一长了就知
道，不过如此，原来如此呀，哈哈！不必要的威严和神秘都是不
自信的表现，这工作和企业里的其他工作也差不多，只是职务
让你站在不同角度罢了。你觉得自己很重要，也把别人搞得很
拘谨，大家都难受。无论什么事都应该收放自如，有自知、自
信、自在，最好有点幽默。因为事情的道理差不多，忧虑着急也
解决不了问题。当然，轻松也不是懈怠，轻松好像应该是胸有成
竹呀！

我记得十多年前刚收购了蒙牛，蒙牛刚从三聚氰胺的事件中
走出来，可很快又来了个黄曲霉素事件。一时间沸沸扬扬，销售
额几天下降了80%。开会时我说我们这一段时间运气不好，事

情发生在四川的梅县，管食品安全的质监局的司长也姓梅，原因是黄曲霉素，又因为饲料发霉，几个"霉"到一起了，所以我们就倒霉了。不过我相信倒霉是短暂的，因为它不是我们有意做的，马上就开春了，我们肯定很快就会时来运转好起来。听了我的话，大家真笑了，说这时候你还讲笑话，听起来你这个领导没有被事件压倒啊。也算让大家心里有点儿底，这样大家处理问题的状态就不一样了。

再说回退休。宣布退休几天后，公司班子成员要吃顿饭，在公司食堂。公司规定这种场合是不能喝酒的，自己带酒也不行。所以那天大家吃饭只喝水、没喝酒，互相敬大杯的白水，干了很多。大家笑称"水席"，也是很开心的。可以说应了那句酒席上的老话，"只要感情有，喝啥都是酒"呀！不过人的确是这样，无论心理上还是生理上都会不自觉地适应环境、调整自己，在改变了的条件下找到自己最适合、最舒服的样子。记得我去文莱开亚太经合组织的会，几天会议都是喝冰水，到最后结束时的晚宴喝的有果汁，乍喝一口，冲击感很强，比喝酒还刺激呀！

后来公司开了一个小座谈会，算对我是个送别。同事们讲了我许多好话，有些不经意的小事他们还记得，让我很感动。特别是大家对你的感觉，过去你并不很清楚，现在听到了感到很新鲜，也有反思。有位同事说宁总虽然事情很多很忙，但是他很轻松的、很潇洒的，他不纠结，也没有很大的包袱和压力。我觉得这个话对我是很大的褒奖，因为我觉得这是应该有的状态，也是我追求的状态、好的状态。这种状态对你自己和别人，甚至对因你而形成的环境都很重要，你的状态会反射出来形成团队的、公司的状态。不论什么工作，多大责任，多大权力，每天搞得很郁闷、不舒服，一定不是个好工作，或者工作没做对。压力和纠结只是一种可以传染的负面情绪，乐观才是积极工作的计划和方法。

那天的会要我讲几句话，我说要先谢谢你们让我讲话啦！因为已经有十几天没有人听我讲话了，把我憋坏了。现在我发现我这个讲话是上瘾了，我就是个讲话机器，不论到哪里，一下车一进门，很快地就想去讲话，因为这是一个习惯了呀。一个多礼拜没让我讲话，我已经非常着急了，特别是见到公司的人，想赶快讲几句话。我以前曾说过，公司的领导者是最大的能量传递者和思想传播者，说话、讲话可能是重要的工作。大家要知道你，了解你，你也要沟通，很重要。

我觉得公司的领导分两类：一类话多，有啥说啥直截了当，能聊天，能天南地北、古今中外地侃大山，说的可能不严谨，但大家不冷场、气氛好，也可能谈笑之中做了工作；还有一类比较酷，话不多，看起来稳重冷静，有城府，有神秘和权威感，神秘就是权威呀，哈哈。两者没有对错，只是风格不同。我是喜欢话多和气氛轻松的公司，不愿听千篇一律的枯燥发言，更不太喜欢开会讨论没人发言，也不喜欢在食堂一起吃饭时没有欢声笑语的公司。我觉得如果那样都是领导的责任，那样的公司也不会有由内向外迸发的战斗力和创新力。说实话，我还没看到任何一家公司的领导人特别城府深，特别沉默寡言不说话能把公司搞好的。不过一个人离开公司后大家怎么评价你、议论你是一件很有意思的事儿，没人研究，好多时候自己也不知道。如果这件事能把好的坏的都研究一下，对当前所谓的"领导力研究"应该有帮助吧？

同事们问我退休什么感觉？我说第一个感觉就是早上没地方去了呀，虽然我起床不早，以前还是很紧张地赶快去公司，现在早上起来很快地洗漱完毕，突然意识到不用去公司了！若有所失呢！看到大街上匆匆忙忙的人群感到很异样了，好奇他们还在奔波呀？为了啥呀？过去在公司里与团队一起，总想从根儿上把人生意义弄清楚，再说为什么公司要有使命感。现在退休了，这个问题还是没有弄明白，还要接着想想。还有就是现在去哪儿没有人迎接了，没有人提前等着给你开车门啦，没有人随时端茶倒水了，到餐厅吃饭要等位子了哈。所有这些过去习惯了的方便没了哈！但换来了自由：过去对企业的责任像是罩在头上的，无形又无时不在的，它与你的生命一样重要，而且在不断变化中又有风险，但你又不能完全把握，现在脱掉了，这是大改变。你可以穿短裤去公园散步了。在这个年龄换一种生活方式，得大于失。

那天女儿开着车在长安街上，我就给她吹牛说，你看这长安街上有好几栋楼和我有关，华润的、中粮的、中化的楼，有酒店有办公楼，要么是我工作过，要么是我主持修建的。女儿说是啊，你可以回忆的事情很多，想他们了你可以去看看。我说是啊。不过又一想，我说现在退休了，我也没有门卡了，恐怕门卫也不认识了，不会让我进门了呀！说到这儿，我沉默了。

有位记者问我，宁总你工作了好几个公司，回头看，你个人都得到了什么？我说这就像我们去了一趟深山，看到了许多美丽奇妙的景色，种下了许多未来会长大的植物。我并没有从山里带回多少奇珍异宝，只是沾满了浑身的露水和枝叶，抖一抖，原来都是闪闪发光的记忆，对人一生来说这不是也很酷吗？

因为离开中化不是去一家新公司，是退休，是老了，所以就写了《老了的美好》。弟弟宁光也有感而发，写下《儿时的美好》。宁光本是位医生，不知为什么这几年也文学情思大发，写了许多关于医院和医生的感情充沛的文字，可能也是年龄不小了，生活的感悟多了。好像每个人活着活着不光是老了，而且变成哲学家、文学家了，感情也越来越细腻了，是吗？

员工之间的情感在一个公司的管理中，在一个公司的文化中有多重要？有人说西方的公司好，人际关系很简单，同事之间就是工作没有别的，工作合作很好，没有更多情感甚至没有更多的联系。可我觉得一家公司的同事之间除去工作，没有一种近似家人或者很密切的朋友一样的关心、依赖甚至想念，这家公司就不会是一家很默契、沟通成本很低、很有合力的公司。特别是在中国的公司，我感觉需要一种彼此能心领神会的，一个眼神和微笑就可以达成共识的氛围。

我离开中粮也是很突然的，其实国有企业领导班子的调动都是很突然的，都需要公司从业务管理到员工情绪上适应。而且这也不仅是一把手。中粮的吕军2013年调去中国储备粮公司，虽然是很大的提升，但因为他对中粮有很大的投入和留恋，他当时也很不想走。组织上和他谈了后，他一直很纠结犹豫。我当然从中粮集团的本位出发也不想让他离开。吕军是全球粮食贸易和期货交易专家，战绩骄人。我也给领导说他是中粮的"白菜心"，最好别拔走，可是没办法。吕军去赴任的那天我们有个小的欢送会，我说吕军本来中粮是当儿子养的，但现在只能当女儿嫁了，很不舍。说完就有点激动，说不下去了。我说：吕军，你说吧。吕军从口袋里掏出一张皱巴巴用铅笔写的小纸条，应该是他准备的发言稿，念了两句也声音哽咽念不下去了。为了打破这个局面，我说我们下楼喝杯咖啡吧。到了楼下，原来公司许多同事已经在等待送行。吕军一下楼，大家又是献花又是拥抱，也少不了激动的、不舍的眼泪。当然大家对吕军升职后的前程也给了很多祝福和很高的期望。后来吕军到了中储粮做了总经理和董事长，中储粮的业务得到很好的发展。2018年，吕军又以中粮集团董事长的身份回到中粮，转了一圈，把粮食全产业链的环节都摸过了，人就站在更高的角度看公司了。

还有一次告别也让我印象很深，久久不能忘怀。也是对公司的发展有很深刻的影响，就是当时中粮的副总迟京涛去华粮[1]担任董事长。迟京涛去华粮担任董事长是当时中粮希望并购整合华粮的需要，是为了在并购整合之前对华粮有更深的了解，准备下一步，因为华粮当时的粮食国内贸易地位对中粮的整体布局很重要。京涛如果去华粮，当时中粮集团副总裁这个职务要免掉，但华粮能否被整合，甚至能否生存都有疑问。有人说京涛也算好不容易当了一个中粮集团副总裁，现在免掉职务去华粮可谓前程未

---

[1] 即中国华粮物流集团。——编者注

卜，风险很大。而且当时京涛父亲正在病重住院，我也就没好催他。有一天，他到我办公室进门就说："董事长，我去吧。"我说："想通了？"他说："老父亲走了，老父亲这时候走就是不想拖累我，让我去啊！"京涛他们要去华粮的那天我刚好在伦敦，给我打电话说迟京涛他们可能明天去华粮赴任，到了第二天下午果然就有领导宣布。京涛给我发了短信说："董事长，我们在中粮福临门大厦门前，有很多同事送行，在三遍爱的鼓励的掌声中上车，去华粮赴任了。我们一定不负使命，促成华粮和中粮的整合。"我当时也实在找不出更好的词语来表达感谢和鼓励，我就写了四个字：我爱你们。

这时的中粮发展很快，像是一个大的兵团，每个战场的情况都影响全局，大家有一种在一起为了共同目标战斗的感觉。共同战斗，共渡难关才有感情，才难忘，才是团队。后来京涛和团队成功完成任务，华粮顺利整合进中粮。后来京涛又去了日内瓦整合中粮并购的来宝农业和尼德拉粮食公司，为中粮集团国际化的第一步立下汗马功劳。再后来迟京涛又被提拔到中储粮任总经理，从一个没有粮食背景的人事干部成长为管理亿万吨粮食的总经理，每一次履新和告别都是升华。

说到这里我想到一个问题，就是什么人在什么位置上最合适，是适合这个工作及对工作的贡献重要呢，还是级别或者职务重要？组织在用人的时候要考虑这个人在专业上、业务上可能做出的具体贡献，换一个地方是不是好？同时企业管理者自己也要平衡，你是管一个大的，有潜力、有发展的业务好呢，还是去个级别高但业务发展潜力小的地方好呢？我看到了几次这种变化，许多不太合适。管理学上说一个组织常犯的错误就是把一个能干的人提拔到他的无能区才肯罢休，哈哈。

还有一个任期问题，企业不同于政府，企业家任期多长为好？当然有爆发力很强的明星如乔布斯、马斯克，十分耀眼。如果你看看巴菲特，如果你看看马士基海运的穆勒，从这几年我们大家都关心的芯片来看，华为的任正非，按说他们都很老了，但他们用几十年的持续努力打造了成功的世界级的企业，特别是在技术发明上更是不折不挠，用时间、用生命、用毅力攻克了难关，可以说没有他们就不会有这些企业的成就。企业的管理者如何评价、如何接替是世界难题，现在看起来，创造世界级的、伟大的基业长青企业的一个方法就是创造一个环境，鼓励一个人把几十年的生命投入进去，执着地、长期坚韧地、不畏艰难地去筑成一家企业，时间不可短。爱因斯坦也说了，时间也是能量，伟大的企业和伟大的创造产生需要能量，也就是时间和耐心。

我离开中粮的过程也是很仓促的。当时我刚好在成都出差，参加成都的大悦城开业的仪式。突然有电话叫我马上回北京，大悦城的开业仪式刚搞了一半，我在大悦城门口简单讲了话就匆匆地赶往机场。遗憾的是直到今天我也没再有机会踏进成都大悦城的门。回到北京的当天下午就有领导谈话，告诉我调去中化集团。我在中粮已经工作了 11 年，中粮的全产业链、国际化和加快建立终端消费品业务这几个战略都在进行中。团队在艰苦努力，我又是一样很留恋，不太想离开。虽然知道组织上已经定了，还是向领导表明了我这个工作和学历背景啊，对化工行业不熟悉，何况也已经 57 岁了，希望能够继续留在中粮。领导说干部交流是大政策，我在中粮的任期已大大超期了，交流是肯定的，交流中遇到的困难要自己克服，自己处理好。

　　离开的那天先是开了宣布大会，等下到大堂时场面还是让我受到了感动。公司大堂和门外都挤满了人，从同事们的表情里我也感受到很温暖、亲切和不舍的情感。大家还写了标语，当然也有眼泪，我也流了眼泪。11 年中粮，这次迈出大门的心情很空空荡荡的。正值北京冬天，寒风刺脸，带着很灰暗的情绪钻进车里，虽然周围许多人来送行，但我还是觉得要很孤独地去闯荡另一个世界了。对中粮难舍的情感让我一口气写下了告别的话《如果》[1]。

---

① 见本书附录。

我在汽车从中粮福临门大厦出来上了朝阳门桥的时候发出去，在20多分钟车到了长安街上的中化后，大家告诉我：你的《如果》中化的同事也都已经看到了。

几年前华润拍公司80周年纪念片，拍片人来采访问我说，华润、中粮、中化三家公司在你心中怎么比。我说华润是娘家，中粮像是出差，中化只能说是路过了哈。虽然这么说可能得罪了中化甚至中粮的同事，但是我并不是指公司的好坏和谁更重要。无论哪一家公司，对我和同事们都是全情投入的。我只是说对我在不同年龄的经历和影响来说，华润是最大的。一是进华润的时候年轻，28岁刚由美国MBA毕业；二是从最基层做起，时间最长，18年时间一直到成为公司的总经理；三是地处香港，内地开放，华润转型，公司的老领导给了我很大的支持和信任。现在回头看，如果可以在年轻时学习基本理论、得到专业训练，又可以有许多机会锻炼，这就好像学了游泳就可以下水畅游，是很幸运的。

后来我到中粮和中化再兼中国化工，去了就是董事长，是"空降兵"，你可以说权力很大，但也可以说对企业并无感觉。但在华润不同，进门时是最基层的员工，当时叫办事员，好像过了半年多第一次被提拔成为高级办事员，心里还挺高兴。现在回头想来，什么样的公司文化可以让年轻人充满激情地去努力工作？公平、公正、鼓励、开拓。华润老一辈的领导大多是老经贸部的领导，受过很好的教育，走南闯北在世界各地见过世面，并且在改革开放的最前沿，对公司的大方向胸有成竹。有位老领导就曾经说过，宁高宁的优势就是他不太懂中国，敢想敢干。这话在当时是很大的鼓励、支持、包容和担当啊！有人也问我，怎么可以在华润那么大的机构十几年就做到公司的最高层。我说当时真没想过，现在回头来看可能有几个原因：一是在适当的时机，进入一个适当的公司；二是做了你已经有准备的事情。当时这个准备其他许多同龄人是没有的，就是刚刚学完了老美的工商管理，这在当时算是一个比较领先的教育了，特别适合华润当时的需求，因为当时的华润集团正面临巨大的环境变化的挑战，可以说正在走下坡路。外贸体制改革，垄断全没有了，这也是中国大部分的外贸企业没有及时转型后来都消失了的原因。华润当时也面临求生存的转型。这些因素凑到一起了，给了我平台和机会。我当时是留学生，进到华润是有一定优势的。当然更重要的是有当时领导的理解、包容、培养和支持，是他们带动提升了我。

但华润当时从内地大学招的五六百名学生，发展不一。因为当时的香港，诱惑和机会都多，许多人都离开华润各奔前程。

这都是自己的判断和选择，有人创业很成功，自己建立了很好的事业，也有人不断受到挫折，但都是尝尽人间甘苦，算是没有辜负时代的风景。我是在华润时间长的，18 年后我被组织调到中粮时，华润当初招的几百个学生就剩下几十个了，这些人都成了华润主要的管理团队成员，建设了新华润。我为什么没有早离开华润？一是性格使然，山东人，可能比较迟钝，也可以说忠诚；二是事业吸引，每天都有令人兴奋的事情发生，公司在发生重大改变，而且我不断被重用、信任。当然我也努力了，但当时并没有升多大官的野心，也没有所谓今天老说的职业生涯规划，因为我的确受过成熟商业规则和方法的教育，我自然地会遵从内心，自然地做好每一件事情。我记得当时华润与嘉里集团合作建设香港金钟香格里拉酒店，我负责这个项目的协调。因为股东资金每两周集结一次，不知为什么要用支票，没有今天方便。上亿元的支票由外面的快递公司送我不放心，就几次自己送去，后来人家公司的人看到我，以为我是信差。再后来合资公司开会，大家知道了这件事，他们说："宁先生非常可靠呀！"（"Mr Ning is very reliable！"）多年后我到了中粮，中粮也与嘉里有许多合作，他们还提到这件事，认为我是很可靠的合作伙伴，哈哈！

离开华润确实是一个很痛苦的过程，因为当时从没想过会离开，以为会永远在华润工作下去。从公司的规划，到个人生活，都是把在华润长期工作当成基本点。突然说要离开华润去中粮，我心理上很抗拒，感情上觉得中粮公司与我没有关系，还觉得中粮很小，有点看不上。当时的企业管理人员调动，好像还有点可以提提个人想法的余地。组织部的领导看我这个态度，就以为我可能想留在香港，说香港这么小的地方有什么好的，你应该去北京工作。当时我心里想的就是华润我们这个团队，一起来干这件事，大家都在冲锋，那么我怎么能一个人先撤呢？

当时知道我要离开后，确实有华润很多同事说你走，我们一起过去吧。这当然是不可能的。看来留恋是对人的、组织的留恋，不是对资产的留恋。其实有了这些人，在哪里都会创造新的业务和资产。后来国务院的领导找我谈话，我当然难以直接拒绝，一直说领导定吧，组织定吧。领导说你这么说就是同意了。我说您定吧。就这样，我算同意离开华润到中粮。谈完话的晚上，我回到酒店。酒店房间很大，我思绪很乱，心里难过，觉得昨天还是长满繁茂树木就要开花结果的壮丽山河突然在我面前消失了。我觉得很空，没有了方向感。房间很大，我就无目的地在房间里转圈，一圈一圈，从晚上走到凌晨，走了一宿。落下了个腰疼的毛病，每年犯一次，到现在还没治好。因为出差到北京，没想到要离开华润，随身带了许多文件，可这时我再看到有华润标识的文件后禁不住感情激动，流下泪水。后来很长时间，我一提到"华润"两个字就激动，浮想联翩。

回到香港刚好元旦，公司搞欢度元旦聚会。因为我要走，不可避免地把庆祝元旦的主题变成了欢送告别的主题。记得那天去了很多人，许多与聚餐无关的人也在，喝了很多酒，说了很多祝福感谢的话，流了许多泪，拥抱了很多次。我的确没想到就这样与华润分开了。多年以后我年龄大了，不听流行歌了，偶然间听到朴树的歌《那些花儿》，一下冲击到我心底，还是十分激动："她们都老了吧？她们在哪里呀？……她们还在开吗？我们就这样各自奔天涯。"前两年在中化，我还在众人面前自告奋勇唱了这首歌，因为感觉它唱的是我们。华润当时的兄弟们今天都四散而去、各奔东西了，今天在这里也向大家表示敬意和问候了！

离开华润快20年了，华润在几代人的努力下继续很好地发展。国有企业、多元化企业、转型发展的企业……所有这些都会变成挑战，可华润继续充满活力地前进，让许多人吃惊。每当听到华润的进步由衷地高兴，而且好像觉得自己还是其中一部分呢！

无论是离开华润还是中粮，还是中化，这当中都有前后的交接，换人公司就一定有变化。现在无论国企还是民企都面临着新老交替的考验。前任在公司里起了什么作用？打了什么基础，留下了什么文化，对未来是好是坏？有什么东西是要变的？什么是不能变的？我有三次告别，也有三次上任、接任的过程，也有这方面取舍的纠结。新老交替的问题是企业实践中很关键的问题，但管理学中研究的不多。先不用说选人用人的制度、治理架构、衡量人的标准，单说这个交接的过程、传承的过程、升级改变的过程就足以决定企业的走向甚至成败。

一个前任离开一家企业后虽然没有了正式的评价，但这个评价还在进行；一个后任如何进入角色，平衡判断取舍更是即时考验。如果企业能在一个时期中建立好的战略方向和管理体系并成为普遍的共识和文化，而且不断得到传承优化，这才能使企业持续进步。我记得多年前通用电气的杰克·韦尔奇到北京，那时他刚退休，选了伊梅尔特接班，我与他有过一次在台上的对话。我问他对伊梅尔特的期望，他说他希望伊梅尔特完全按自己的意愿重新开始，把他原来的做法一风吹掉（blow away）！可见对后任的信心和支持。但多年以后，两人反目成仇，通用电气也要临危重组。韦尔奇怪罪伊梅尔特没有把好公司继承管理好，伊梅尔特则怪罪韦尔奇留下一个危机四伏的公司，让他16年在通用电气"如坐针毡"。在我们这一代眼中，通用电气是高不可及的殿堂级公司，又是科技，又是规模，又是国际化，又是向《财富》杂志世界 500 强企业输送过 50 多个 CEO，韦尔奇选拔伊梅尔特接班的过程更是让人称奇叫绝、众口传颂。但最后，一段佳话成了一段笑话，真让人百思不得其解，不胜惋惜！

夜深人静，
写字的好时候。

第 **15** 章

三字文

—

谁记得你写的字?

最近在深圳见到一批年轻的创业者，也是 MBA 班的学生。他们中竟然有两个人分别跟我讲，他们还清楚记得近 20 年前中央电视台有个节目叫《赢在中国》，使他们受到了很大启发和教育，甚至改变了他们的人生轨迹。那个节目是鼓励、教育年轻人如何创业的，我在其中做了总裁判。这个节目只拍了几期就停了，可近 20 年后还有许多人，不止前面讲的两个人，都在不同场合向我提起这个节目，而且说受了它的影响，带动了他的创业。这让我觉得不可思议。我惊奇于这个节目的沟通效率和长久影响，它是什么内容，说的什么话，什么场景，在什么样的条件下会这样打动人，让人过目不忘，而且模仿去做？电视台那么多节目，好看的、好玩的什么都有，怎么就这个节目被他们记住了？

这也是我时常问我自己的一个问题：是什么样的事物，是什么样的语言故事和表达，能够让人记住？这是认识论中的难题。一句话就能对人产生醒悟式的影响是什么话？千古流传的话如何产生？什么样的自信和豪气才能说出"天生我材必有用，千金散尽还复来"？它的豪迈影响了多少人？让多少人义无反顾？是什么样的心灵感应和情感牵挂才会让人写出"君问归期未有期，巴山夜雨涨秋池"？一句话就把你拉进一个不能自拔的、愁思环绕的场景之中？这种表达传递的能力可能也是作为一家企业的领导人要具备的。

曾经有人说，领导力就是能充分感受别人心思和需求的能力。感受到别人的心思需求，认识你自己的位置，同时不断地能够去表达、沟通、理解、融合，与组织目标成为一体。而在其中你又可以占领一个高点，因为角度不同、位置不同，你比较容易占据一个高点，这个高点是信任，也是考验。如果你达到了，你说的话会被别人真心地、认真地而且是没有压力地倾听的时候，你可能真有了带领别人的领导力。你的公司也会有积极向上的思维、共享的文化氛围。我在公司这么多年尝试这样去做，其中坚持做了一件事，这就是我每个月在公司内刊上写一篇小文章。写这篇小文章也让我不断地有思考，不断地有提炼，也由此不断地保持了和团队同事的沟通。因为我是公司的头儿，甭管文章好坏，都会变成大家的期待，因为大家想知道你在想什么。这也成了在正式文件会议之外，我和团队的另外的沟通方式之一。我后来体会，甭管你文章写得好不好，因为出自你的手，自然就在公司内带来了好奇和影响力。这些小文章名字大都是三个字，有人叫它"三字经"，有人叫它"千字文"，因为题目是三个字，内容大约是一千字。这些文章后来在整理后成了《五步组合论》的基本内容。

为什么名字要用三个字呢？因为我觉得三个字是一种稳定结构，一个字、两个字太简单，内涵不够，四个字又太复杂。三个字说起来更顺口，也有表达力。所有文章都用三个字的名字显得轻松有趣。今天我写的这本书也用了三个字的题目贯穿全书，好像有点巧合，所有发生的事情都在三个字中包含了。"三"字可能是我的幸运数字。不仅如此，后来我发现在一个有很多种因素变量的问题中，如果能找出三个重要的因素和它们之间的关系，对解决问题就很有力。后来这三个因素分析的方法也成了工作的方法。比方说中粮在做快消品分析的时候，就把快消品经营聚焦为三个因素：产品，品牌，渠道。深入研究它们三者之间的关系，联动推进。中化在研究创新时提出了创新的三要素：主体，路径，文化。把三要素的每一项深入剖析，更要整体协同，局部的工作不能起到作用。这也可以看成是一种系统思维。当然还有更多的三要素这种方法。所以，我也用了三个字的题目来写这些小文章，三个字是一种形式，但形式代表了很多意思。三个字可以变得很有趣，变得很轻松。后来，就有了所谓"三字文"。

　　我的感觉是公司的主要领导人要不断地与你的团队顺畅沟通，彻底地、明白地、不断地把你的想法向大家说出来。你不能没有想法，也不能有想法，但大家不清楚，更不能不公开说出来、一意孤行。与团队沟通的方式很多，你有很多会议、很多讲话、很多会客，你都要说话。但是在正式的题目以外，正式的会议形式以外，如果你能自己写一篇小文章，给大家谈你对某个事情的看法，这是文字的沟通，相对更有主题，也传播得更久。对公司经营中的问题，如果你能看出来、想出来、说出来，再写出来，这就是思考的深入和进步，这样才能最终做出来，使问题得到解决。你别看这小文章，它会散发，会发酵，会形成一个展示点。大家会由此了解、想象你的想法，也会沿着这个思维想问题。

其实，我们见到过，无论多大的人物，多复杂奇妙的思想，你在听了他十分钟的讲话或者看了他几页文章后，已经对他下面要说的有了个轮廓和预期。在公司里，你是能量释放者，大家希望了解你的思想、逻辑和背后的原因。越透明，越理解，越容易沟通，也容易形成交流和尊重。这对形成健康的企业文化有很大的好处。我还没有看到一个不太说话，很沉默，好像城府很深，与大家沟通很官样的经理把团队带得很好，企业发展得很好。沟通当然不是单向的，如果大家都能用这种形式把话说出来，公司就成了持续高质量交流的平台，形成了促使管理方法和业务改进的机制，这是学习型也是上下同欲的组织。

几天前还遇到华润的同事，笑谈中说到当年企业内刊向我追稿的故事，因为当时我说过，我每期都会写，我不写他们就不要出，这样每期都要等我的稿。我可能因为忙没来得及写，其实写一篇一千字的文章不会用太多时间，关键是还没想好要写什么。写一篇小文章要抓住一个点，这对我也是一个思考的过程。可以说是一个美妙的过程，因为它就像一棵树一样，枝叶在不断地散发成长。也像山路的台阶，回头看，可以找到它们的进程。我早期写的《人在上》《团队魂》《经理人》，一直到今天说"人感"的概念，可以看出对公司中人和组织的认识的逐渐加深，它是沿着一个脉络走下来的。

人的思维很有意思，不读书不行，不读书没有逻辑框架，也不知道其实大部分的事情别人都说过了。但学习了不思考也不行，所谓"学而不思则罔"。不过，在企业的实践中，这些还不够，要有学，有思，还要有做，做了还要反思，反思还要总结、提炼、分享，在这个基础上，思维才能丰富进步。所有人在新的领域，开始的思维都是感性的、发散的、表层的。这就好像你到了一个新岗位，虽然接受了很多信息，也提出对这些信息的观察和疑问，但这个过程必须要不断地重复，不断地刺激你的大脑，这样我们才逐步形成了一些因果的规律。我们才能够在因果规律不断重现中发现其互动关系，而后把它们分类并建立它们全域的、相互作用的公式体系。这在大脑里可能会形成一个环路，一个有效的处理器。这个过程通常是不自觉的，所谓熟能生巧，是一个缓慢的学习的过程。这些体会让我更好地理解哲学中认识论的概念，认识毛泽东主席写的《实践论》《矛盾论》。

如果你有了学习的方法和自己形成的思维体系，而这个体系是你自己在思考中获得的，不是你在书上读来的。其实，真的融会贯通的思维方法和思维习惯单纯在书上是学不来的。而形成这个思维体系时很重要的环节，就是你要用简洁、准确的语言把思考表达出来，形成文字。读是学习思考，写出来是更深入的思考。理清思路的过程就是深度思考的过程。夜深人静，辗转反侧，来回踱步，吸烟喝茶，跨越你这个思维上的临界点进入新的认识空间，有恍然大悟的愉悦。

我在考虑企业如何突破瓶颈发展的时候，"创新"这个词反复作为一个方向性、倡导性的词不断出现，怎么创新、谁来创新一直难以具体落实。技术研究部门也因为与公司战略的契合度不够而无所适从。大家说了半天创新又回到了原来的环境中惯性地工作，创新仅仅是闲下来的时候才想的事情。我在写关于创新的一篇小文章的时候，细数了技术创新的每一个步骤、每一个部门、每一种方法，从选人用人到选题立项，到研发过程，再到技术转化，到评价激励等等，从哪儿启动好呢？想得我头疼脑涨，百思不得其解。后来想为什么有些公司创新不断，新成果如雨后春笋？我猛然意识到原来创新是一个整体，创新就是要改变整个公司，创新就是你的主业，创新就是你的文化。这样创新就从一般局部的技术研究概念脱离了出来，成为公司再造、战略转型、公司全员的行为了。的确，要创新就是要改变整个公司。中化接下来的实践也是这样的。

　　我写这些三字文大多会对不同的新事物提出观点，由此引申到一般规律，在团队中不断地引起一些讨论和思考，形成对不断变化的世界的新的认知。有一年去新加坡，我看了那里当时刚建成的滨海湾金沙酒店博彩和购物中心，那年刚好是新加坡建国50周年，从电视里看到当年新加坡脱离马来西亚成为独立国家时，李光耀面对镜头痛哭流涕，认为新加坡会遇到极大的困难。可50年后，新加坡作为面积不到马来西亚四百分之一的小国，GDP总量超过了马来西亚。从新建的豪华、雄伟、巨大的博彩和购物中心，从来自世界各地的游客和商人，可以直观感受到新加坡这个小国的繁荣和活力。为什么呢？新加坡是一个很有战略的，几乎是公司化管理的国家。它的产业不断地根据世界市场的变化而升级，不断走向高端、高附加值，也有人说新加坡就是一家大公司。它从最早做一些小的轻工、服装、电器，到做炼油、造船，到做工业园区，到做生物、医药、电子高科技，又到成为亚洲重要的贸易中心，又大力发展旅游、博彩，要知道新加坡是一个社会管理很严的国家，随意嚼口香糖及学生喝可口可乐都是被限制的，但怎么会在最中心的位置建了巨大的赌场呢？我相信他们一定经过了艰难的选择。新加坡成为开放包容的全球贸易金融中心实在是让人可以领悟到很多。新加坡如果真作为一家企业，它就是不断转型、不断寻找第二曲线的企业。基于此，我写了一篇《新加坡》的小文章，后来这篇文章也被新加坡驻华使馆发现，当时年轻的新加坡驻华大使专门向我谈了此事，他感到非常高兴和为他的国家骄傲。

在 2022 年泰国曼谷召开的亚太经合组织国家领导人对话上，新加坡的李显龙总理在我主持的小组参加讨论。我问他的第一个问题就是新加坡为什么可以在新冠疫情期间很早解除旅行限制，经济运行没受影响，而且好像还得益于其他国家因为政策限制导致经济活动外溢到新加坡。我半开玩笑地告诉李显龙总理，新加坡在疫情期间的经济表现受到了许多国家的嫉妒呀！我以为他会用比较简短的方式来回答这个问题，实际上他可以自己表扬一下自己呢。可他很严肃认真，详细地讲了几分钟，从新加坡的政治、经济、外交政策，从对新冠疫情的应对联系到新加坡的开放包容尊重的立国之策，全面解释了新加坡为什么抗疫成功。我当时也开玩笑地讲：李显龙总理，我以为你能给大家一个简单的、很易学的答案，现在看起来新加坡抗疫成功不是简单做好一件事就可以，要什么都做好才行啊！

在激烈的市场竞争中，企业时时感受到极大的生存压力。企业经营的方式变得短期化、实用化：短投资、快回报、价格战、搞促销，加大销售提成占领市场，或者用严格处罚管理工人，甚至降低质量来减成本。现在看，这些手段短期可能起些作用，长远来看对企业有很大伤害，也不是长远的企业应该追求的发展方式。企业的管理者能否给企业组织注入一些深厚的、超出一般的企业经营技巧的思想和文化，对企业健康可持续经营理念的形成是至关重要的。我们现在说长期主义、耐心资本，起点仍然是从长远投资的回报角度来衡量的。在此之上，如果有更深刻的对企业这种生命体规律的认识和观念的普及共识，则企业就是更有底蕴的。我在企业里讲过一个企业管理的十大哲学问题，这虽然不是用三字文的小文章形式表达出来，但是根源相同，是在思考中意识到企业经营也是一种很哲学的东西。哲学的概念和思考方法在企业实践中表现得淋漓尽致，有闪闪发光的感觉。

如哲学本体论中的基本问题，精神和物质的关系问题，无论理论上怎样争论，信仰上怎样不同，但它一旦到了企业的实际中就显得那么易懂，那么起作用。精神物质的共存平衡转化可能是企业长期探索的问题，也是企业每天的实践。其实我们每天活在这个精神物质的二元体之中，只是没去有意识地理解它，但它每天都在影响我们。今天在发展好的企业，精神的、理念的、无形的也是无限的因素的建立，是企业最核心的竞争力。深奥的哲学在实践中变得可以被把握和熟练运用。记得多年前我插队时正值"文革"时期，不知道为什么全国掀起了学哲学、用哲学的运动，要求农民也都要学哲学，要求知青与农民一起学，并帮助农民学。哲学听起来好像与农民很远，不知如何下手。这时报上发表了一篇文章，题目好像是《一块石头砸开了哲学的大门》，说的是山里的石头农民最熟悉，因为农民每天看到它、移动它、修理它，还可能砸碎它，农民最了解石头，这就是劳动出真知，实践出真知，生产出真知。说的是人如何获得知识，也真是哲学范畴的概念，今天用在企业里更是一样。

哲学上还有一个概念，是运动和静止的关系、变和不变的关系。这在企业中太有思想启发性了。我们在企业经营中要所谓守正创新，但突破创新改变什么，又要稳定坚守什么呢？特别是在今天瞬息万变的世界中，还有什么要坚持的吗？我觉得人类文明到今天的 80% 的智慧都是要坚守的，变化的可能仅在表面。但这怎样分界呢？与变化同时进行的也更重要的是自然界的进化，这又回到了达尔文主义。我写过一个小文章《进化论》，说的是人类祖先猿人的进化和动物猴子的不进化。为什么看起来外表接近的东西在进化演变中差别那么大？我们的企业是这样吗？基因中差别多少？现在因为生物学技术的进步，知识界无论找什么原因都要归到根本上，归到基因上。企业的基因是什么？怎么形成的？我也写过一个小文章《分水岭》，说的是企业进化进步的七个阶段，七个阶段的分水岭是现象，底层根本的原因呢？其实从我写的几篇小文章《成长性》《时间廊》到《进化论》再到《分水岭》，也可以看出我在经历过的几家企业中对运动变化、变化的原因和变化的度，从企业经历的不同发展阶段上的不同体会。从中可以看出，我偏向真实地做好自己，修炼自己，迎接可能的变化挑战，而不是试图去预测变化。我经历过的经济上大的变化或者危机都是黑天鹅突然降临，连最近几年的新冠疫情、俄乌冲突、巴以冲突等都是突然发生，几乎没有人预测准确并做了准备。所以变与不变中的不变部分，作为成熟的企业管理智慧和企业健康发展的核心原则必须遵守，根本能力强，才可以应对变化。

在数字经济、人工智能到来的时候，激动和诱惑的时刻很多，但不变的原则，如学习型组织、有核心竞争力的战略、现金流、持续技术创新、客户价值等基本原则，还要在新的市场环境下遵守。

另一个问题是哲学中认识论的问题，也就是分析表象和本质的方法，不了解本质，就不能由表入里，对问题找到解决方案的方法。这对企业的体制机制改革尤其适用。所有的改革都是从局部看似简单的问题入手，逐步深入到了根本的制度和理念，否则改革就推不动，就起不到作用。这是逐步分层、分类、剖析的方法，很有用，用多了会成为习惯。在与团队讨论问题的时候，我体会到问题就怕细分类，再深入，找到根本原因。比如在讨论中粮国际化的时候，从全球的人口、耕地、产量、贸易、政策、价格、物流到相关可替代的石油、食品，再基于中国的需求和供应，中粮长期研究关注世界粮食贸易的流量和流向，国际化的发展势在必行。这就超出了一般贸易的机会性赢利，把握根本的趋势。

企业管理中的哲学问题和方法还有很多，如果能形成团队的思考和认知能力，企业经营管理水平一定会提高。如哲学里不断提到的主观和客观、外因和内因、可控和不可控的问题。我们的很多失误都是没有把握好它们之间的关系，再加上责任划分的考虑，容易强调客观、强调不可控因素多。实际上，我们在实践中对变量的可控和不可控，本来定义就不太清楚，最大的麻烦可能来自有些你认为可以影响、可以控制的事情，而事实上你的控制力不够。比如说合资公司，管理团队到底是可控的还是不可控的，往往在经营过程中不断发生变化，合资企业能不能成为你的战略意图的执行者？这在许多的投资中是疑问。

还有个哲学里的观念在企业经营中十分重要，这就是量变与质变的关系。这本来是个普遍的概念，但特别适合企业。企业中好的、不好的现象的发生都不是一天的，都有个量变到质变的过程。问题是我们有没有把握管理这个过程。有人说某个品牌成功了，我们只见它成功的一刻，它前面所有的付出、积累探索的努力、所有对市场客户的了解和关注，都成为它呈现光彩那一刻的前奏。企业中出现的问题也是一样，突然之间有企业爆雷了，负债比例高了，现金流断了，不会是今天突然出现的，先兆可能很多。可能五年前战略不对了，三年前产品不对了，两年前渠道销售不对了，一年前净现金流已是负数了，当然现在就爆雷了！但这是个量变到质变的过程，是一个广泛普遍的哲学现象，企业里怎么管理它呢？哲学上还有实事求是、认识论的问题，还有局部和全局的关系问题、因果关系的问题、具体问题具体分析的问题。这些既是理念也是方法论的，有了哲学概念和方法论去自然地应用到企业经营管理中，这有个"六经注我"、触会贯通的境界，它会提高人对事物的感知和判断力。我在写这些三字文小文章的时候，也不断地触及人的"三观"的题目，哲学中的本体论、认识论回到生活也是人生论，也是人作为自然的一部分存在的目的、意义和如何度过人生的问题，这也回到了企业管理的本质，一圈转下来又回到原点，算是完整了。三字文写了许多年，今天回头看还有点画面感，有点道理呢，哈哈！

　　三字文除了在当时起到沟通作用以外，今天看觉得它是一个很好的记录。我觉得对任何平凡生活变化的记录都很有价值，都是对我们生命经历的尊重和忠诚。我没有写日记的习惯，因为觉得日记要记哪天晴天、哪天雨天，太枯燥了，哈哈。但是把有思考的观察记下来是很有意思的。我在公司里一直强调公司的业务成长一定要与员工全面成长密切相连。我们的公司不仅是生产了产品，也成就了一批人。这些人随着公司的发展从生活环境上到思想水平上都提高了、进步了，都对社会有贡献，这样的公司才是成功的公司。当然，这里面也有希望培养员工的忠诚度和员工的专业水平的愿望。我自己也是一样，在轰轰烈烈的经济活动中经历了变革，也锻炼丰富了认知。

从我写的这些小文章里，你可以感受到它们之间的前后联系和进步。比如多年前写过《竞争力》，后来写过《好产品》，写过《产业链》，再后来写过《战略性好产品》，现在看起来都是很简单的道理，但在当时就是一个思考进步的过程。开始说产品销售，说价格，说质量，说渠道，说品牌，说管理的所有层面，最终形成销售。又说公司存在就是为了销售，必须制造销售。没有销售，我们什么都不是！但后来对产品销售不断反复观察思考后，认识到想抓生产经营的根本点，最核心不是销售，最核心是好产品。我曾经写过："夜深人静，你扪心自问：你生产的产品是好产品吗？"好产品这件事彻底定义了你公司存在的目的。公司作为一个商业组织能不能把投入的资本、资源、劳动力转化成为"好产品"？真正的好产品是不需要大力推销的，我说过好产品自己会走路，好产品自己会说话。好产品是好公司的延伸。我认识的深入也带动团队认识的深入，最终形成公司内部的共识，形成企业最终目标是好产品的共识。好产品是企业与社会的最主要沟通。当然好产品有很多标准，有性能标准、质量标准、价格标准、性价比标准。但为了销售，企业在包装上、广告上、渠道及服务上，都下了功夫，但这些功夫如果没有真正的好产品来支撑，是不能持久的。

　　说到好产品和企业间的竞争，就想到"全产业链"这个词。这个词现在用得很多了，我写过一篇文章《生物链》，说的是孟加拉裔的伦敦出租车司机生活在资本主义社会生物链低端，过着贫穷的生活。处在人类生物链不同环节根据现存的规则就被分配了不同的价值层。这对我在当时也算是一个猛然醒悟式的思考，同时我也认识到产业链环节的选择几乎决定了你这个企业可能创造的价值。从李嘉图的比较成本、国际分工、自由贸易的理论，也从社会主义阵营的理论中关于帝国主义为了榨取高额的利润，就把利润最高的环节放在自己手里，借用比较成本、国际分工的幌子，让第三世界留在价值链最低端，劳动力密集型的附加值很低的行业。

　　这样形成的所谓的产业链国际分工在中国迅速进步的背景下不能维持了，也引发了中美在贸易和多层面上的摩擦。那么谁来控制产业链？中粮当时提出来"全产业链"这个概念是从好产品出发的，中粮的公司经营模式就是"产业链，好产品"。这个概念无论在消费品领域，还是在国际贸易供应链领域都是一样的。后来形成的"全产业链"概念被认为是中粮创造的商业模式，百度条目把这个概念完全按中粮的解释写了出来。这个概念也形成了中粮产业链延伸到国际的战略准备。在这个基础上，中化又提出"战略性好产品",虽然这次不是三个字,是六个字了,但是把战略性和好产品放在一起了。为什么呢?这又是对这个产品概念思考的进步。这个进步就是公司的产品、盈利的产品、好销的产品,要与公司的战略目标在一起。你赚钱的这个产品目前代表不代表公司未来的战略方向?我看到中化集团在"两化"合并以后产品品类复杂,各公司都有很多的相对比较小的产品组合,这些产品通常可能会带来盈利,也可能是以前延续下来的产品,但它们可能不代表公司战略方向,也不代表公司的核心能力,更不代表公司未来定位。这样的产品就要审视一下其去留了。好产品必须为公司的战略服务,战略性好产品就是要从规模上、市场份额上、技术含量上、对公司产品带动性上和可持续性上对公司战略是支撑。好产品和公司战略应该是同名的。

如果你在一家公司工作了很久,离开后你会记得公司的什么?不是大楼,不是业务,而是公司的人。无论走到哪里,你都会挂念他们。人是公司的灵魂,是最鲜活、最动人的。我作为公司的董事长,不能与同事之间有太私人的朋友关系,也不能轻易地太表扬某个人,因为他们都有自己的直接领导。虽然公司的同事时常让我感动,他们的表现超出我的预期,但我在三字文中没有写太多公司的某位个人,只写了三个人,因为他们很特殊。他们是华润的金志良、付洪炜和中粮的吴恩良。为什么写了这三个人？当时写下来是由于当时的感受，并没有想过他们的共同特点。他们三位在公司里，不管是华润还是中粮，都不是职务高的人，也不是有名的人，公司大部分人并不认识他们。他们也不是在业务上对公司盈利贡献很大的人，他们都是很局部的员工。他们是在公司并没有特别关注到他们的时候把自己贡献给了公司。就像我说付洪炜，他当时来到公司才几个月时间，他的品德和修养肯定不是华润教育的，时间再长华润也没有那个能力。可他出差伤了，有失明危险的时候，不但没给公司提要求，而且还说自己一只眼也可以工作。他的父亲说不给公司添麻烦，自己的眼球可以移植给儿子。他们的态度让我内心颤抖！他们在我们之上，他们在灵魂的高端。公司能用这样的态度反过来对待员工吗？管理学里也有著名的 X、Y、Z 理论的对人管理的理论。我曾经说过公司的未来就是公司对员工的态度，就是员工内心里对公司的感觉。金志良没有调进华润，50 多岁自己创业，过自足平实的生活，遇到华润还想帮助华润。吴恩良是华侨，在中资公司工作本来可能会有隔阂，但他坚守专业原则，去世前还给公司写了真挚的建议。我在三字文里写了这几个人，当然同时也因为遇到了、看到了一起工作的更多人，我说过你必须看到你的员工是美丽的。写这些小文章也是对人、对团队不断认识，不断深刻，不断完善的过程。我后来写过一篇《你行吗？》，想对人的判断评价理出一个头绪，但思路很乱，没能做到，只是罗列了一些观察。可能人太复杂了啊！

造物主造人实在厉害，每个人都是不一样的，每个人都有一个你要仔细品味才会发现的特点，这些特点不能简单分类为优点或缺点，这要看外部环境和规则。但从我写到的几个人来看，什么样的品格德行才会使一个人站在感人甚至高尚的位置上呢？它不是能力，不是职务，而是态度。这个态度不是刻意的，是天生的、自然的。这几乎是许多宗教的要求。他们天生地在坚守一样东西，这就是善良，很善良。他们对自己要求很严，对别人要求很少，很自律，很低调，帮助人，很想为别人，服务别人，不仅不争利益，也不想给别人添任何麻烦。他们真心相信社会是善良的，他们对别人也是善良的。遇到哪怕是自己身体、工作、疾病这样的问题，也是从别人的角度出发，从不让别人为难的角度来自然地克制自己。我相信，我们在生活中可能都遇到过这样的人，不能说他们完全无我，他们也不仅仅是老实人。他们是天然的社会的善良元素。他们因为善良而衍生出的忠诚和责任感，以及由此进一步带来的专业性，可以让看起来普通的人建立起伟大的公司。我好像也写过一篇文章讲善良才有智慧，有爱心才有智慧，今天再回想过去经历的人和事，感觉说得不错。

道生一，一生二，
二生三，三生万物。
因素齐了，环境到了，
事情就发生了，
还会继续不断发生。

第 16 章

第16章

三生万物

——

何处是众妙之门？

个字的题目内容一路写下来，前面还写了一章《三字文》，到此"三"的寓意说了不少。老子在《道德经》中说："道生一，一生二，二生三，三生万物。"看来这"三"字的确是个关键词。但《道德经》里"一生二，二生三"的逐级增加不是由少到多的意思，这里每一级都有奇妙元素的变化。

我们知道这里的"一"是老子的道，也可叫自然；"二"是阴阳；"三"是阴阳协调、矛盾平衡中产生的变化无尽的世界，在这个世界中才有万物生长。简单几句话，老子把世界的源头，把世界如何昌盛定义了。所以，"三生万物"说的是阴阳协调生万物，矛盾平衡生万物，运动变化生万物，也就是万物皆因环境生。

虽然这是老子两千多年前说的话，但今天我们很有幸，还能体验。因为我们过去短短的几十年的生活，在中国历史上也算得上是变化、交融、平衡很集中的几十年。我们看到了民族一步步地丰富、繁盛和辉煌，我们自己也亲身经历了"三生万物"的自然风景。它像是一幅徐徐展开的画卷，从无到有、从小到大、从淡到浓、从平白到多彩、从简单到繁华、从有形到无形，都每每让我们回味无穷。

我刚到中化时，听到一句话，"化学是创造新物质的科学"。这句话让我觉得很有意境，因而心潮澎湃了很长时间。后来，我又知道化学不仅可以创造新物质，而且可以创造新物种！《道德经》的"三生万物",有些虚拟抽象的哲学概念,中化的"创造新物质"可是很具象、很直接了。有什么样的商业行为可以像化学一样把哲学概念直接用到经营之中呢?怪不得化学(Chemistry)被视为"微渺元质"格物探源的学问。不格物不能致知呀!你说这些物质本源说、老子的"三生万物"说、《礼记·大学》里的"格致诚正,修齐治平"的学说本来与企业战略没有什么关系,但细想就有了关系。这个关系就是中化的企业战略:必须尊重化学的起源,必须尊重物质(我们也叫材料)的生成,必须在人与自然的交互关系中起到正面作用。这其实也是企业的天生属性,就是格物、探索、创造。所以,中化集团的司歌第一句就说"我们敬仰宇宙的壮丽,我们也探究原子的细微"。由此理念出发,入口正确,世界之大,原子之微尽在把握之中啊,哈哈!

中化的司歌歌词是我写的,它与中化的战略转型理念"科学至上"几乎同时产生,是对中化的组织使命、产业定位、战略路径思考后的表达。司歌叫《我们创造》,试图与"科学至上"的经营理念一起让团队知道我们不是简单的重复,甚至不是一般的盈利,我们是这个世界的新元素,是创造者。三生万物说的是自然过程,我们在这个自然过程中有主动的意识,有创新创造的精神和能力。司歌里说"创造才是生命之最",这的确把人生的意义也扩展了,世界因为你的努力而多了一样东西嘛!化工材料是可以这样的，过去上帝造物漏掉了的东西让你给补上了而且对人们有利，这是多令人兴奋的事情啊！这首歌词我写过后很喜欢，与同事们唱过很多次，记得在中化的公司运动会上大家齐声高歌，"我们的使命是创造，创造才是生命之最！"歌词写了曙光好奇、春雨智慧、精神高尚、物质纯美、江河通达、白雪纯粹、远山静谧、雄鹰高飞、禾苗继往、蜜蜂高贵、瞬间影子、长远光辉、众树责任、果熟丰碑……这个世界的万事万物都在我们周围簇拥着，变化着，丰富着，提示我们只有创造新的东西，生命才有价值。这种歌词的语言并不是飘在空中的，它与我们的生活和工作很近。这段歌词已经写了有六七年了，现在看社会发展，公司发展的现实，更是要创新创造了。

有了理念就会"生万物"，并购先正达可以说是这种理念的展开。并购先正达开始是由当时的中国化工启动的，中化集团后期加入，联合中国化工完成了交易并实施了两家公司的合并。先正达是总部在瑞士巴塞尔的全球领先的农业化学企业，它在植物保护（杀虫、灭菌、除草、营养）、育种，包括土壤和种植技术上全球领先，在植保的市场份额上也全球领先。农业被认为是最传统、最古老的行业，在中粮时我们把它看作最自然的行业，一般认为农业没有多少科技含量，其实正相反。因为它在人与自然交流的起点上，在食物链的起点上，它的重要性和多年生物技术的研究应用，使它成为生物化学技术的制高点。

记得有一年，我跟随国家代表团去丹麦访问。那时中粮刚投资了蒙牛，并很快引进了丹麦阿尔乐也是欧洲最大的乳品企业加入。在丹麦女王的晚宴上，我们听同桌的丹麦人讲，丹麦女王不拥有什么财产，她是拿工资的，女王是一份工作。丹麦本来可以废除皇室，但后来人民觉得留着皇室，国家有象征、有仪式感，就投票把它留下了来，"我的工作是女王"也就变成了现实。女王很大的兴趣是农业，特别是农业的技术。果然，那天女王在致辞中大讲了农业是一个多么高科技的行业，丹麦作为一个工业化国家其农业技术的先进性。她还幽默地说："在哥本哈根长堤公园海边的小美人鱼刚从中国上海回来（在2010年上海世界博览会上，丹麦把小美人鱼雕像搬来了上海），但她依然含情脉脉地望着东方那个古老的国度，想着与中国的合作，我觉得我们应该在农业上多合作。"女王的丈夫亨里克亲王是农业专家，也是酿酒专家，他后来陪同女王访问中国，还专门为蒙牛在北京的研发中心剪了彩。

丹麦这个国家很有意思，是典型的"小国家大企业"。这个国家人口只有590万左右，但拥有很多世界上著名的企业，像马士基集团、诺维信生物公司、诺和诺德制药公司、阿尔乐晨曦牛奶公司、嘉士伯啤酒公司，还有我们大家熟悉的像乐高玩具、爱步鞋（Ecco），还有铂傲音响（Bang & Olufsen）等。当然在农业领域，著名的养殖和肉食企业丹麦皇冠集团长期在养殖技术上世界领先。

丹麦这个国家给我很多启发。有人说丹麦是个农业国家，有人说丹麦是个工业国家，我说丹麦是一个技术国家。它在工业技术、农业技术、生物技术、环境技术上都有很高的地位。人均GDP和人民幸福指数也是世界领先。由此可以看出，工业技术和农业技术、生物技术等技术是同源一体的，世界上还没有哪个国家的农业技术可以脱离工业或生物技术而独自发展的。农业技术大大提升了农业生产的效率。据统计，如果没有现代杂交和生物育种技术，世界谷物和油籽产量会下降30%以上；如果没有现代植物保护技术，产量会再下降30%以上；如果没有现代化的土壤技术、农业耕种技术，农业产出更要大幅减少。

科技使地球众人有了饭吃。农业是一个太阳把它的光照能源送到地球，地球用叶绿素和光合作用来接收转化的产业。促成这个真有些无中生有的产业发展的核心就是科技。这个科技不是软科技，它是硬科技。我们今天必须习惯硬科技，就是要真有突破的科技。我们用了很长时间摸索商业模式的创新转型，又用了很长时间摸索融资和市场，我们今天认识到了创造新物质的硬科技才是根本。先正达的主业就是研发，它一定要找到新的种子性状，找到优秀的种质资源，找到新的化合物，它必须向这个世界每年提供新的物质，向市场提供新的产品，每年都使农业更有效率。

"三生万物"这个词让我们进入了一个充满生机、空间无限的世界。"三生万物"是个自然散发的过程，它像广袤肥沃的田野里，有充足的水分、养分和阳光，催生万物生长。这像一个国家发展的某个年代，也像一家企业发展的某个阶段，有一个自我加速、自我营养的过程。先正达成立于1758年，刚好比我大200岁。它所在的瑞士巴塞尔市很小，只有不到30万人口。除了著名的国际清算银行及其制定的关于银行业资本充足比率标准的《巴塞尔协议》外，这个小城市不仅有先正达，还有罗氏制药、诺华制药等世界级大型生物和制药企业。

我曾好奇地问，为什么这么一个小城市有这么多的大型化学企业？回答是巴塞尔因为在德国和瑞士边境上，对污染监管不严格，所以一百多年前纺织业兴盛时，这里印染业发达，后来纺织业和印染业都相继衰落，这里的印染企业许多转型成为生物化学和制药企业。企业产品是升级迭代的，企业也是不断繁衍茂盛的。这一点很有意思，为什么有的企业可以从一家染料企业升级换代到像诺华制药这样的技术和规模都是世界一流的企业，它们真的没有辜负时间和历史啊！可我也想到，当时华润创业的前身就是一家香港的印染企业，当它不能在香港经营的时候，我们怎么没有把它转型成为一家大型化工企业？我们就把它关掉了，把地皮发展成房地产了。中化集团的沈阳化工研究院也曾是共和国第一家研究染料的机构，还成功研发了第一面五星红旗使用的染料，染料颜色纯正、耐风、耐雨、耐晒不褪色，当时也是很重要的研究成果，因为新中国五星红旗的染料不应进口。这件事后来央视专门拍了名叫《信物百年》的节目，我还在电视上代表沈阳化工研究院做了染料研制过程的介绍，是一件值得纪念的事情。现在，沈阳化工研究院还有染料的研发，当然也开拓了很多新的研究领域，但是离几何级迭代发展还有很大距离。

"三生万物"是怎么"生"出来的，什么基因，什么环境？先正达现在当之无愧是世界级的企业，它往前怎么走呢？它的市场地位在技术迅速发展，竞争日趋激烈的条件下会受到多少挑战？在它身上能否生出更多的物质和物种呢？先正达虽然被中化集团并购，但它反过来几乎定义了中化集团的战略，定义了中化集团的国际化，定义了中化集团的管理方式。它的珍贵和重要不是因为它的规模，而是因为它的技术和核心能力。当然它也定义了中化集团的债务、中化集团的风险。新的中国中化想迎接挑战，成为世界级的、技术领先的化工企业，先要把自己整合为一家几乎是创业初期的企业，"三生万物"由此开始。

"三生万物"的概念可以是企业众多创新战略的起点，有了适当的环境，企业的发展成长就是多点的、茂盛的。我刚到中化时去浙江舟山，那里不仅有大型炼油厂，还要建设油气自贸基地。看着这个不产一滴油的地方，油轮繁忙进出，港口管线密布，可以想象这里经济活动有多么活跃。眼前的景象让我想起在中粮时去过的阿根廷邦吉公司的 T6 码头。T6 码头据说是世界上最大的大豆压榨和出口的码头。那天我们在 T6 码头的会议室里大谈了一通世界粮食的流量流向，后又和中粮的几位同事乘坐一架很小很破的飞机，由 T6 码头飞往巴西桑托斯市的粮食港口。可能因为飞机太小、太慢，也可能因为中途休息，反正觉得飞行时间大大长过我们预期，飞行员好像也说不清楚我们到底飞了多少小时啊。桑托斯港是世界最大的粮食和糖的集散地，有几条内陆河流和铁路，把巴西广袤平原生产的粮食集中运到港口，发往全世界，规模宏大，参与者众，蔚为壮观。世界粮食企业在这里都有自己的地盘。当时我们就想，一定要在这里有个中粮的码头。

这个想法几年后真的实现了，中粮已经是世界上真正的大粮商了。从桑托斯港到澳大利亚珀斯的小麦港口，非洲加蓬的木材港口，当然还有鹿特丹的散货码头，香港和深圳盐田的集装箱码头，都是我们业务经常到的地方，当然另外还有很多港口、码头，这个世界好像被这些港口、码头连在一起了。世界的商业就像是一个个的网络，有港口网，有信息网，有技术网，有金融网，有生产网，有销售网，还有很多其他形式的网。你的业务大小就看你在这些网络上有多大位置。中粮过去做进出口业务，有许多业务是政策性、贸易性的，这样就经常被认为是可有可无的中间商。随着中国加入 WTO（世界贸易组织），推进贸易体制改革，中粮必须建立自己市场机制下的业务模式，它必须能自如地把握全球全产业链的运营。

中粮集团是一家中国的企业，但它必须成长为一家国际化网络全产业链经营的公司才有价值。我在中粮的会上多次说过，中粮集团如果在国际上没有地位，在国内也没有地位。它不长成一家国际化的企业，它就不完整。商业模式不完整，公司整体都不完整，就不可能完成最有效服务客户的目的。只有成长到有国际化公司的骨骼和肌肉时，它才有生命力。这也是"三生万物"中的生命力和成长性。这也是企业的本质。企业是个生命体，是个运动体，它必须在不断成长中形成核心能力，在不断成长中实现效率和创新。

创新是企业的终极考验，是一般与卓越的分水岭。但企业如何能形成"三生万物"，如雨后春笋，万类霜天竞自由般的局面呢？这也是管理学的终极之问！所有的管理学、组织学最终目的无非是充分调动人的积极性。这里的根本是对人的信任和理解，说起来简单但不容易做到，有时做得相反。我记得每到一家新的公司，大家开始都客气拘谨，因为不了解、不信任，但过了一段，如果大家放松了，特别是这时就有许多新的公司发展的主意出来，就不断地冒出新的产品建议、投资建议。如果公司的态度是欣喜欢迎并对失误理解、对成功嘉奖，那么创新就可能成为风气。但如果公司很挑剔、很官僚，那公司就会变得呆板。有人说失误怎么办？公司损失太大了呀！我说创新一定是有成本的，而且有时这个成本还挺大，但不创新的成本更大。如果不是很严格的管理，会有人利用创新的过程故意钻空子害公司、肥自己吗？不能完全排除，但一定不会是主流。这是对人的基本判断及概率式的信任。如果再加上适当良好的管理制度，滥用创新的案例不会多。

几年前，有位中化的同事带队去美国甲骨文公司学习交流，会议中问人家，如果创新研发失败怎么处理？对方说，创新研发失败了不会处理，更不会惩罚，否则没有人去尝试了，何况研发创新没有失败，他不过是发现了有条路走不通，要换个方法罢了。创新失败了不会受到惩罚这个理念，我们听起来觉得还挺新鲜，但这是有前瞻和无前瞻、有战略和无战略的公司的区别。我以前说过有好的亏损和坏的盈利，这是个平衡。其实企业中做的所有事情哪个不是个平衡，是要找到个度呢？有科学家讲，在宇宙中，在银河系中，在太阳系中，时间以百亿年计，空间以百亿光年计，在其中产生了地球，在地球上产生了人类，这本来就是多少百亿分之一的巧合，地球的温度、湿度、阳光、水分是经过了多少选择和平衡才适宜人类，让人类得以进化繁衍？而它又是多么容易被打破呢？我们今天面对的全球气候变暖就是一个令人担忧的生存环境的挑战。再回到企业也是一样，什么样的环境使企业发展呢？什么样的环境使企业创新呢？这个多因素决定的环境如何建立并保持呢？

我经历了几家公司，也经历了许多不同的行业。当公司发生多元化与专业化问题争论的时候，我总是说多元化企业管理复杂，需要我们更努力，但多元化的投资让我们有更多的机会看世界，体验不一样的行业，这对我们的人生来讲太宝贵了。我说你们有没有注意到业务多元复杂的公司员工受锻炼多，看起来更聪明？哈哈！"三生万物"之道让世界缤纷多彩、令人目不暇接，我们在欣赏多样世界的同时也会逐步发现小与大的关系、变与不变的关系、普遍的规律和特殊的规律，像走在一个大花园里可以心旷神怡，但不是眼花缭乱。

那天闲下来，我把我经历过的行业粗略分了下类，觉得很有意思，虽然大都是浅尝辄止，但还是很丰富多样的。我加入华润做的第一个项目是香港的大老山隧道，是连接沙田和新界的4公里长的隧道，现在已经运行30多年了。这应该属于基础设施建设类的业务。在基建类业务中，我除去做过隧道，还做过公路、电力、码头、城市燃气等。基础设施业务的特点是重资产、回报稳定、进入较难、竞争相对小、政策影响大、成长性弱，决策条件已设定回报水平，管理改进余地小。香港特区和西方一些国家大都用有民间资本参与，但相对保证回报率的合同来管理此类公用事业。中国内地不一样，因为高速发展，使得这些行业在一个时期内既回报率高又很稳定，这就引起了资本蜂拥而入，推动了这些行业的高速发展，当然今天情况可能又不一样了。

不同的行业有不同的业务特点，甚至不同行业有不同行业的文化。卖饮料的与发电的肯定是不同的经营方式，我们过于强调了它们的表面技术层面的不同，但它们的商业逻辑是相同的这一点我们好像理解得不够。一法通，万法通。这其中有本质的规律可循。如对人的概念、对资本收益的概念、对市场要求的概念、对技术创新的概念等应该差别不大。但对渠道、对品牌、对价格的概念差别就较大。不断找到企业的基本规律和原则并遵守，而在此基础之上用变革和创新的思维面对变化和成长是企业发展之根本。

在工业制造业上，我参与过机械加工业、建筑业、纺织和制衣业、食品加工、制药、炼油、化工材料等。制造业是经济的骨骼，分类特点差别很大，产业链长，技术差别大，要求高，管理难度高，投资回报率波动大，竞争环境复杂。企业管理学的基本理论是以制造业为基础的。深刻地理解了制造业，对其他所有行业都容易理解。可以说历史上伟大的企业几乎都是制造业企业，因为它的创造性强，改变人的生活的空间大。在制造业里，如果有技术、有规模、有品牌，就是无往而不胜的企业。

　　我经历的消费品行业最多，因为这个行业门槛低，参与者众，华润和中粮转型时也容易进入。这包括几乎所有吃的东西，如啤酒、牛奶、粮油、饮料、酒业，还有成衣、电器等。中粮在推动全产业链的时候，在米、面、油、肉、蛋、奶、茶、酒、调味品中就缺一个蛋品。我曾半开玩笑地说，中国人有些词是不能缺一个的呀，"仁义礼智信，温良恭俭让，金木水火土，米面肉蛋奶"嘛，如果我们想把它们凑齐，我们可以买一家做鸡蛋的公司回来啊！那样我们产品更完整，品牌也更强啦。品牌消费品这个行业进入投资成本低，但要想在市场上站住，其要求的努力和成本要比建一座电厂或修一条隧道大得多。特别是中国国家大，要想创立一个全国性消费品品牌，没有几年时间、花费十几亿元甚至几十亿元是做不到的。消费品受众多，经销商多，渠道要求覆盖广，它像管理一个不小的社会，要把不同人群的理念、目标、利益都统一起来，要每天接受市场和消费者的考验，要每天面对竞争和变化。现在信息系统发达，每天你都可以知道今天的销售情况和市场竞品价格的变化。消费品因为轻资产，所以回报率也比较高，上市公司的市盈率也比较高。消费品行业会永远是朝阳产业，竞争的是产品不断创新，渠道变革优化，品牌深入人心。

　　我也参与过不少服务行业，包括金融业。虽然我经历的几个公司都不是金融企业，但它们都介入了金融业。因为那时中国企业好像有个共识，认为金融企业容易赚钱，所以几乎任何有点规模的公司都有个金融板块。现在回头看这些金融板块，就是做得好的也不是很成功，但在当时的认知下都觉得金融高端，占用了不少资源，但没有形成行业地位。我涉及过的金融服务包括银行、证券、保险、信托、租赁等，基本都齐了哈，但它们都不是公司真正的战略业务，虽然也有不错的盈利，可一直没有放到重要位置上。现在反思看，多元化企业究竟要多元化到什么程度？在万物生长的环境诱惑下，如何使资源集中到核心战略是个长期的问题。因为金融业看起来很光鲜，没有制造业那样辛苦，大家也没有对行业的深刻认识。但后来的实践证明金融业风险很大，专业要求很高，资本充足要求严，非主流的金融机构回报率也不是很高。

我在华润时对零售业特别是超市花了很多功夫，华润万家也曾经是国内大型超市的龙头企业。因为电子商务的出现，零售业被颠覆了。过去我们看到美国的沃尔玛连续多年在《财富》世界 500 强排第一名，零售业的特点是资本占用少、现金流强、销售利润低，但因为周转快、占用别人资金多而净资产回报率较高。零售业作为消费终端，规模可以做到很大，还可以带动其他产业。华润当时还做了零售带动的生产分销体系战略，还去做了路演，想在中国做成沃尔玛，同时还要在沃尔玛卖自己的产品，野心可谓不小。但后来都因为环境的变化没能实现。那时我们无法想象这场席卷全球的电子商务竟彻底改变了零售业。

我也涉足过一些科技成分高的行业，像半导体芯片、以先正达为代表的生物科学、化工材料科学等。这种行业虽然投资周期长、管理难度高，但今天是最有创造力的行业。全球人口在大宗商品式的一般需求逐渐被满足后，重复生产的价值降低，科学技术成了真正的价值创造，真正的引领革命的力量。我们对此认知不够，我们用了很多年时间才彻底理解了"科学技术是第一生产力"这句话的深刻内涵。中化集团提出"科学至上"是2018年，但这条路还很长。

我还做过很多房地产业务，在我经历的几个公司中，它们都有房地产的板块。这也和中国的经济发展格局很类似，房地产在经济发展中占比大，房地产看起来进入难度较低，好像谁只要买块地就可以做。这个行业是资金型和趋势型、决策型的，经过了30多年的发展后，进入了成熟阶段。房地产的居住和投资两个属性使这个行业有很可观的盈利。虽然现在这个行业经历了较大幅度的调整，但我认为不是这个行业不好了。对居住的需求在中国还会长时间地持续，城市化的过程还在进行中，只是房地产的发展模式要改变。房地产公司要平衡住宅销售和投资性、商业性物业的比例，成为销售和服务并重的公司，与城市的发展融为一体。

我在中化一直讲，房地产不是我们的主业，我们逐步会减少退出，后来也的确退出了相当一部分。但房地产带来的盈利的确在一段时间内支持了化工主业的转型和发展。

我也做过很多国际贸易。我经历的几家公司共同的特点是由贸易业务转型而来。转型不是自己要转的，因为行业政策变了，不转型没有出路，但因为国际贸易带来的相对早的国际化外向型思维和开放意识对它们的转型发展都起了积极作用。国际性业务要求的市场化、专业化、规则性都是很好的、适用的管理基础。当然这对后来中粮和中化进行的海外并购和国际化经营也是很重要的准备。这些企业有国际化的基因。我们现在经常说基因，"基因"这个词在企业里代表着出生，代表着文化，也代表着长期的积累和准备。一项大的战略决策看起来是在某个时间做出，但它的孕育和准备可能是无形的、长时间积累的，这是需要有些基因的。

回头看，一个做企业的人经历了多个行业是很有幸的，这就好像旅行者去过多个地方，农民种植过多种作物。我们也是幸运地经历了国家的发展蓬勃。面对万紫千红的企业多样性，我们要问：什么样的条件，什么样的土壤，什么样的空气，什么样的雨露阳光才催生了这样的丰富多彩？"三生万物"是怎样生出来的？答案可能真的是阴阳互动、衍生演化、万千景象、自然而然。

这让我想起一个许多年前的故事。当时出差见到一位某市的领导，交谈中我问起他的经历。他说他曾经做过村支书、公社书记，后来又当了县长和市长。我说："你当公社书记的时候很年轻吧？"他说："是很年轻，只有三十几岁。那时，每天有使不完的劲儿，每天赶着老百姓种地，要老百姓交公粮，可是每年总是完不成任务。现在好了，我每天坐在有空调的办公室里开会，可粮食就多了，年年变成交粮难了，哈哈，这个变化太大了！"他说的很对，这就是理解了"三生万物"的作用啊，哈哈！我们大都是环境的产物，做出超越大环境的事难。可创新者或者说企业的领导者的使命，要求他在看战略的时候有超出环境的、特立独行的勇气，勇气来自眼界和自信。记得多年前有人说只有偏执狂才能生存，当时觉得这话有点过，今天从商业创新和公司战略上看，它很有力地提醒我们：独特的创造和坚持的品质是企业中最宝贵的。

　　"三生万物"像许多中国哲学的概念一样，给了我们宏大的时空感和丰富的精神物质感。先人那时没有天文望远镜，也没有计算天体运动的数学，甚至对宇宙起源知之甚少。但他们的思想角度使今天最先进的科学也不过是在论证他们想象力和理解力的一小部分。时空的宏大和精神物质的丰富也会让我们变得豁达通透。中化司歌里说"江河奔流是通达，白雪落地是纯粹"，这也是更自如自在地面对变化和起伏的态度，也是审视和完善自我的精神。看得远、看得广会更有创造力和定力。记得好多年前读到四川诗人流沙河的一篇散文，说他在被批斗劳改时住牛棚，晚上蹲在野地里方便，心里充满痛苦和愁怨。可当抬头看到满天繁星时他被吸引了。他仔细地看，哪里是北斗七星啊，哪里是天河啊，哪里是金星啊，哪里是牛郎织女星啊，它们在天上多久了，离我们多远呀……看着、看着，他心里亮了，满腔的压抑、苦闷情绪消失了。他心里想，这个星球这么大，这个历史这么长，我们所受的这点苦难不算什么，都会悄然消失不见的。漫天繁星和清风拂面都是美好的，生活的苦也是可以品味的，而记录这时的体验和感受才是最有意义的。后来他的右派案被纠正后，又复刊了《星星》诗刊，写下了那个时代动人的诗作《理想》。

人的心境有时要大，大可以去尝试从未有过的事业；但有时要小，把自己看得小，可以脚踏实地，不好高骛远。这两个应该是同时存在的。公司里的战略实际上也是这样的平衡，大和小本来就是相对的。有科学家用显微镜发现了分子之大，构成之复杂，奥秘之多；也有天文学家用天体望远镜看到了星球之小，运行之简单，规律之单调。把大与小结合起来，把不断创新变化的与持续坚守的结合起来，理解了"三生万物"的道理，你就认准了前面的方向了。

往前跑，身后将会是繁花似锦！

附录

如果

如果能再年轻一回，还要来中粮。

如果能再选择一回，还要来中粮。

如果世上还有难舍的事，那就是中粮。

如果世上还有难舍的人，那也是中粮。

如果今夜有梦，梦到的一定是中粮。

如果以后还有歌声可以让我落泪，那一定是中粮的司歌《阳光》。

如果以后我在北京夜幕下凝望，那一定是看到了中粮办公室的灯光。

如果时间可以回流，我定会更加努力，

如果时间不能回流，中粮十一年，每分每秒都值得，值得过，也值得回想。

如果有高兴的事，是兄弟姐妹们的汗水和笑声催生了新中粮。

如果有骄傲的事，今天的中粮已很不一样。

如果有遗憾的事，中粮的画卷还没有绘完。

如果有内疚的事，我修养不够性情急躁自以为是伤害同事，恳请原谅！

　　如果有不足的事，我才学不够，没能和大家一起走到更成功的远方。

　　如果有期望的事，真想看到中粮是全产业链的，遍布全球的，竞争力强的，国际化大粮商。

　　如果你能齐心协力，

　　如果你能怀揣梦想，

　　如果你能任劳任怨，

　　如果你能创造辉煌，

　　那我们的心就还在一个地方。

　　如果有句话说出来很苍白还要说，那就是谢谢了中粮！谢谢这十一年如此丰富美好而又短如瞬间的时光！

　　如果我是一缕轻风，我要时常回到中粮。

　　如果我是一片白云，我要时常看着中粮。

　　可我知道我不可能是轻风白云。

　　如果光阴如梭不停留，

　　如果我老态龙钟，

　　如果我白发苍苍，

　　我仍要回到中粮。

　　仍要和大家相聚，欢声笑语，慷慨激昂……

　　多好啊，和我们年轻时一样。

我们创造

我们敬仰宇宙的壮丽，

我们也探究原子的细微。

看这地球上，

万物都有分类。

仰头问世界，

我们是谁？

曙光初照是好奇，

春雨润物是智慧。

我们的使命是创造，

创造才是生命之最。

我们创造，我们创造，

从火焰到清水。

我们崇拜精神的高尚，

我们也欣赏物质的纯美。

看这地球上，
万物都有分类。
仰头问世界，
我们是谁？

江河奔流是通达，
白雪落地是纯粹。
我们的使命是创造，
创造才是生命之最。
我们创造，我们创造，
从灵魂到骨髓。

我们沉思远山的静谧，
我们也向往雄鹰的高飞。
看这地球上，
万物都有分类。
仰头问世界，
我们是谁？

禾苗破土是继往，

蜜蜂辛劳是高贵。

我们的使命是创造，

创造才是生命之最。

我们创造，我们创造，

从高楼到麦穗。

我们留下瞬间的影子，

我们也追逐长远的光辉。

看这地球上，

万物都有分类。

仰头问世界，

我们是谁？

众树成林是责任，

秋风果熟是丰碑。

我们的使命是创造，

创造才是生命之最。

我们创造，我们创造，

从古老到新锐。

老了的美好

我老了，退休了，有些话想说给你。

老了是岁月的果实，是奖赏，是美好。

老了酒更香、更醇厚、更悠长，以前你喝醉了也没有这个感觉。

老了歌好听，旧时的歌更好听。你会听出不同的意境。因为歌在唱你自己，以前没听明白。

老了书好看，看得快，看着笑。因为你心里也有一本书，比一比，你自己那本书更有意思。

老了觉得孩子好，孩子的错也是好，你会心疼孩子，因为他们前面也有艰难。

老了觉得爱人好，岁月沉淀，阴晴圆缺，时间积淀成了新能量，年轻和年老分不出来了。

老了看到什么都有过去的影子，世界好像在重复。世界是在重复哈！这种啥事都经历过的感觉很棒！

老了变了两个自己，过去的和今天的，自己成了自己的朋友。还互相对比，互相嘲笑，分不清胜负哈！

老了才有自知，才有自在，知道生命长短了，知道世界大小了。如果 50 年前知道今天的道理该多好啊！

老了会宽容，觉得什么都值得欣赏。蓝天白云，绿树红花，婴儿啼哭，都是美好。老了的迟钝让你看到别人看不到的美景。What a wonderful world！（多美好的世界呀！）

老了就是老子，就是思想家，就是哲学家。你不用学，自然长出来的。教授再研究也赶不上你。

老了简单了，安静比繁华难得，一生一世的苦苦修炼原来只为了这两条：自身高尚和为人善良。

老了才知道世界的主宰是时间，它无声息，无痕迹解决了所有的问题。时间是终极的公平，公平是终极的道德。

老了有后悔，但不是因为做错了后悔，做过的不完美也骄傲，因为做了。老了只后悔一件事，就是那些想做没有做的。

老了会幽默，明白了就是幽默，放下了就是幽默，不装就是幽默。世上的大多正襟危坐的事你都可以幽它一默，哈哈！

老了会轻松，要求做的、必须做的事不多了，不喜欢做的事可以不做了，原来过去好多事都不是你自己的选择。

老了会再生，早晨的太阳不同了，你的生命也开始新的章节，自由的章节。没有经过审视的人生不值得过？如果让你再回到年轻你会怎么过？今天你又可以开始了，哈哈……

如果你老了，Congratulations（祝贺你）！如果你还年轻，Enjoy（享受吧）！

儿时的美好

文/宁光

儿时最踏实，哥哥牵着我的手。成年了有事还要问哥哥，这样才踏实。今天，哥哥退休了，我猛然意识到：哥哥老了，我也老了。儿时竟然成了永远的记忆，竟然那么久远。或许这就是老了：儿时越来越远，腰越来越直不起，话越来越多。哥哥还年轻，腰杆依旧硬朗，话还不多。

爸妈年轻时忙于工作，大哥在爷爷家，二哥在姥姥家，我最幸运，一直在爸妈身边。妈妈家全村姓高，外姓总让人奇怪，二哥就有了"高宁"这个名字。二哥小学是在姥姥家，那是一座四边漏风的岳王庙，而且要自带桌椅，初中回爸妈身边读书总不能再随母姓，就在"高宁"前面加一"宁"字，这就有了"宁高宁"这个名字。

儿时最开心的，是暑假与哥哥一起去看姥姥。姥姥家在高青县，离我们居住的滨州市大概100里。那时交通不便，一放假就问妈妈要三块钱，车票是哥哥两块我一块。天不亮就去车站，买票、候车、上车，车由北镇，经小营、青城，到高青县县城所在地田镇，每站要停半小时，至田镇就中午了。

　　下车，哥哥牵着我的手，还要背着我们两个的口粮，因为姥姥家也没有我们的口粮。急匆匆赶10里路，过李兴跃庄、冯旺庄、宫王庄、胡家店四个村，才能到外婆家。烈日炎炎，饥肠辘辘，路途遥远，崎岖不平的乡间小路，我真走不动，就坐在田边浇地的水沟里赖着不走。哥哥牵着我的手，其实是拉着我，又要背着行李。就这样，到姥姥家高旺庄时天色已黑。姥姥用那时真的可称为丰盛的大餐犒劳我们两位，一次可以吃两个咸鸭蛋！姥姥腌制鸭蛋的方法与众不同，她是用盐水和泥土，而不是直接用盐水，因此蛋不是很咸，但蛋黄的"油"特别多！姥姥给我和哥哥蒸的馒头不掺玉米面，特别好吃。把馒头一掰两半，鸭蛋夹于其中，蛋黄"油"会流出来，滴在手上。我很自然地舔手，姥姥边用筷子佯打边说："吃有吃相，站有站相！"馍夹咸蛋的美味堪比现在的汉堡包，至今想起依旧垂涎欲滴。我能吃两个咸蛋，哥哥只能吃一个。

　　到了姥姥家，哥哥有一大群小朋友，捉迷藏。哥哥每次带着我，但我人小笨拙成为累赘。哥哥牵着我的手狂奔，但总是最早被捉到，拖累哥哥及其同伴。同伴埋怨哥哥，他下次还是带着我。我和哥哥总有争吵，哥哥属狗我属兔，一见我们争吵，姥姥就唠叨"狗兔犯相"。哥哥带我参加很多农活，为姥姥挣"工分"，姥姥老了，不能干农活了，"工分"要妈妈出钱买，哥哥必须参加劳动。上午，生产队长敲钟，大家在钟下集合，我随哥哥一起参加。哥哥年龄也不大，我更小，老乡照顾我们，做点下手活。晚上要到队里记工分，别人一天记10分，哥哥只能记5分。那时，我知道了什么是"半劳力"。

一次，生产队的牛病死了，全队分，哥哥牵着我的手拿着洗脸盆去分肉。分肉回来，姥姥一看，除了一点肚皮上的肉，其他就是下水肉。姥姥默默流泪，那时我知道了什么是人情世故：姥爷家是富裕中农，姥姥的娘家在刘胡庄，出身富农，成分太高，能让我们参加分肉已是照顾了。

姥姥会领我和哥哥去胡家店的供销社打酱油买针线，我特别开心，因为姥姥会给我们买糖果吃。五颜六色的糖果放在一个斜口的玻璃瓶里，我眼巴巴看着售货员伸手进去抓几块糖果出来。可他总抖手，糖果无情地落回瓶子。每次只有几块糖，姥姥平分给我和哥哥。哥哥很快吃完，就会要我送他吃。姥姥哄我："哥哥馋，你给他。"回到滨州我告诉妈妈，妈妈说姥姥偏心，哥哥是她一手带大，姥姥溺爱。爷爷偏大哥，姥姥偏二哥，我只有爸妈，那时好失落。

我比较喜欢打场，就是将麦子收割后在场院再处理，脱穗、晒干等。太阳落山，哥哥又要牵着我的手带我回家，姥姥已在院门等着我们。吃好饭，很多老乡就陆续来到姥姥家。姥姥准备好烟叶和卷烟用的纸，老乡们自己卷烟抽，聊天。大家等着景陆姥爷来，他认字，为我们大家念古书。姥姥虽不认字，但喜欢读书人。于我，虽朦朦胧胧，却是我最早接触的"读书会"，有《三国志》，有《水浒传》，也有《三侠五义》和《西游记》，我的古文底子也是那时打下的。

景陆姥爷不来时，读书的人就换成哥哥。崇拜啊，他能代人读书！这在我心里也埋下读书的种子。姥姥会将油灯的灯线用针挑高，虽然这样亮光会更大，哥哥还是要凑得更近才能看清书上的字，第二天鼻孔都会被熏黑。我好奇，"读书会"结束，我也凑上去。不承想头发被烧到，一股焦味，滋滋作响，我却更好奇，头发被烧掉很多。哥哥闻到焦味，大喝阻止，可我的头发已是斑秃，出门只好戴帽子。这或许是我在姥姥家，哥哥照顾我失误最大的一次。

我那时虚胖，妈妈要求我每天跑步。哥哥每天早上会叫我起床，围着村子跑步，我不情愿，哥哥就牵着我的手跑。

姥姥老了，妈妈接她到滨州与我们住一起，我们也很少回高旺庄了。哥哥留学美国时，姥姥身体越来越差，没有等到哥哥回国。或许这是哥哥最大的遗憾。

我长大了，哥哥插队、当兵、上大学，没人牵着我的手带我了。我大学没考上，到邹平县一中复读，挫折、失落。哥哥送我到学校，中午带我和我一位同样来自滨州市的同学爬到山顶，他买了三瓶啤酒一包熟肉，正是这份鼓励，我考上了山东医科大学。其实，我一直疑惑，这或许也是他在华润时建立华润啤酒的初心始发。大学毕业后，大哥在美国，二哥在香港，爸妈已老，盼我回家照顾。我回家乡，但心有不甘。哥哥回乡探家，又是他鼓励，我有了报考研究生的打算，大哥来信建议我去上海。两位哥哥牵着我的手，带我又上路……

现在，我与哥哥聚少离多，但请教不断。疫情期间，我参加新闻发布会，提出抗疫"三字经"，就是与哥哥商量到深夜。虽年近六十，哥哥还是牵着我的手。

哥哥退休了。牵着哥哥的手，再去一次外婆家，那该多好。